杭州萧山馆藏家谱图录

上册

杭州市萧山区人民政府地方志办公室
杭州市萧山区档案馆　　编
杭州市萧山区文化广电新闻出版局

國家圖書館出版社

图书在版编目（CIP）数据

杭州萧山馆藏家谱图录 /《杭州萧山馆藏家谱图录》编委会编.—北京：国家图书馆出版社，2014.5

ISBN 978-7-5013-5365-1

Ⅰ.①杭…　Ⅱ.①杭…　Ⅲ.①家谱—杭州市—图录　Ⅳ.①K820.9-64

中国版本图书馆CIP数据核字（2013）第208402号

书　　名　**杭州萧山馆藏家谱图录**
编　　者　《杭州萧山馆藏家谱图录》编委会　编
责任编辑　耿素丽　王燕来
装帧设计　九雅工作室

出　　版　国家图书馆出版社（100034　北京市西城区文津街7号）
　　　　　（原书目文献出版社　北京图书馆出版社）
发　　行　（010）66114536　66126153　66151313　66175620
　　　　　66121706（传真），66126156（门市部）
E-mail　cbs@nlc.gov.cn（邮购）
Website　www.nlcpress.com→投稿中心
经　　销　新华书店
印　　装　北京信彩瑞禾印刷厂
版　　次　2014年5月第1版　2014年5月第1次印刷

开　　本　889×1194毫米　1/16
印　　张　26.5
印　　数　1—1200册

书　　号　ISBN 978-7-5013-5365-1
定　　价　580.00元（全二册）

谨以此书纪念来新夏先生

编辑委员会

凡　例

一、收录范围：本书收录杭州市萧山区人民政府地方志办公室、杭州市萧山区档案馆、杭州市萧山图书馆所藏54个姓氏的家谱。

二、编排顺序：

（一）各谱以姓氏笔画排列。同笔画数的，按起笔的顺序排列。即：横、竖、撇、点/捺、折（一、丨、丿、丶、乛）。若相同笔画数，起笔也相同的，根据《辞海》笔画顺序排列。

（二）同姓宗谱以地名为序；无二级地名的先排；同为无二级地名的，有“萧山”字样的先排；有二级地名的，以二级地名笔画为序；同书名者，以修谱先后时间为序。

三、著录内容：以家谱名称、堂号、尺寸、装帧、修谱时间、收藏册数、收藏单位等依次著录。

四、选图：各谱选录封面、扉页、始迁祖记录页、家庙图、编纂人员合影等图像1至5帧。

五、拍摄：本书为原件拍摄、扫描，以本凡例第四条“选图”顺序排列。

目　录

上　册

下 册

谱名：萧邑航坞山北万氏宗谱　堂号：隆顺堂　尺寸：29.7cm×20.8cm　装帧：平装　修谱时间：清光绪二十五年（1899）重修　册数：全6册　收藏单位：杭州市萧山区档案馆

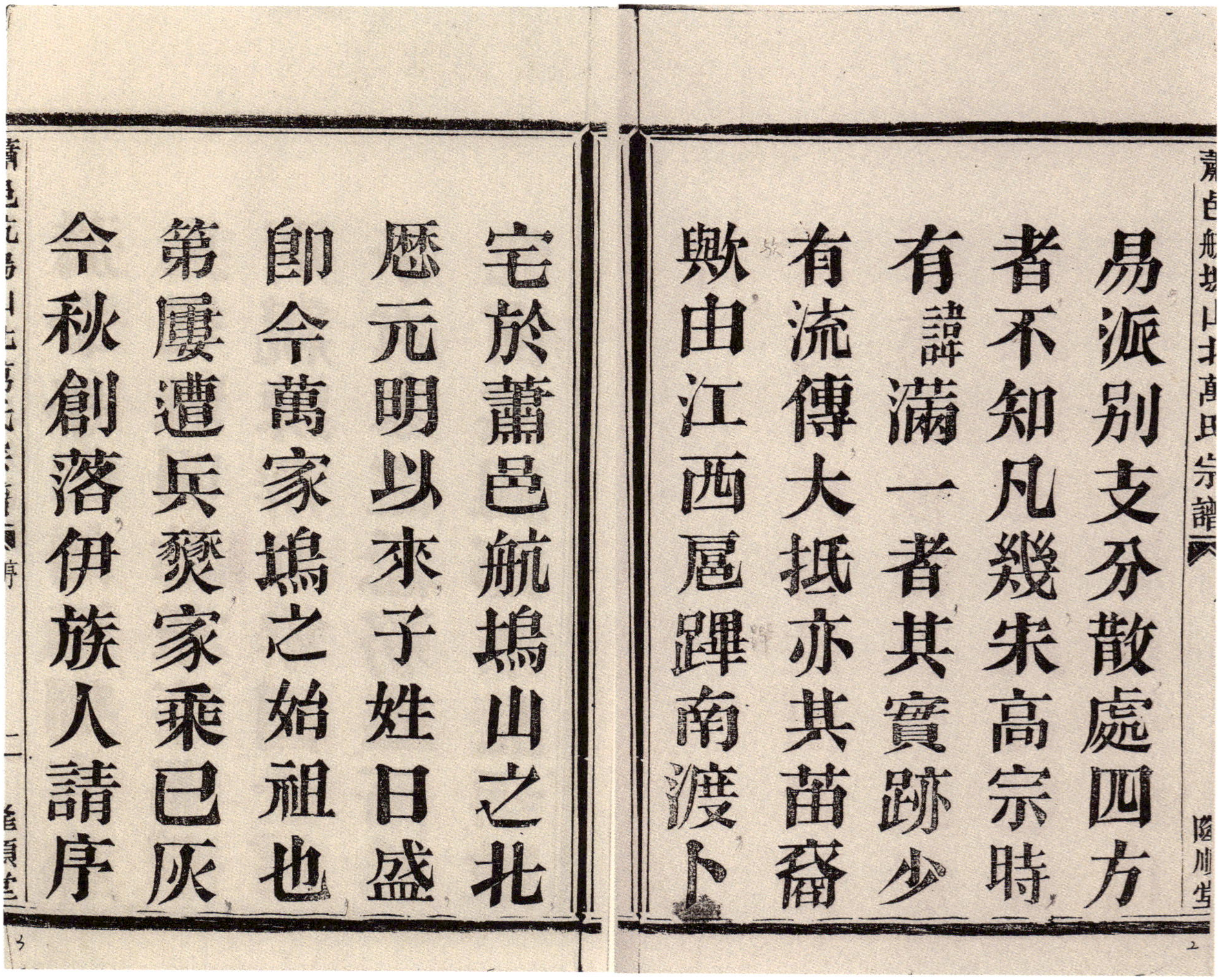

蕭邑航塢山北蔣氏宗譜 隴川堂

易派別支分散處四方者不知凡幾宋高宗時有諱滿一者其實跡少有流傳大抵亦其苗裔歟由江西扈蹕南渡卜宅於蕭邑航塢山之北歷元明以來子姓日盛即今萬家塢之始祖也第屢遭兵燹家乘已灰今秋創落伊族人請序

蕭邑航塢山北蔣氏宗譜 序 二 隴川堂

蕭邑航塢山北萬氏宗譜 隆順堂

萬氏家廟圖 萬氏

蕭邑航塢山北萬氏宗譜 宗祠圖 隆順堂

谱名：萧邑航坞山北万氏宗谱　堂号：怀德堂　尺寸：29cm×21cm　装帧：线装　修谱时间：2006年重修　册数：全8册　收藏单位：杭州市萧山区档案馆

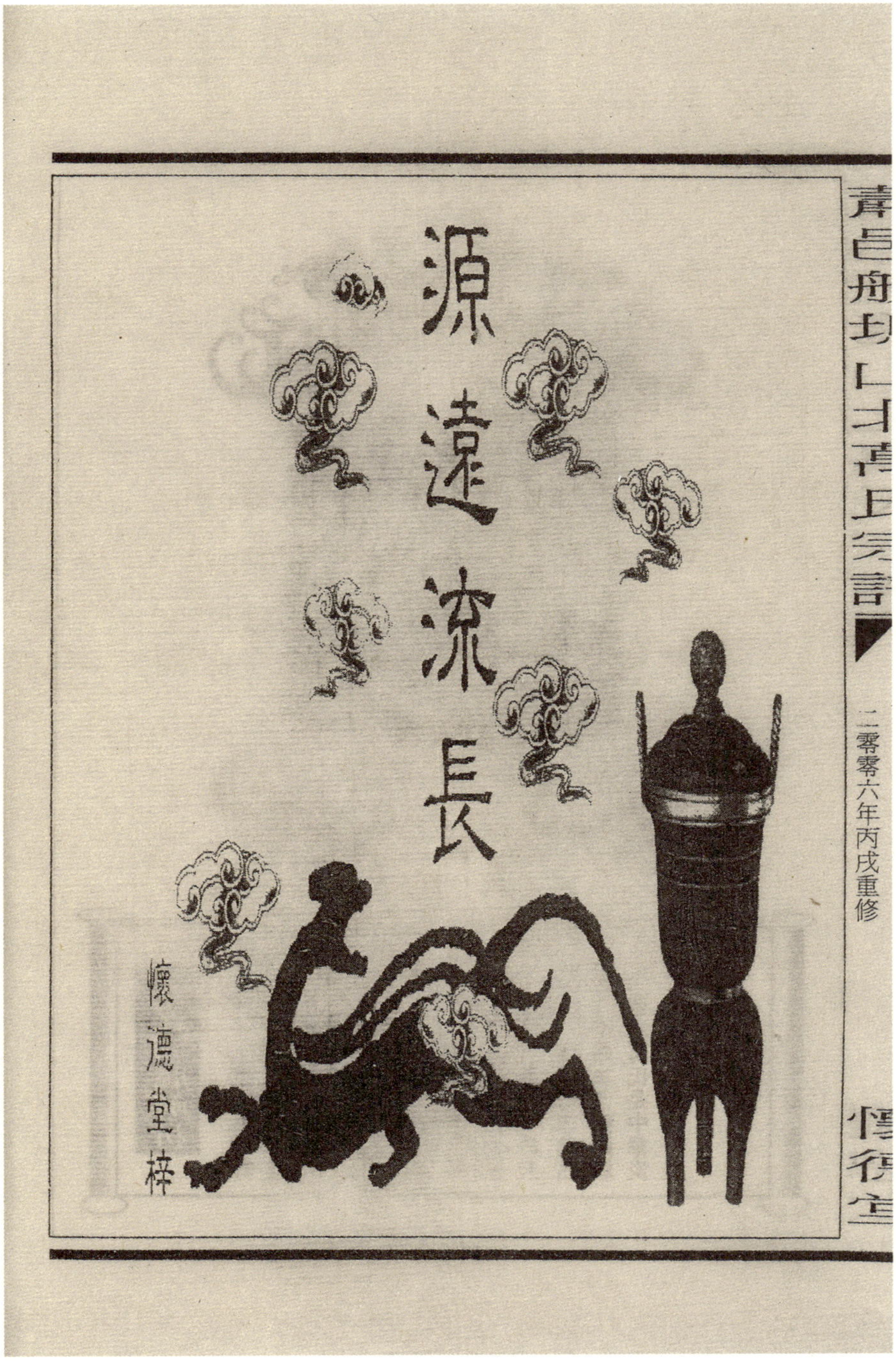
源遠流長
懷德堂梓
二零零六年丙戌重修

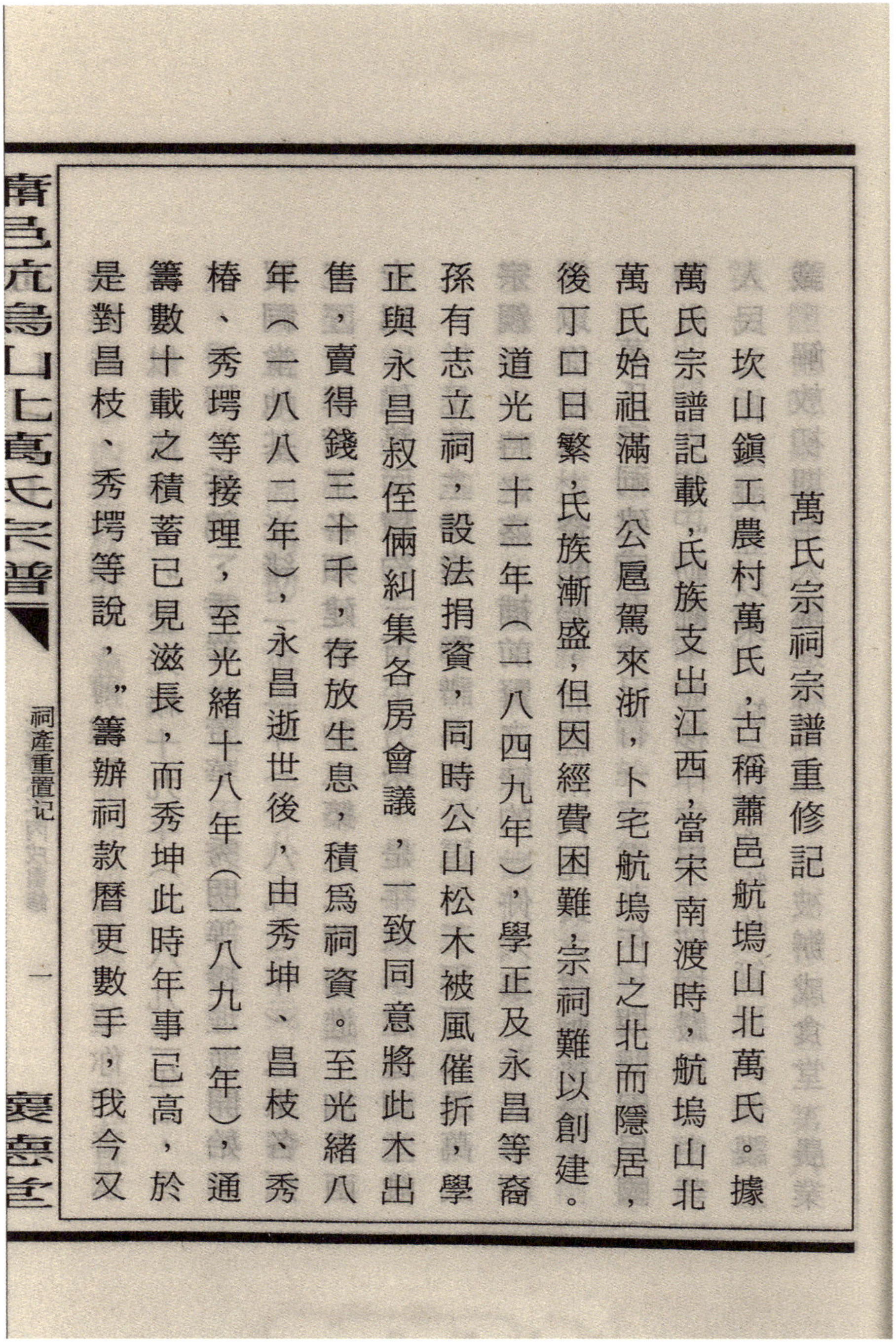

萬氏宗祠宗譜重修記

坎山鎭工農村萬氏，古稱蕭邑航塢山北萬氏。據萬氏宗譜記載，氏族支出江西，當宋南渡時，航塢山北萬氏始祖滿一公扈駕來浙，卜宅航塢山之北而隱居，後丁口日繁，氏族漸盛，但因經費困難，宗祠難以創建。道光二十二年（一八四九年），學正及永昌等裔孫有志立祠，設法捐資，同時公山松木被風催折，學正與永昌叔侄倆糾集各房會議，一致同意將此木出售，賣得錢三十千，存放生息，積爲祠資。至光緒八年（一八八二年），永昌逝世後，由秀坤、昌枝、秀椿、秀堮等接理，至光緒十八年（一八九二年），通籌數十載之積蓄已見滋長，而秀坤此時年事已高，於是對昌枝、秀堮等說，"籌辦祠款曆更數手，我今又

蕭邑航塢山北萬氏宗譜　祠產重置记　一　寶善堂

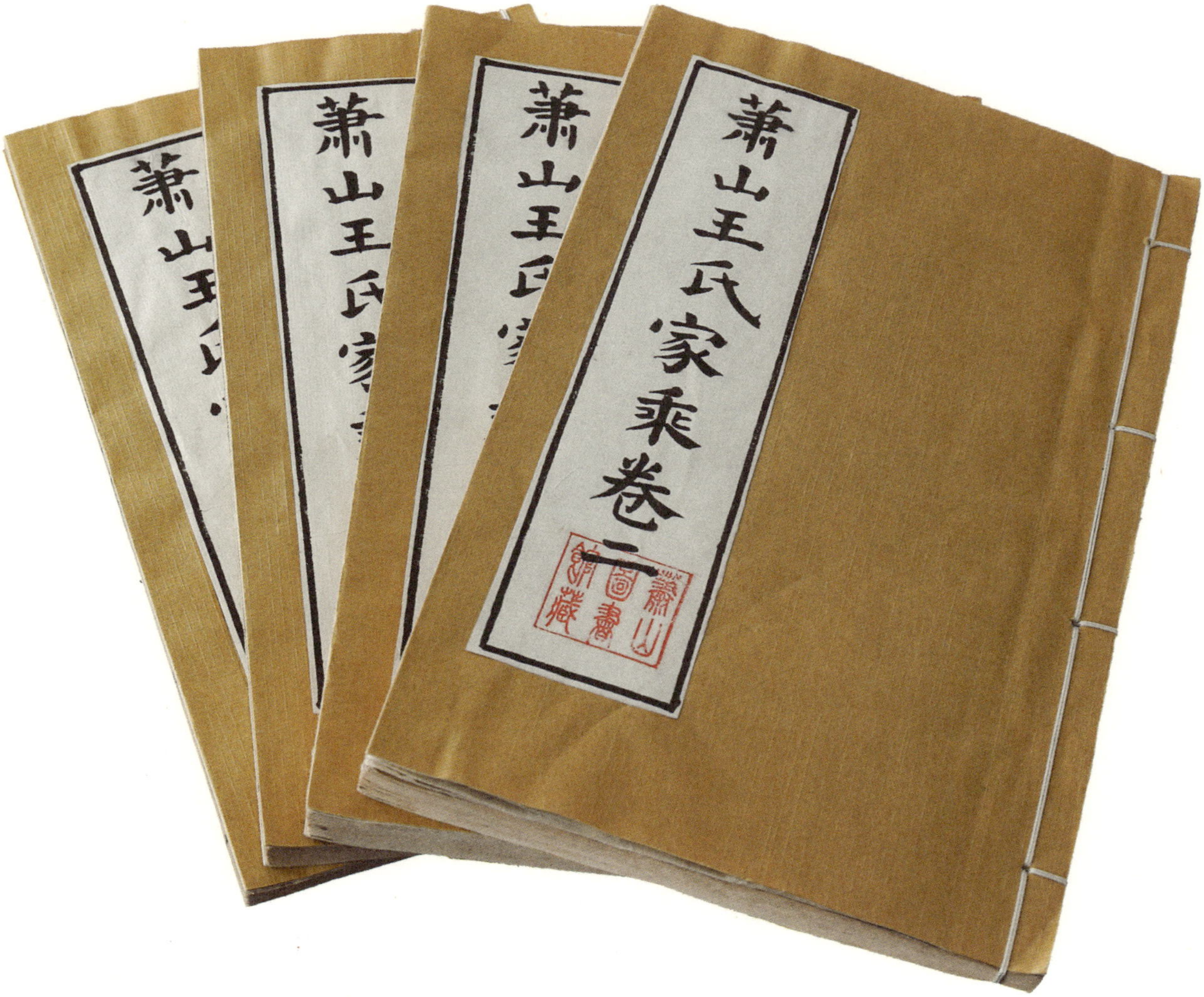

谱名：萧山王氏家乘　尺寸：26.2cm×16cm　装帧：线装　修谱时间：清乾隆年间（1736—1795）　册数：不详　收藏单位：杭州市萧山图书馆，存4册，存卷二、四至七，卷五、六为一册

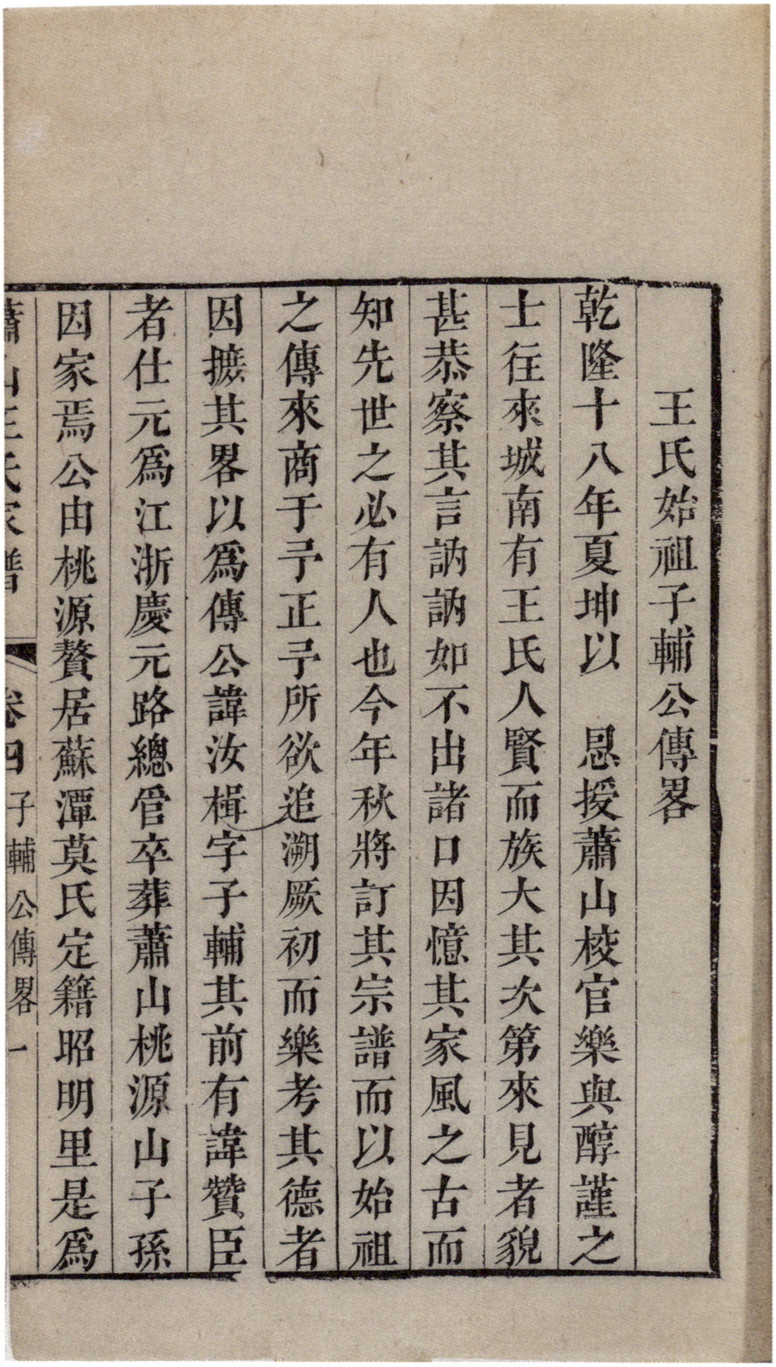

王氏始祖子輔公傳畧

乾隆十八年夏坤以　恩授蕭山校官樂與醇謹之士往來城南有王氏人賢而族大其次第來見者貌甚恭察其言訥訥如不出諸口因憶其家風之古而知先世之必有人也今年秋將訂其宗譜而以始祖之傳來商于予正予所欲追溯厥初而樂考其德者因摭其畧以爲傳公諱汝楫字子輔其前有諱贇臣者仕元爲江浙慶元路總管卒葬蕭山桃源山子孫因家焉公由桃源贅居蘇潭莫氏定籍昭明里是爲

蕭山王氏家譜　卷四　子輔公傳畧　一

谱名：王氏家谱　堂号：三槐堂　尺寸：26.3cm×17cm　装帧：线装　修谱时间：清光绪十二年（1886）　册数：全11册　收藏单位：杭州市萧山图书馆

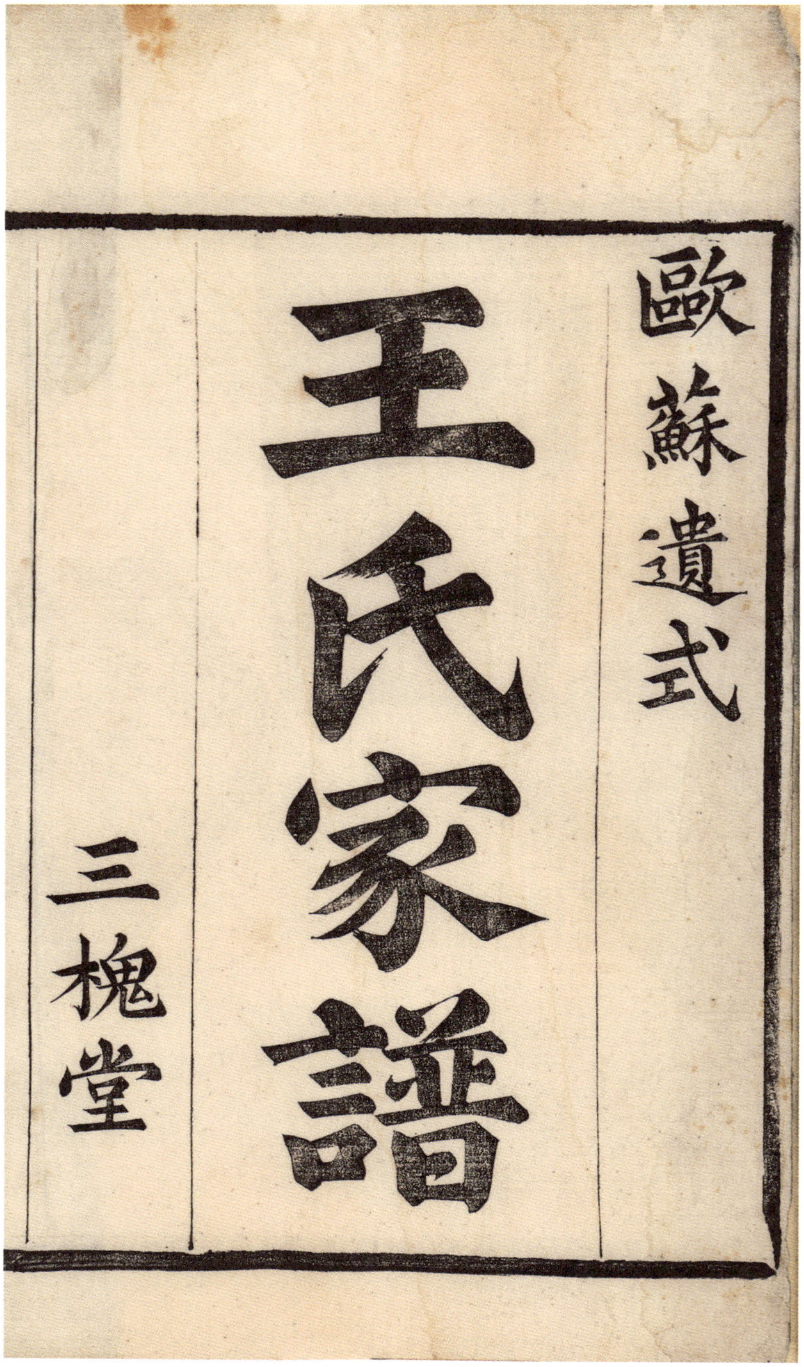

歐蘇遺式

王氏家譜

三槐堂

續修世譜序

家之有譜所以辨同異合親疎敦敘九族之道也始祖以一人之身分而爲千萬人之身子孫以千萬人之身本於始祖一人之身然勢有親疎而情在於祖宗者無親疎服有隆殺而情在於祖宗者無隆殺爲子孫者視其譜則孝弟之心油然而生生相慶死相弔貧賤相守患難相恤以盡吾情不至視之如途人也譜之係于風教亦大矣哉吾族王氏世居魏州自九世祖諱性者扈蹕而來寓居越之蕭山爲夏孝鄉人也距今年將週甲

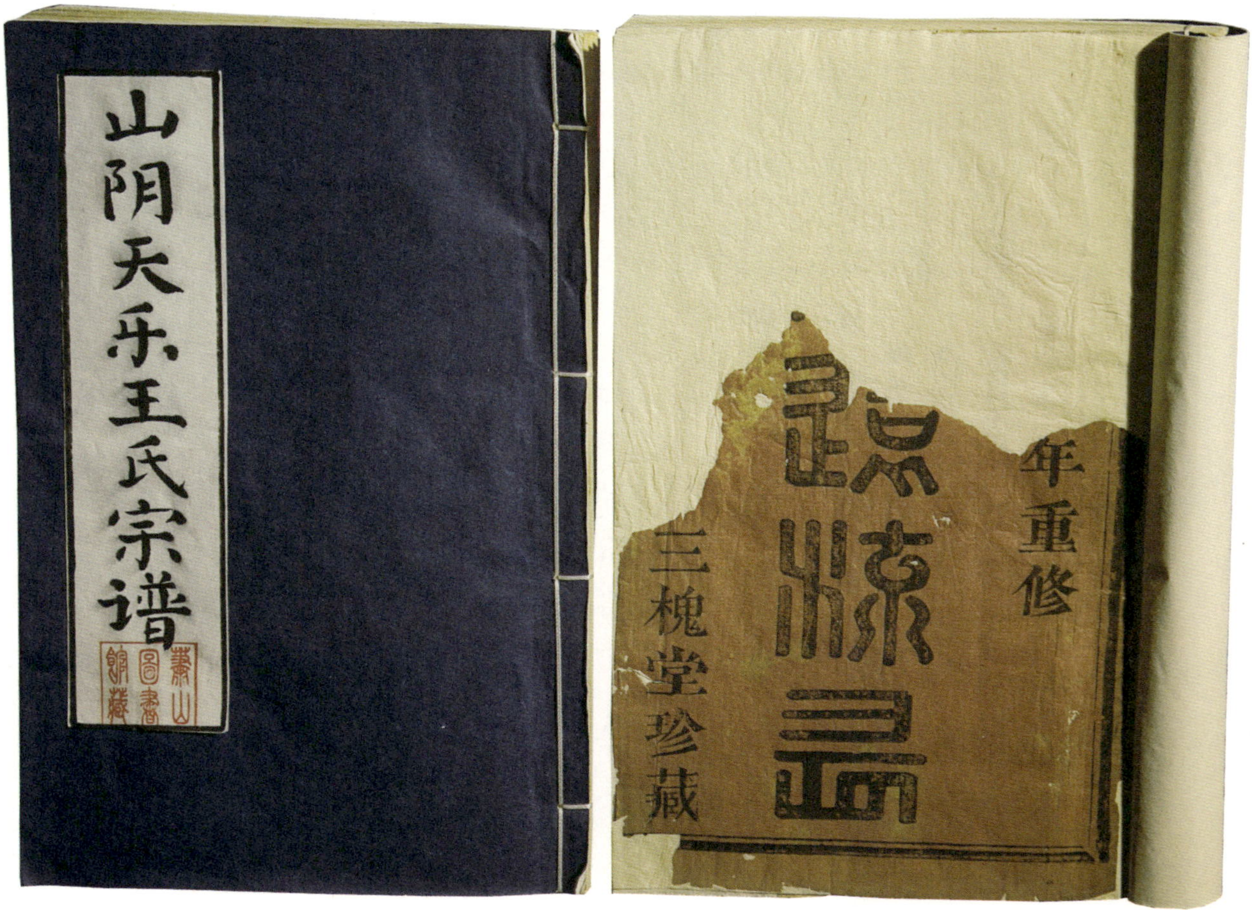

谱名：山阴天乐王氏宗谱　堂号：三槐堂　尺寸：28.5cm × 18.2cm　装帧：线装　修谱时间：清道光十七年（1837）　收藏单位：杭州市萧山图书馆，存2册

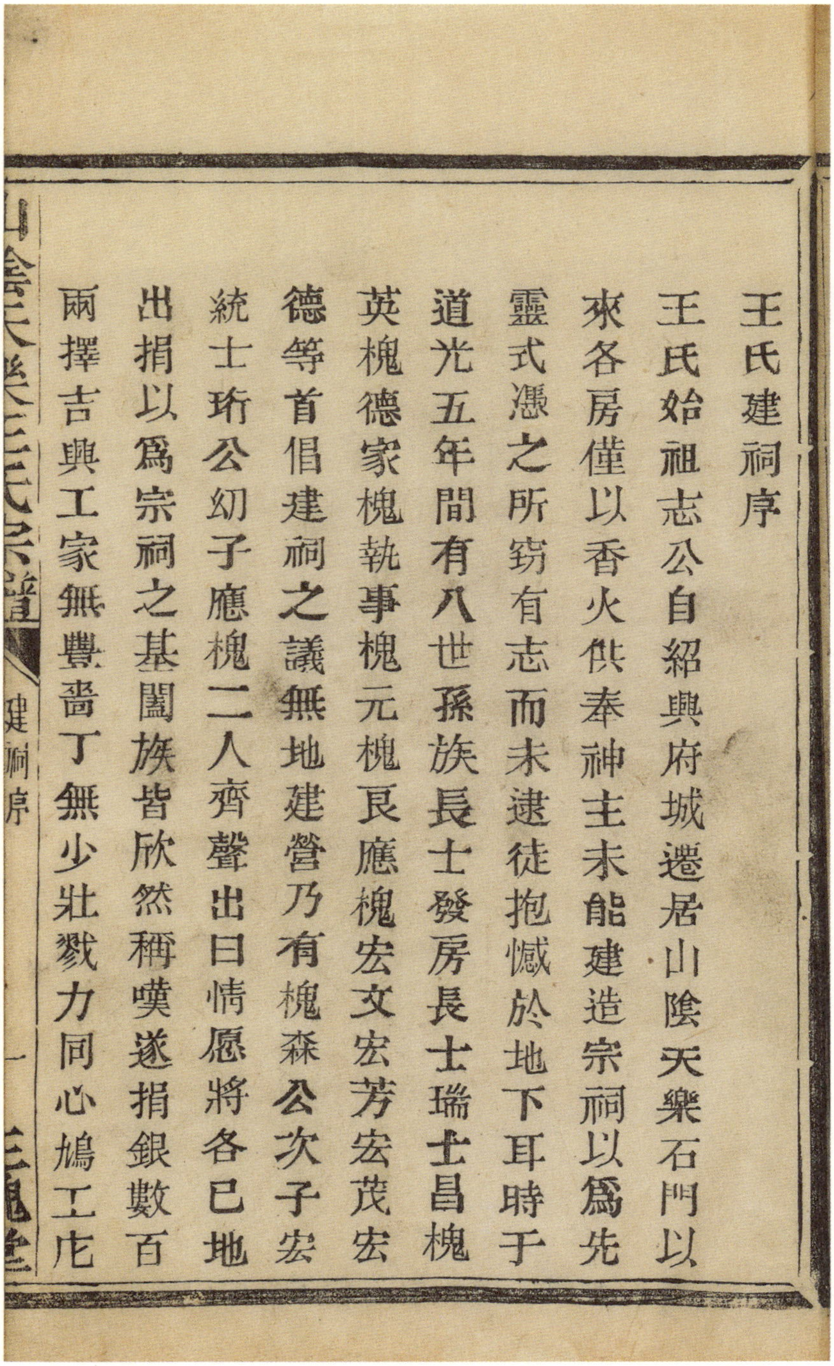

王氏建祠序

王氏始祖志公自紹興府城遷居山陰天樂石門以來各房僅以香火供奉神主未能建造宗祠以爲先靈式憑之所竊有志而未逮徒抱憾於地下耳時于道光五年間有八世孫族長士發房長士瑞士昌槐英槐德家槐執事槐元槐艮應槐宏文宏芳宏茂宏德等首倡建祠之議無地建營乃有槐森公次子宏統士珩公幼子應槐二人齊聲出曰情愿將各已地出捐以爲宗祠之基闔族皆欣然稱嘆遂捐銀數百兩擇吉興工家無豊嗇丁無少壯戮力同心鳩工庀

山陰天樂王氏宗譜　建祠序　一　三槐堂

谱名：山阴天乐王氏宗谱　堂号：三槐堂　尺寸：29.7cm × 17.7cm　装帧：线装　修谱时间：民国十二年（1923）　收藏单位：杭州市萧山图书馆，存3册

谱名：山阴天乐三泉王氏宗谱　堂号：三槐堂　尺寸：28.7cm×18.7cm　装帧：线装　修谱时间：2012年续修　册数：全14册　收藏单位：杭州市萧山区档案馆

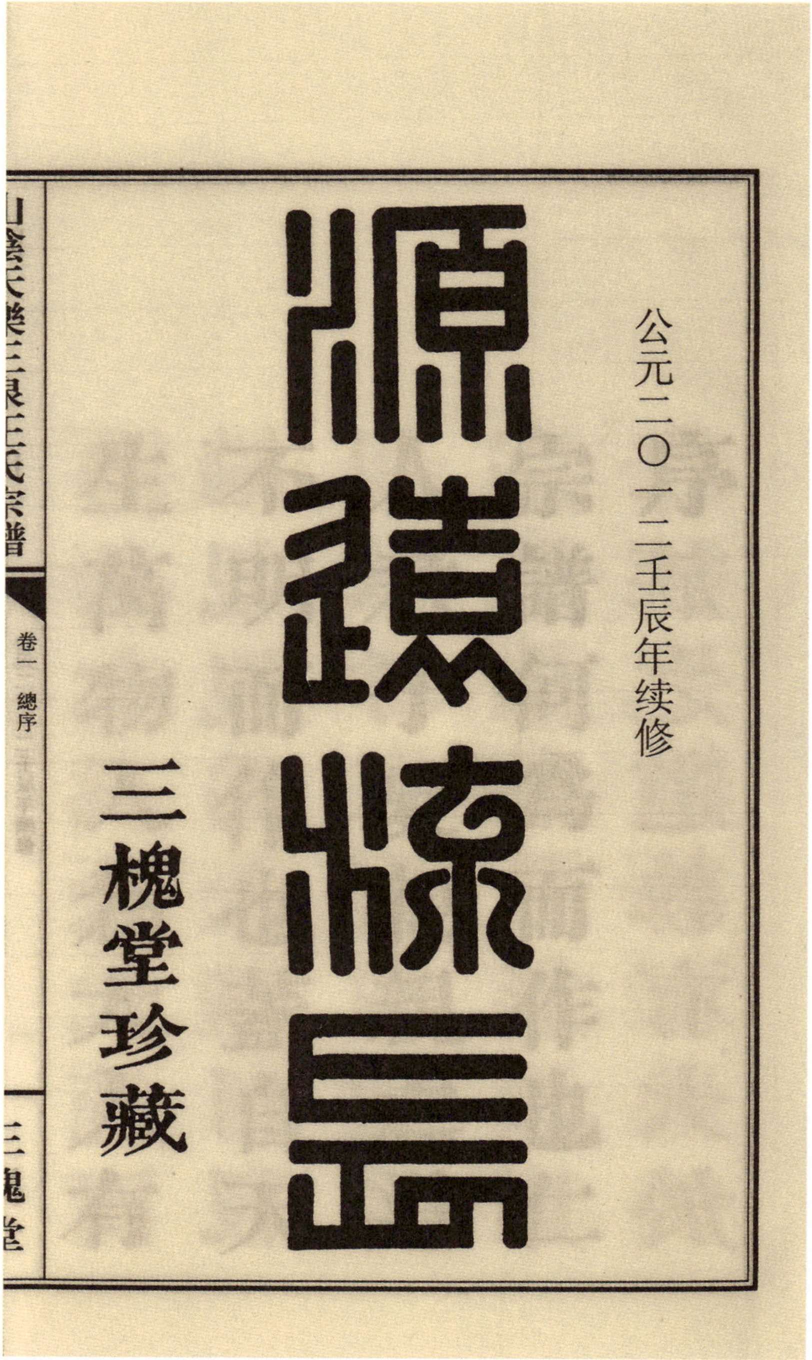
公元二〇一二壬辰年续修

源遠流長

三槐堂珍藏

◎續修譜序

山高水遠融大海，日月光照萬物生；參天灌木根為本，五湖四海來自源。天之生物固然，人亦何當不然，人之本源祖宗者，遠溯始祖，近推宗派，賴依古譜，今既續修，上告慰祖宗，下宜子孫綿延。

我王氏家族為琅琊裔，本村始祖南宋紹興二年（一一三二年）進士兵部員外郎道立公，因目擊政局動蕩，明哲保身，拜疏乞歸，慕青化峰山川秀麗，有一脈正氣平原，遂自餘姚秘圖山遷山陰天樂鄉永義裏，號為三泉王，我族與山裏王三世分支迄今已

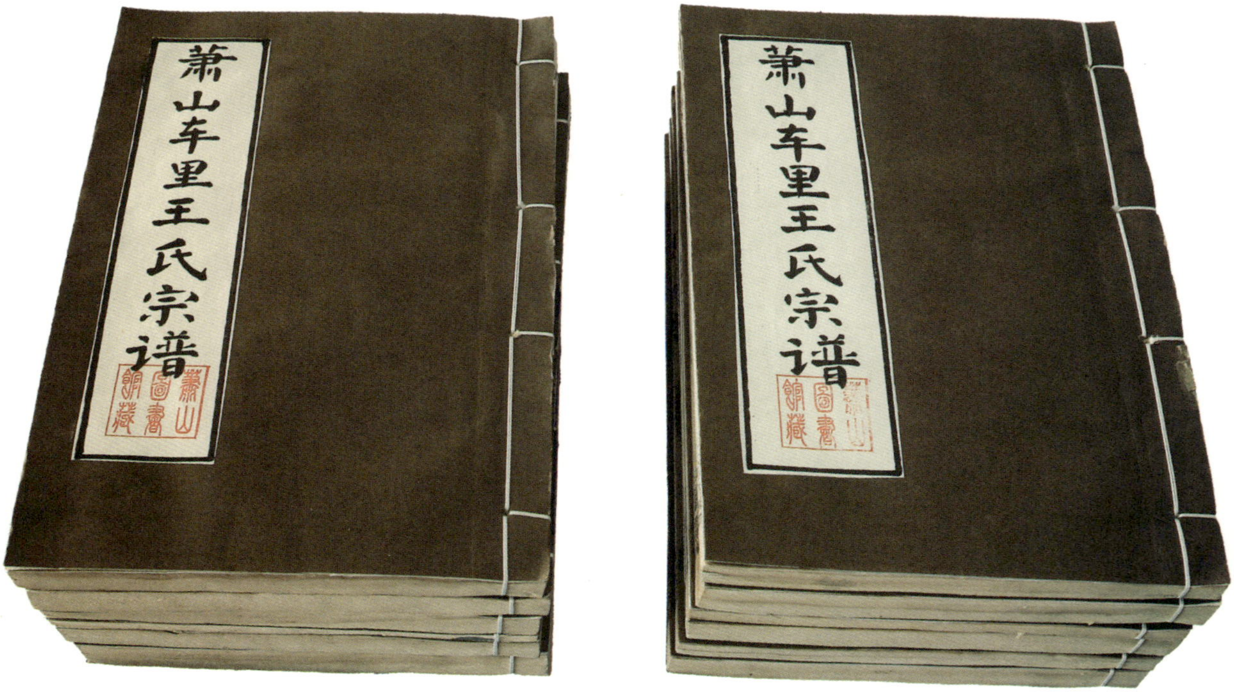

谱名：萧山车里王氏宗谱　堂号：三槐堂　尺寸：25.5cm×17.2cm　装帧：线装　修谱时间：民国六年（1917）　册数：全12册　收藏单位：杭州市萧山图书馆

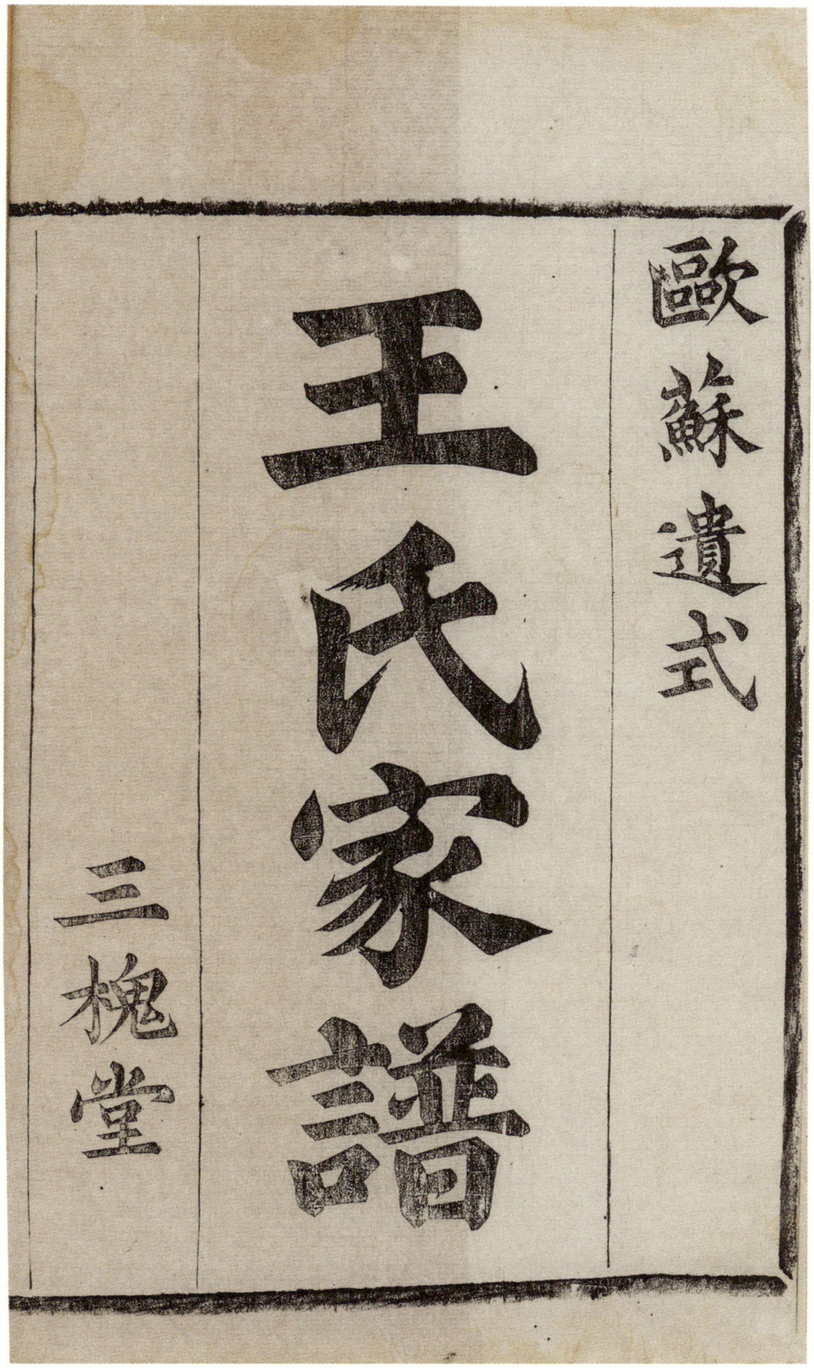

歐蘇遺式

王氏家譜

三槐堂

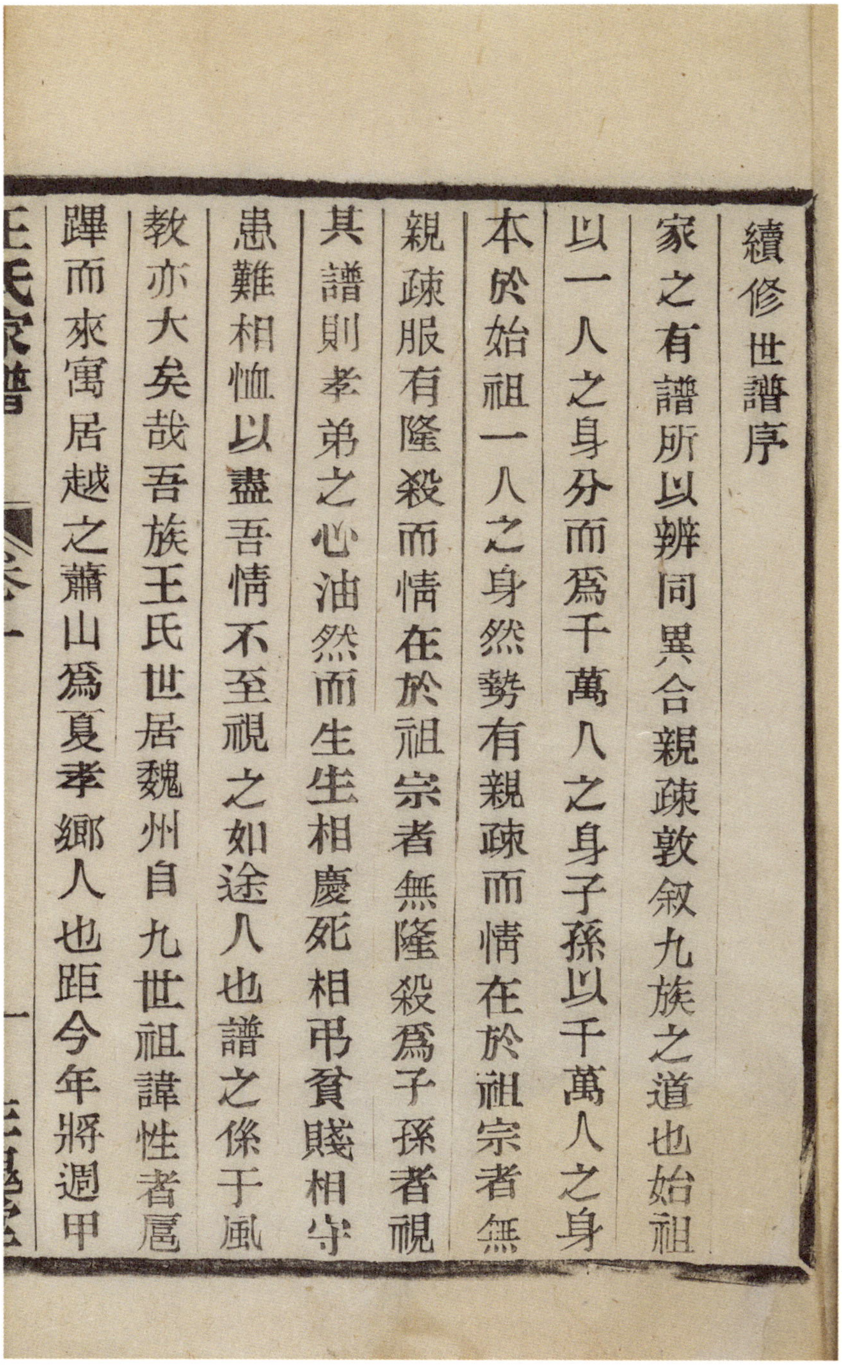

續修世譜序

家之有譜所以辨同異合親疏敦叙九族之道也始祖以一人之身分而爲千萬人之身子孫以千萬人之身本於始祖一人之身然勢有親疏而情在於祖宗者無親疏服有隆殺而情在於祖宗者無隆殺爲子孫者視其譜則孝弟之心油然而生生相慶死相弔貧賤相守患難相恤以盡吾情不至視之如途人也譜之係于風教亦大矣哉吾族王氏世居魏州自九世祖諱性者扈蹕而來寓居越之蕭山爲夏孝鄉人也距今年將週甲

王氏家譜　卷一　一

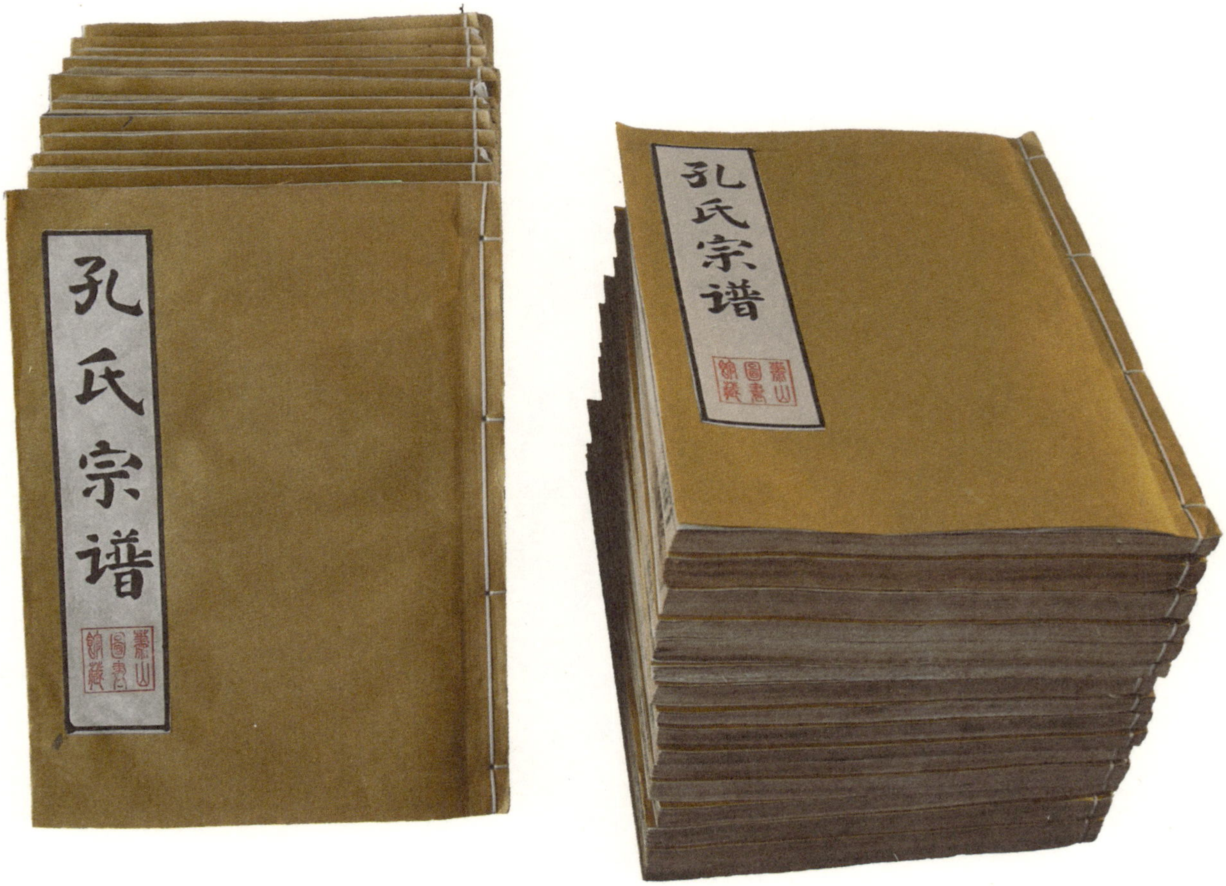

谱名：孔氏宗谱　堂号：诗礼堂　尺寸：28cm × 20.5cm　装帧：线装　修谱时间：民国七年（1918）　册数：全28册　收藏单位：杭州市萧山图书馆

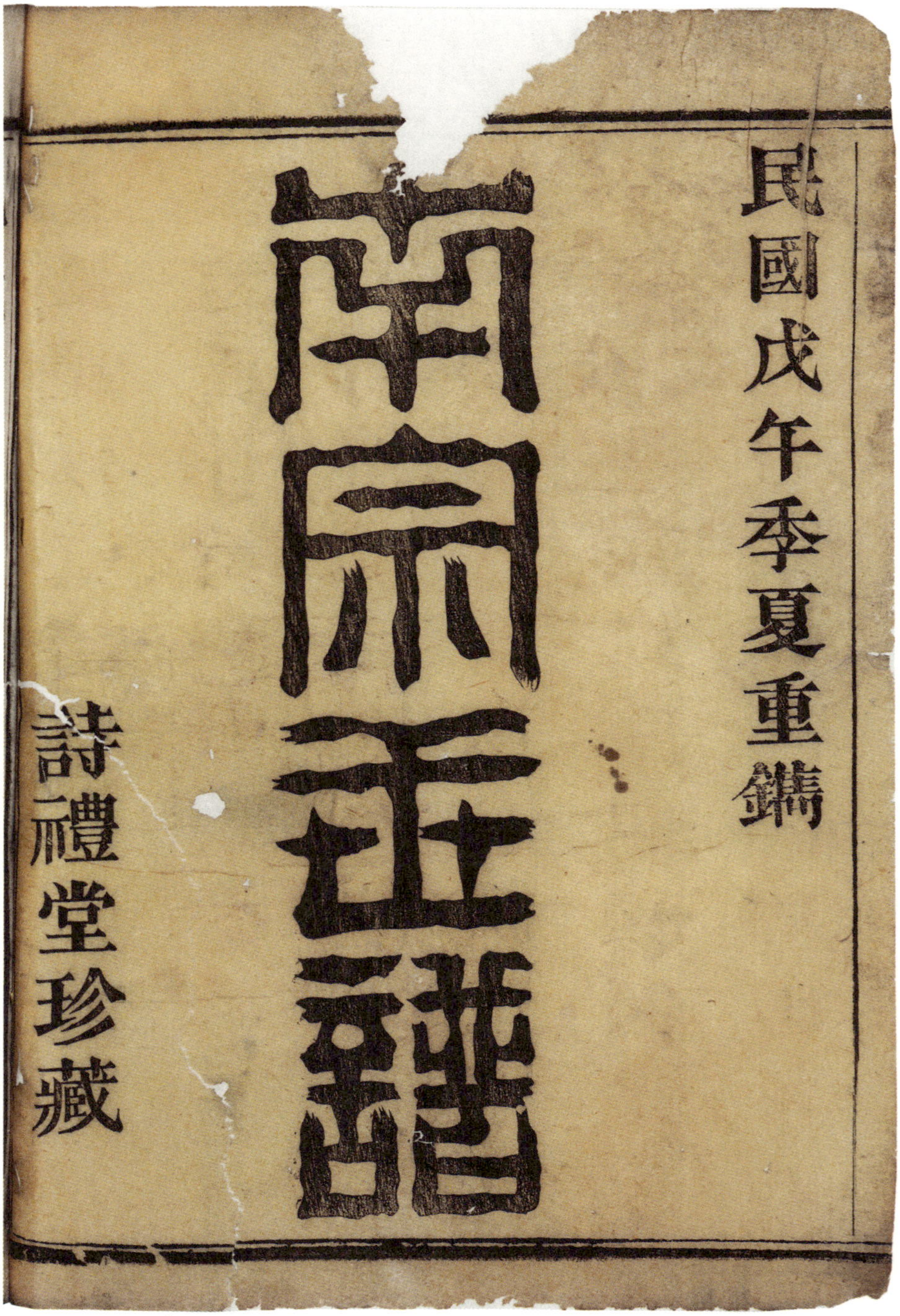

民國戊午季夏重鐫

南宗世譜

詩禮堂珍藏

谱名：孔氏跞山宗谱　堂号：诗礼堂　尺寸：28.5cm×18.6cm　装帧：线装　修谱时间：2009年续修　册数：全52册　收藏单位：杭州市萧山区人民政府地方志办公室；杭州市萧山区档案馆；杭州市萧山图书馆。

孔氏礫山宗譜
卷一 第一册
文序

公元二零零九（己丑）年

詩禮堂

續修

堰宏题书

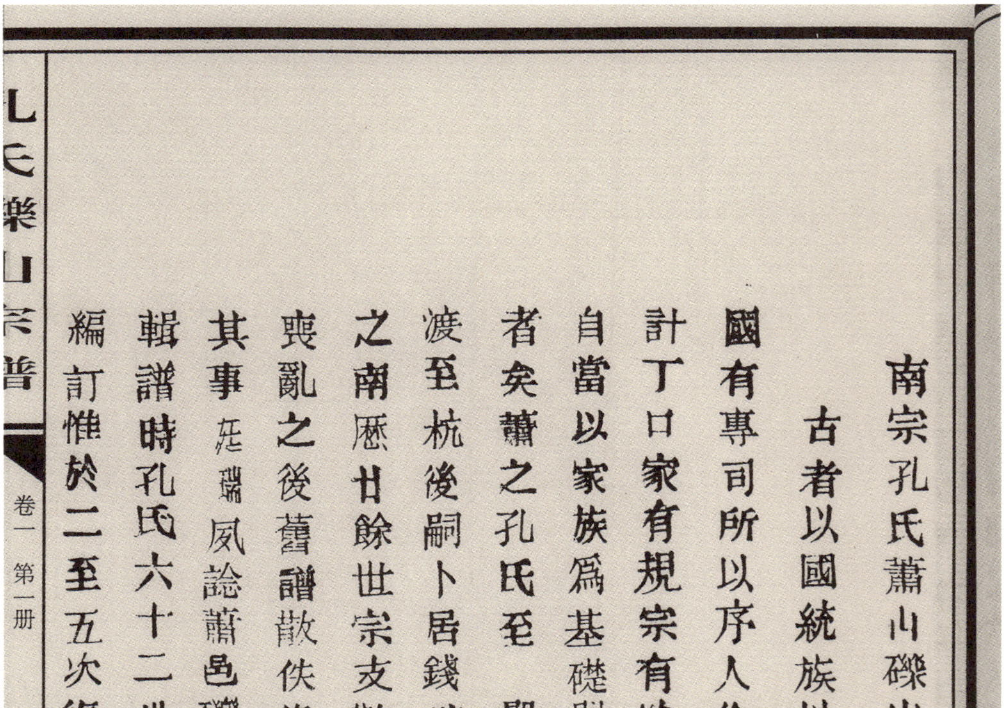

孔氏礫山宗譜 卷一 第一册 三三 詩禮堂

南宗孔氏蕭山礫山分支重修宗譜序

古者以國統族以族統家以家統人故天下姓譜國有專司所以序人倫別貴賤辨昭穆結婚姻明盛衰計丁口家有規宗有法而族爲之長國家之民族主義自當以家族爲基礎則萬姓譜牒之整輯有不容或緩者矣蕭之孔氏至 聖裔也自宋端思公昆季扈蹕南渡至杭後嗣卜居錢塘之定南鄉既又遷至蕭邑礫山之南歷廿餘世宗支散處無慮萬人上年秋間族人以喪亂之後舊譜散佚集資重修公推孔火樵先生總理其事先瑞夙諗蕭邑礫山孔氏派隸南宗疇昔第一次輯譜時孔氏六十二世聞音公曾由衢持譜莅蕭彙合編訂惟於二至五次復輯時仍未與衢地同族取得聯

编委會全體工作人員合影

谱名：觉山孔氏宗谱　堂号：诗礼堂　尺寸：28.5cm×18.5cm　装帧：线装　修谱时间：2010年续修　册数：全42册　收藏单位：杭州市萧山区档案馆；杭州市萧山图书馆。

覺山孔氏宗譜
第一册
文集

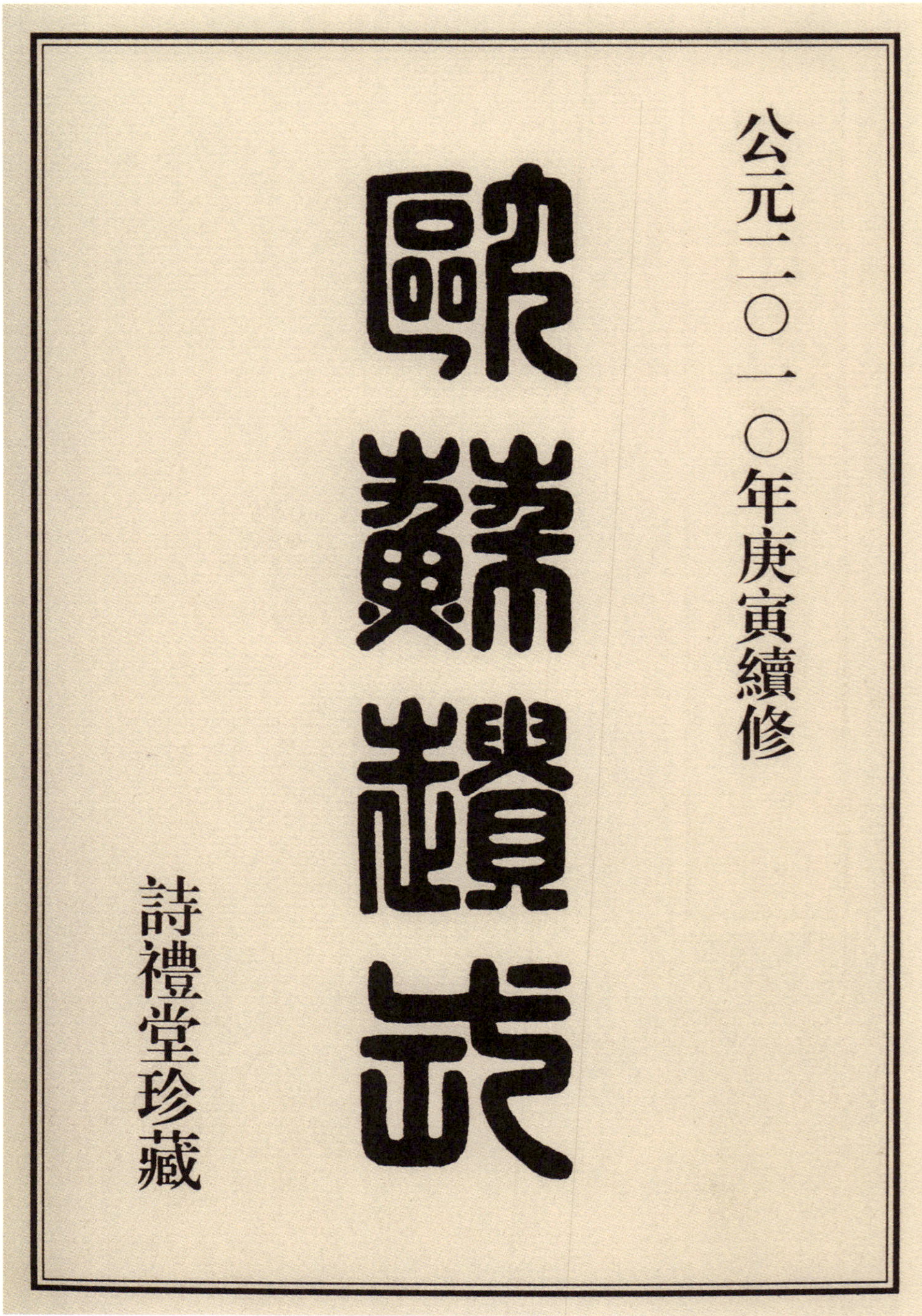
公元二〇一〇年庚寅續修

歐蘇續志

詩禮堂珍藏

◎續修宗譜序

譜者布也布列見事也周禮小史之職奠世繫辯昭穆即後世宗譜所由
昉歟余族
聖祖發源於山東曲阜縣之闕裏歷四十八世端友公扈從南渡始有衢派越
五世世川公仕越葬蕭始有蕭派始遷祖生六子有回衢魯者余祖廬墓
遂居蕭邑臨浦覺山之麓厥後椒聊蕃衍分徙各莊而總為覺山之分派
明季國初向有譜系一帙自雍正七年毓垣公來蕭稽族與興敦公尤相
得始彙訂宗譜而譜一創至乾隆丁丑歲傳慧公與傳彬公舉草創之未
經纂入者重為採集本支源流炳如星日而譜始一修庚戌歲毓椿公暨

谱名：萧山卢氏宗谱　堂号：积庆堂　尺寸：27.6cm×19.9cm　装帧：线装　修谱时间：2005年重修　册数：全4册　收藏单位：杭州市萧山区档案馆

民國丙子年重修

源遠流長

積慶堂珍藏

南山盧氏宗譜　卷之二　一　二〇〇五乙酉積慶堂重修

蕭山盧氏世系紀原

吾族仁（順）三公自東陽盧宅始遷蕭山盧家堪爲一世始祖傳到七世煥三公在明天啓間贅居溪下逆追到先祖生卒年月杳無考證只能在殘譜中載煥三公贅居明天啓生失誌卒康熙丁未其子生於崇禎壬午循流得源何啻披雲睹日窮途忽逢康莊大道明天啓至康熙丁未時不甚遠未爲太迫嗣後我溪下宗支條條未有間斷從此吾族傳承燦然至今耳譜上記述東陽分支年代久遠與盧宅宗族踈而遠之數百年來仁（順）三公究屬盧宅何支派存疑問題駕空其譜在本屆修譜委員會成員訪問盧宅同時也考核仁（順）三公的來龍去脉盧宅子孫繁衍支系分派如蜘蛛網絡邀請盧宅父老考證才了解到仁（順）三公系屬盧宅福九公派某壽九壽九后某仁（順）三也歷史確據乃知今後親踈分明以傳后世可徵紀原文獻耳

前排左：國安　耀泉　桂賢　吾仙　杏生　吾榮
后排左：何美英　興德　國祥　吾登　芝祥　沈康　順傑

谱名：萧山朱氏宗谱　堂号：积庆堂　尺寸：29.2cm × 21cm　装帧：平装　复印本　修谱时间：民国二十三年（1934）重修　册数：全5册　收藏单位：杭州市萧山区人民政府地方志办公室

朱氏宗譜序

小閣寒侵圍爐寂處忽聞足音跫然則表兄漢三携其宗譜至且問序於余余惟家譜之設所以敦宗睦族繼先緒而紹來茲孝子賢孫事也顧世遠則追溯難人衆則羅列難里居紛錯顯晦不齊則辨核難非有心人孰克尋其流而究其源者予捧讀朱氏譜而知其世澤長矣考朱氏之先係江南徽郡婺源人也時以茶院公爲始祖傳至退林公生三子同遷建陽長韋齋公諱松登政和八年戊戌進士即文公父迄今湖州歸安之竹墩其苗裔也次茂亭公諱椿散遷他郡無從考載幼檣軾公諱棹以孝廉爲蕭山主簿行取進京復隨駕臨安乃卜居于蕭之七都許賢鄉即今爲朱村第一世祖也湖朱村朱氏之派乃自婺源遷居建陽自建陽遷居於蕭之許賢源本昭然確有可考者顧朱村自檣軾公始再傳百一公知徽州府事三傳千三公舉明經四傳曾五公官翰林生十子而定一定四定五定九定十

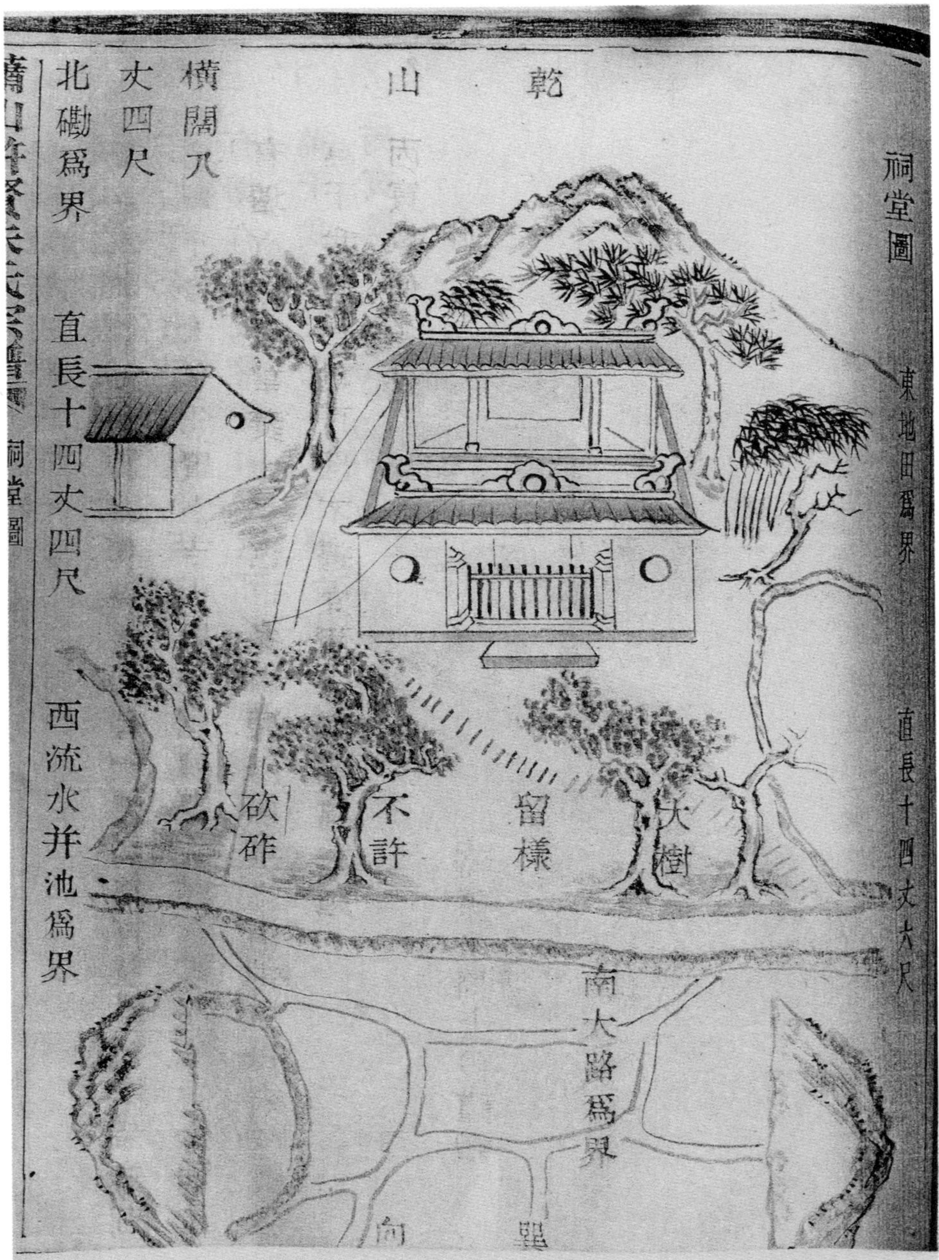
祠堂圖
東地田爲界
直長十四丈六尺
乾山
横闊八丈四尺
北磡爲界
直長十四丈四尺
西流水并池爲界
砍砟
不許
留樣
大樹
南大路爲界

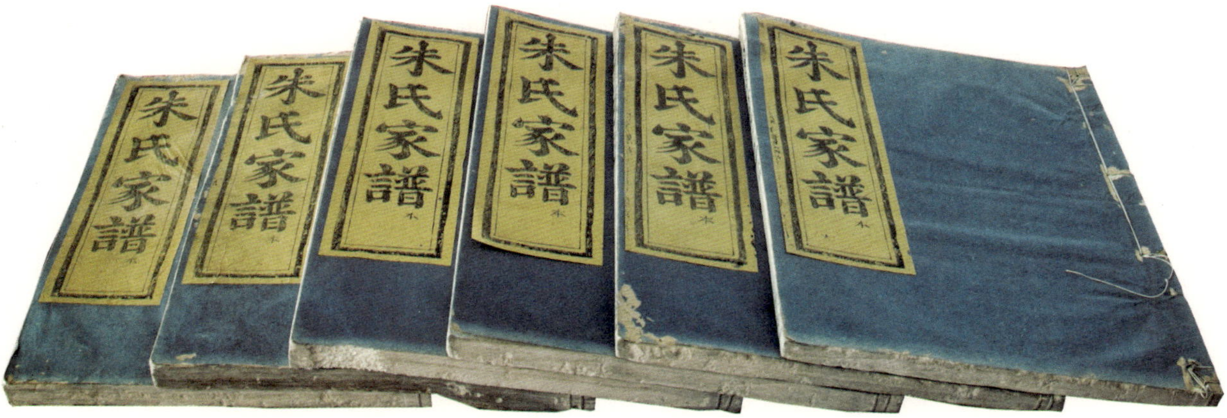

谱名：朱氏家谱　堂号：追远堂　尺寸：33.8cm×22.8cm　装帧：线装　修谱时间：清同治十一年（1872）重修　册数：全6册　收藏单位：杭州市萧山区人民政府地方志办公室

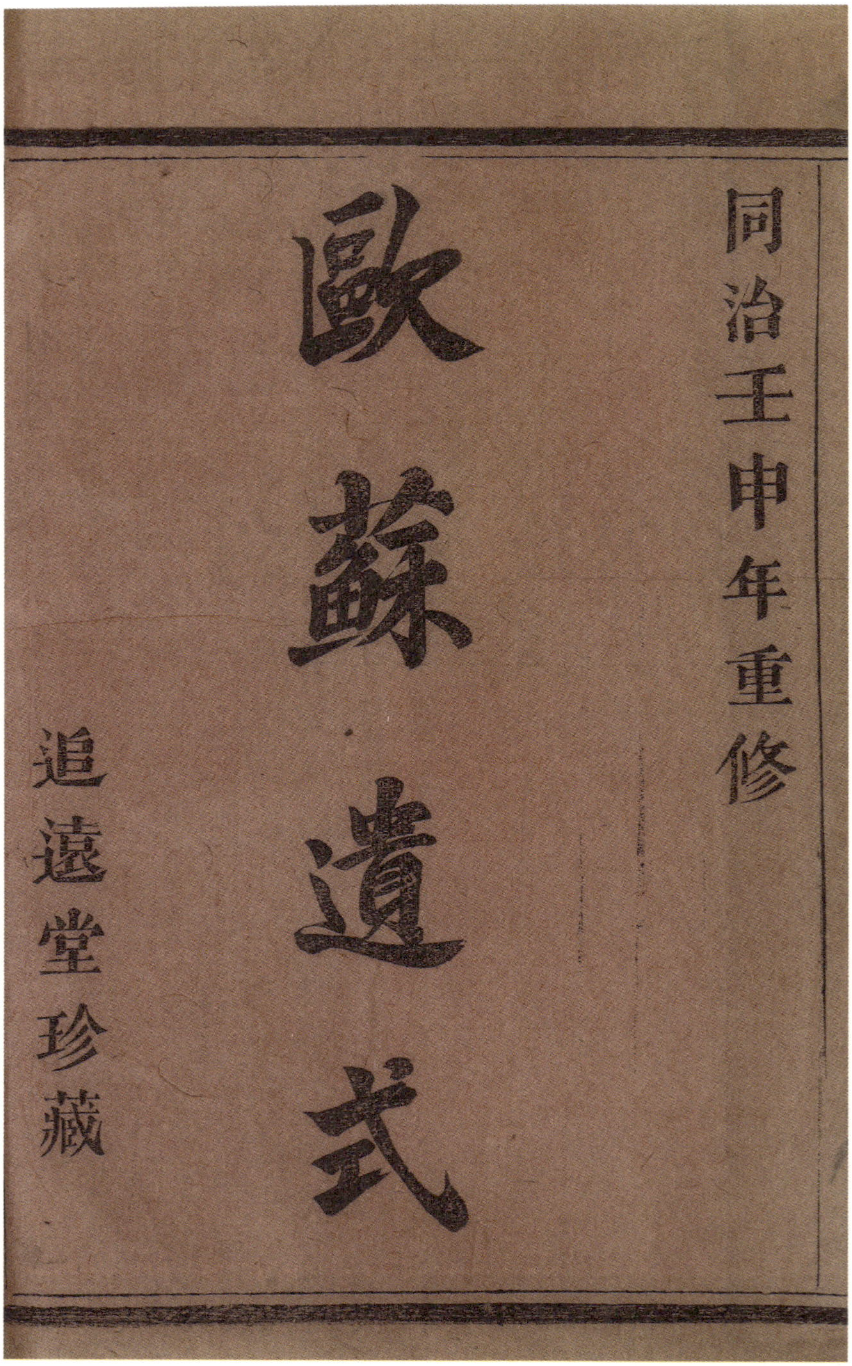

同治壬申年重修

歐蘇遺式

追遠堂珍藏

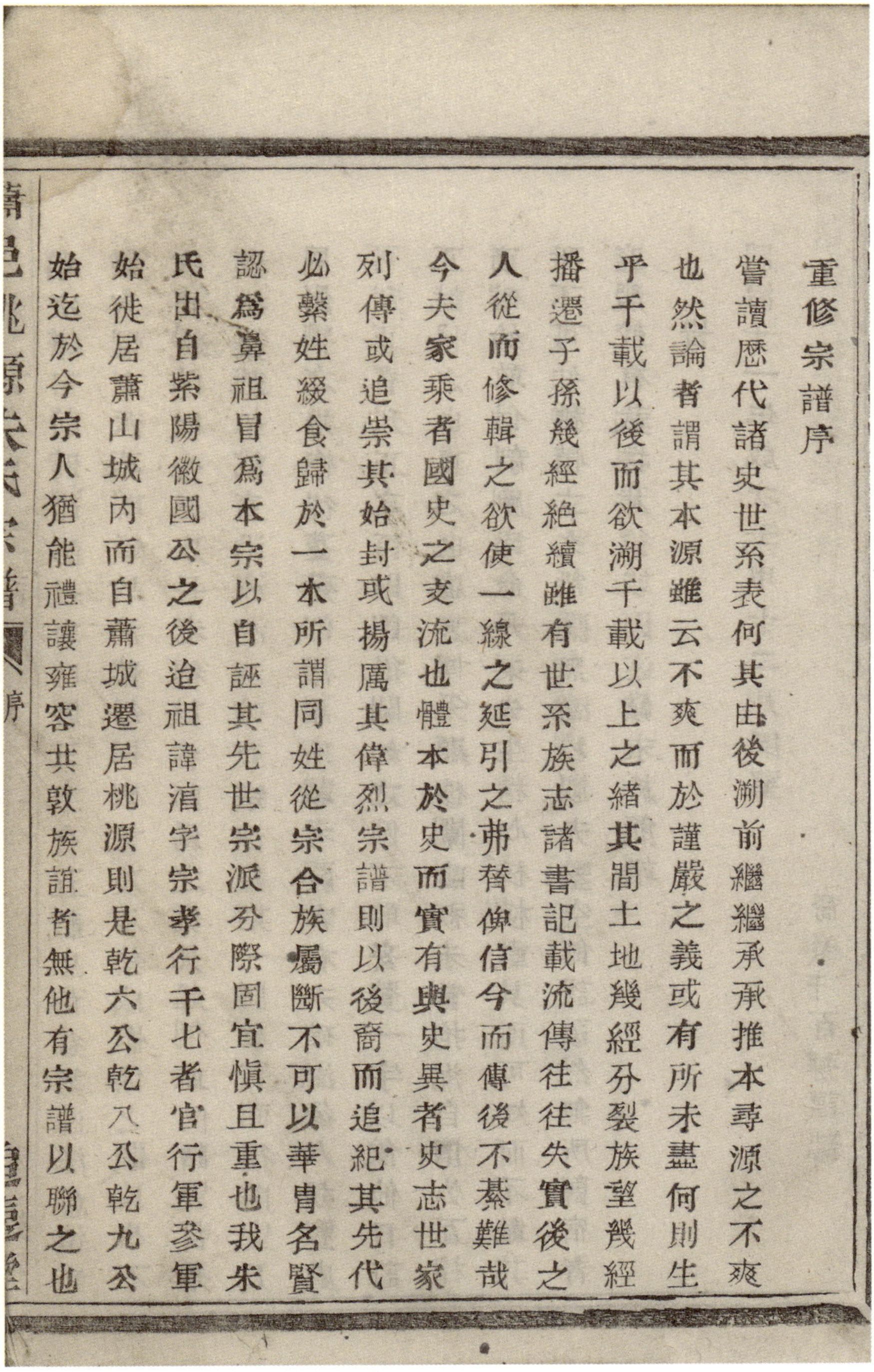

重修宗譜序

嘗讀歷代諸史世系表何其由後溯前繼繼承承推本尋源之不爽也然論者謂其本源雖云不爽而於謹嚴之義或有所未盡何則生乎千載以後而欲溯千載以上之緒其間土地幾經分裂族望幾經播遷子孫幾經絕續雖有世系族志諸書記載流傳往往失實後之人從而修輯之欲使一線之延引之弗替俾信今而傳後不綦難哉今夫家乘者國史之支流也體本於史而實有與史異者史志世家列傳或追崇其始封或揚厲其偉烈宗譜則以後裔而追紀其先代必繫姓綴食歸於一本所謂同姓從宗合族屬斷不可以華冑名賢認爲鼻祖冒爲本宗以自誣其先世宗派分際固宜慎且重也我朱氏出自紫陽徽國公之後迨祖諱湑字宗孝行千七者官行軍參軍始徙居蕭山城內而自蕭城遷居桃源則是乾六公乾八公乾九公始迄於今宗人猶能禮讓雍容共敦族誼者無他有宗譜以聯之也

蕭邑桃源朱氏宗譜 序

谱名：朱氏家谱续　堂号：追远堂　尺寸：34.7cm×22.7cm　装帧：线装　修谱时间：清光绪二十三年（1897）重修　册数：全6册　收藏单位：杭州市萧山区人民政府地方志办公室

光緒丁酉年重修

源遠流長

追遠堂珍藏

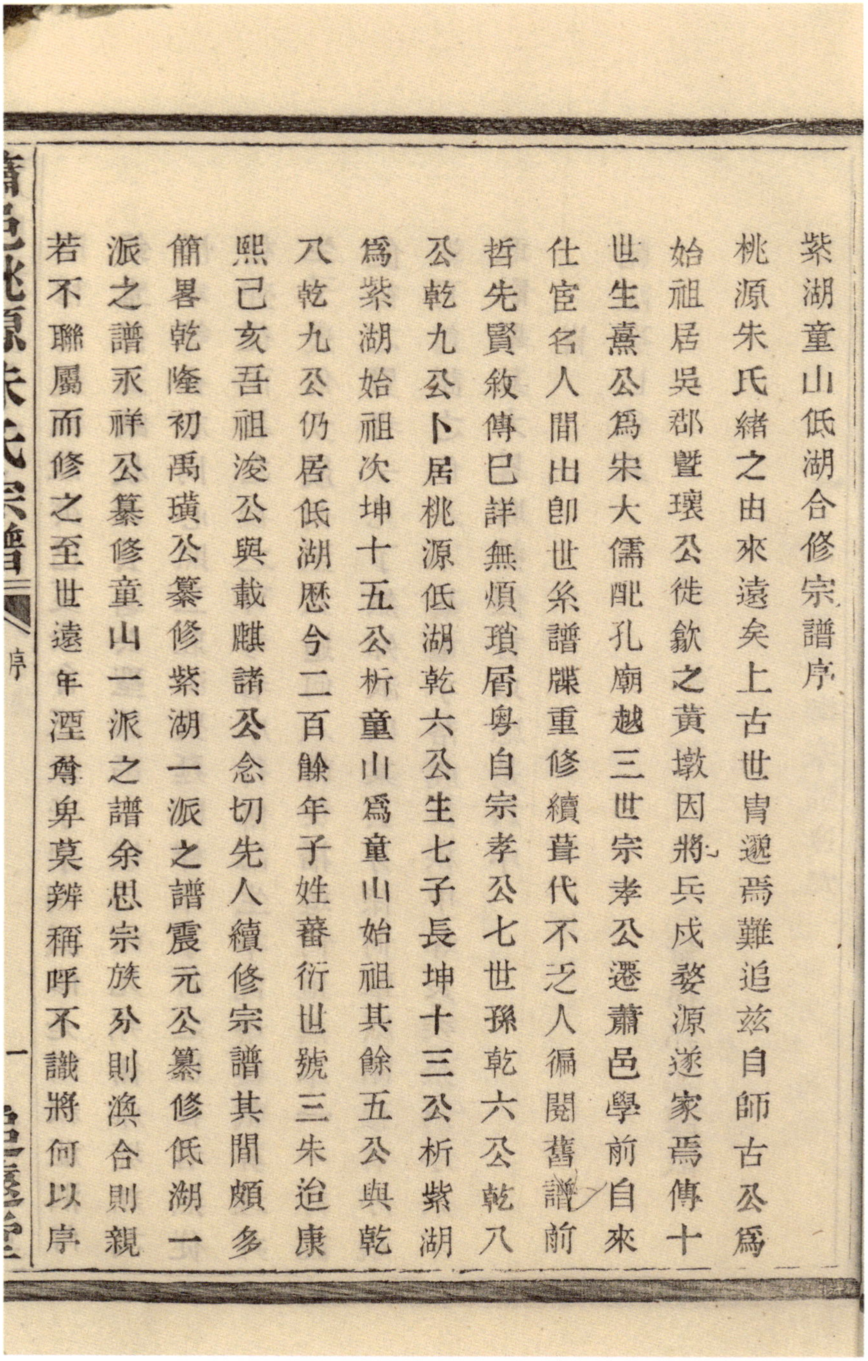

紫湖童山低湖合修宗譜序

桃源朱氏緒之由來遠矣上古世胄邈焉難追兹自師古公爲
始祖居吳郡暨瓌公徙歙之黄墩因將兵戍婺源遂家焉傳十
世生熹公爲宋大儒配孔廟越三世宗孝公遷蕭邑學前自來
仕宦名人間出郎世系譜牒重修續葺代不乏人徧閱舊譜前
哲先賢敘傳已詳無煩瑣屑粤自宗孝公七世孫乾六公乾八
公乾九公卜居桃源低湖乾六公生七子長坤十三公析紫湖
爲紫湖始祖次坤十五公析童山爲童山始祖其餘五公與乾
八乾九公仍居低湖歷今二百餘年子姓蕃衍世號三朱迨康
熙己亥吾祖浚公與載麒諸公念切先人續修宗譜其間頗多
簡畧乾隆初禹璜公纂修紫湖一派之譜震元公纂修低湖一
派之譜永祥公纂修童山一派之譜余思宗族分則涣合則親
若不聯屬而修之至世遠年湮尊卑莫辨稱呼不識將何以序

蕭邑桃源朱氏宗譜 序 一

谱名：朱氏宗谱　堂号：人和堂　尺寸：29cm×18.5cm　装帧：线装　修谱时间：2003年　册数：全4册　收藏单位：杭州市萧山区档案馆

猶他家譜學會中國族譜目録》中的朱姓族譜達八十八部，在各姓中名列第六；山西省社會科學院中國家譜資料研究中心所藏《中國家譜目録》，朱姓族譜也有六十部，計七百七十一册；浙江省各地有朱姓族譜達一百二十五部，爲各地所收藏。四明章溪人和堂朱氏宗譜爲其中之二部。

四明章溪人和堂朱氏宗譜，自宋大夫朝範公始，其四子知州廷玉公遷居明州章溪斑竹園，承先啓后，子孫繁衍，人才輩出，迄今已三十余代。宗譜幾經續修，二十四世孫久來公等五修宗譜，幸族人珍惜保護，免遭〈文革〉之火和〈掃四舊〉之焚，宗譜完好，本族源流、世系、遷涉、婚姻、事迹、喪葬清晰，是認祖歸宗，教育族人，激勵后輩的一部極好的史料。久來公等五修（民國八年即公元一九

朱氏宗譜 四明章溪人和堂 二

宗祠新貌

谱名：朱氏家族史　尺寸：26.4cm×18.6cm　装帧：平装　修谱时间：2005年　册数：全1册
收藏单位：杭州市萧山图书馆

二、寻根问祖话朱姓

朱氏为黄帝之后。相传黄帝之孙颛顼的玄孙陆终之子晏安为曹姓，因为晏安辅助舜有功，受封于曹（今陕西灵宝县东的曹阳）。周武王灭商建立周朝，封晏安之后裔曹挟于邾国（今山东邹县境内）。战国中叶，邾国为楚宣王所灭，此后，曹挟的子孙便以原国名去邑（阝）为姓，是为朱姓。

朱氏一说世居河南开封，一说世居沛国（今安徽睢溪县与江苏沛县一带）及安徽歙州。自宋代起，随宋南渡，多有在浙江、江西各地散居，并渐渐发族。

萧山境内朱姓人口众多，为萧山十大姓氏之一，聚居地很多，且历史上人才辈出。

我坂里朱村朱氏一世祖光达公系明朝洪武元年（公元一三六八年）因避难从诸暨紫阆迁来，至今已有六百余年。据老人回忆，一世祖从诸暨迁来不假，但我村朱姓上溯与绍兴白洋朱姓有涉。从“萧山姓氏漫话”中（萧山市档案局[馆]、萧山市档案学会编印），清楚知道，白洋朱氏是从沛国朱氏而来。从而不难解释我村村民以前在农具、家什上具名时，往往在名字前冠以“沛国”二字的现象。

相传一世祖以捕鱼为业，这与当时的地理环境相符，因当时这里还是浦阳江畔的一个荒畈。我村数十个池塘，几十亩水面，又近邻浦阳江，所以捕鱼技术得以承传，直到解放后，尚有几户人家以捕鱼为副业。

光达公一生育有二子，即梁一公、梁二公。现在，我村朱氏有

3

四房族人，其中大房、小房为梁一公的后人，老伯房、新伯房为梁二公之传人。目前已传至二十五世，有朱姓人家144户共513人，其中姓朱346人。

本家史记述的是老伯房朱氏第十九世孙朱来顺（后文均称家始祖），他祖上十分清贫，几代单传至他而育有七子二女，人丁遂旺。贵在子女们个个听话，十分孝顺，兄弟间又和睦团结，农耕商贸，渐渐发家。到二十世纪初已是家声远播，临浦及周边的四里八乡，人们都知道坂里朱村有个大户人家“大墙门”。

时间已经过去了一个多世纪后的今天，当你了解朱氏的来历后，如果还想知道这个大家庭人们的过去和现在，那就请继续翻阅本册子吧！

4

谱名：萧山桃源朱氏宗谱　堂号：追远堂　尺寸：35cm×23.3cm　装帧：线装　修谱时间：民国十年(1921)重修　册数：全6册　收藏单位：杭州市萧山区人民政府地方志办公室

蕭山桃源朱氏宗譜
卷一
君

民國辛酉年重修

源遠流[illegible]

追遠堂珍藏

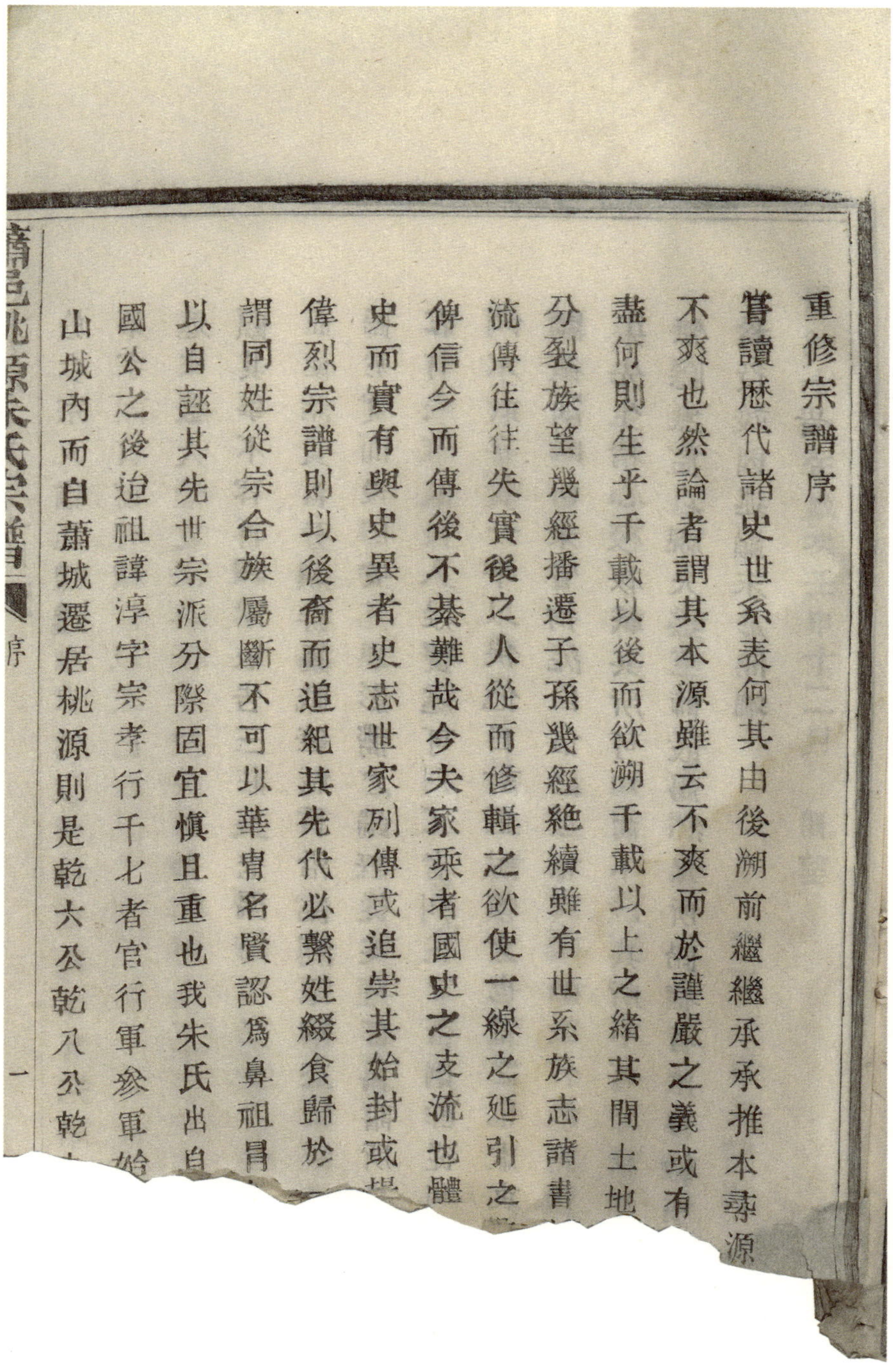
重修宗譜序

嘗讀歷代諸史世系表何其由後溯前繼繼承承推本尋源不爽也然論者謂其本源雖云不爽而於謹嚴之義或有盡何則生乎千載以後而欲溯千載以上之緒其間土地分裂族望幾經播遷子孫幾經絕續雖有世系族志諸書流傳往往失實後之人從而修輯之欲使一線之延引之俾信今而傳後不綦難哉今夫家乘者國史之支流也體史而實有與史異者史志世家列傳或追崇其始封或提偉烈宗譜則以後裔而追紀其先代必繫姓綴食歸於謂同姓從宗合族屬斷不可以華胄名賢認爲鼻祖冒以自誣其先世宗派分際固宜慎且重也我朱氏出自國公之後追祖諱淳字宗孝行千七者官行軍參軍始山城內而自蕭城遷居桃源則是乾大公乾八公乾

蕭邑桃源朱氏宗譜 序 一

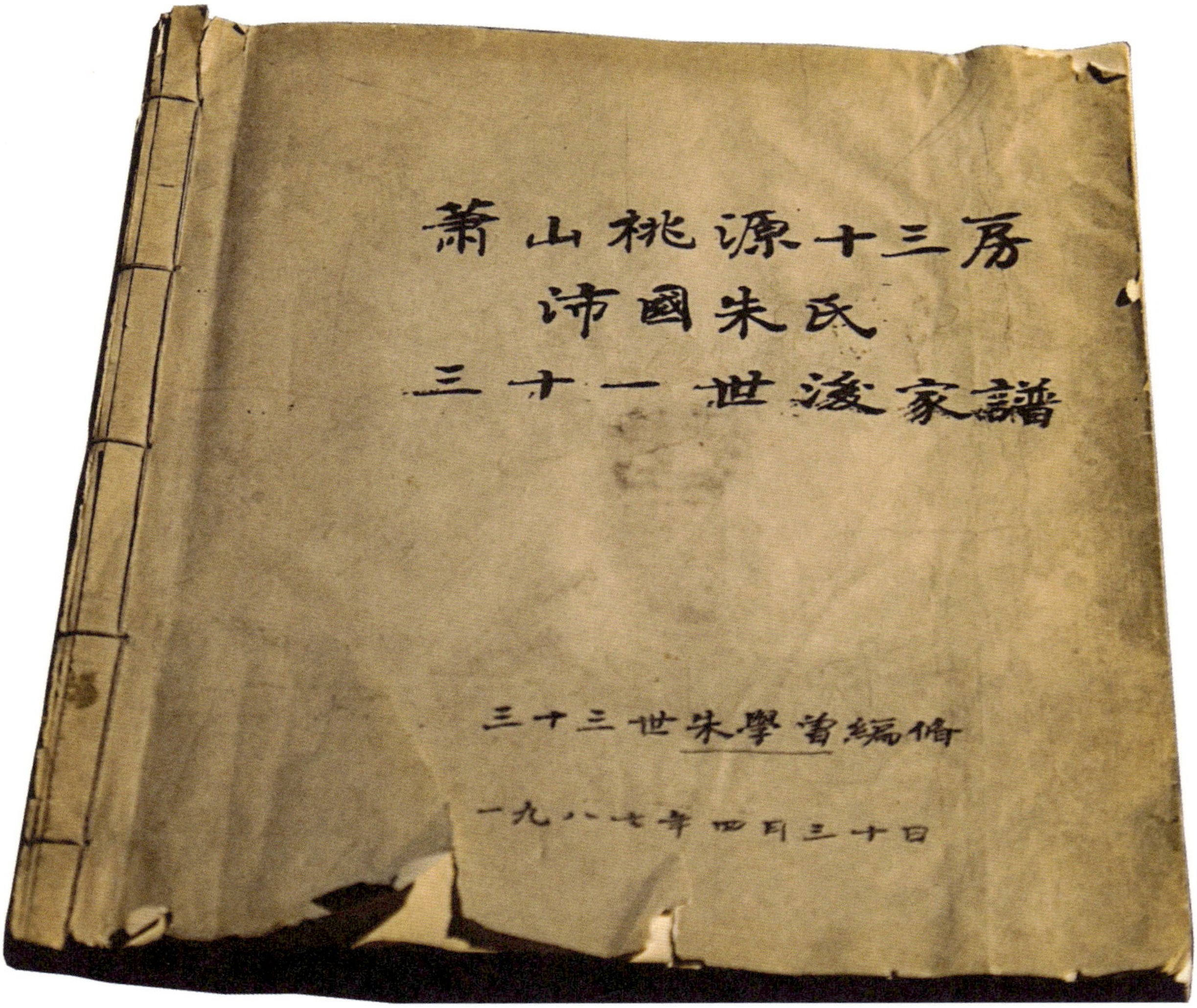

谱名：萧山桃源十三房沛国朱氏三十一世后家谱　尺寸：27cm×19.5cm　装帧：线装　修谱时间：1987年　册数：全1册　收藏单位：杭州市萧山图书馆

阴常不足"乃元代高士发扬中医重要基本理论'阴阳调和'之说。

明太祖朱元璋安徽凤阳人，600年前，由布衣逐元改朝，称洪武帝，传２７７年。明儒朱舜水字之瑜，明末出奔日本，力图复明，讲学东京，备受日人尊敬，殁后葬茨城县。于东京大学区内，立有"朱舜水先生终也之地"纪念碑（１９３３－３５年在东京时，曾谒此碑）。朱彝尊于清初纂明史，革命功臣朱执信，广东肖山人。

我族源出沛国，传由安徽迁居浙江肖山县乡名桃源，村曰十三房，其或由第十三子迁居于此欤，村后有仙桃山与郭马峰，高仅几百公尺，幼时曾随先君登其巅。面临棠湖坂，良田数十顷，悉栽水穗。村中数十户，不及两百人，悉朱姓。祖父早逝，未能亲聆训诲，仅于岁暮年节，瞻仰遗容像画（其时乡间尚无照相，祖先遗像是由画家描绘，衣清代儒服，年终祭祀，悬于正堂，灯节过后，又复收藏）祖母李氏，信佛念经，于余１４岁时谢世。

在台所撰简谱，仅就记忆所及，列记所知，资料不全。兹将查询所得，重撰之，就我族先辈及３１世以后详列有关各项，愿今后各代，能继续补记，则此篇当是我肖山桃源乡十三房村朱氏自３１世代以后之新家谱，是为序。

1987年3月1日 初稿成于杭州市
华藏居

～ 3 ～

谱名：黄阁河朱氏家谱　尺寸：29cm×20.8cm　装帧：平装　复印本　修谱时间：民国二十一年（1932）重修　册数：全10册　收藏单位：杭州市萧山区人民政府地方志办公室,10册；杭州市萧山区档案馆，1册，存卷一

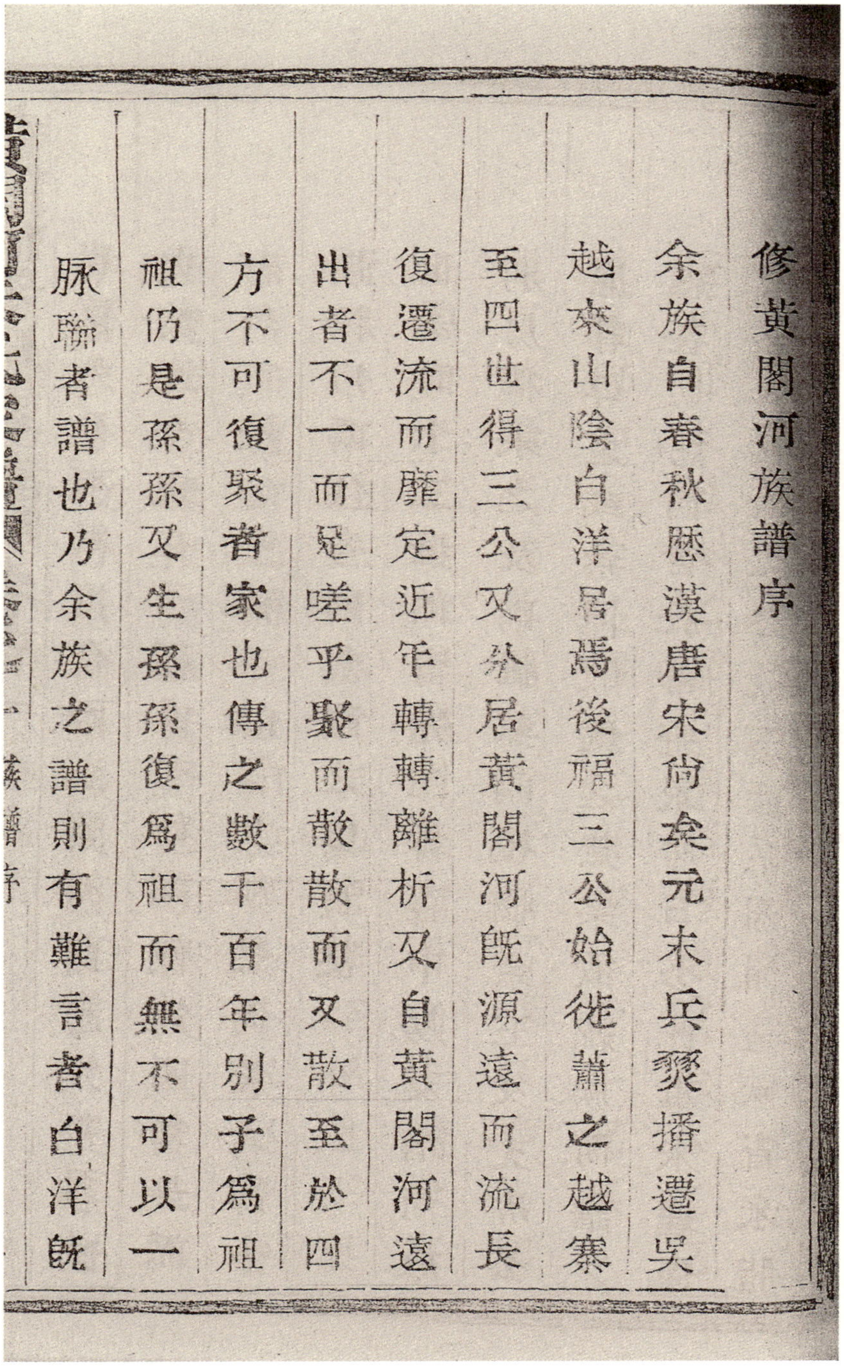

修黄閣河族譜序

余族自春秋歷漢唐宋尙矣元末兵燹播遷吳越來山陰白洋居焉後福三公始徙蕭之越寨至四世得三公又分居黃閣河既源遠而流長復遷流而靡定近年轉轉離析又自黃閣河遠出者不一而足嗟乎聚而散散而又散至於四方不可復聚者家也傳之數千百年別子爲祖祖仍是孫孫又生孫孫復爲祖而無不可以一脉聯者譜也乃余族之譜則有難言者白洋既

谱名：萧山任氏家乘　堂号：永思堂　尺寸：26.9cm×17.6cm　装帧：线装　修谱时间：清嘉庆十一年（1806）　册数：全16册　收藏单位：杭州市萧山图书馆，16册，缺卷九，卷八重复

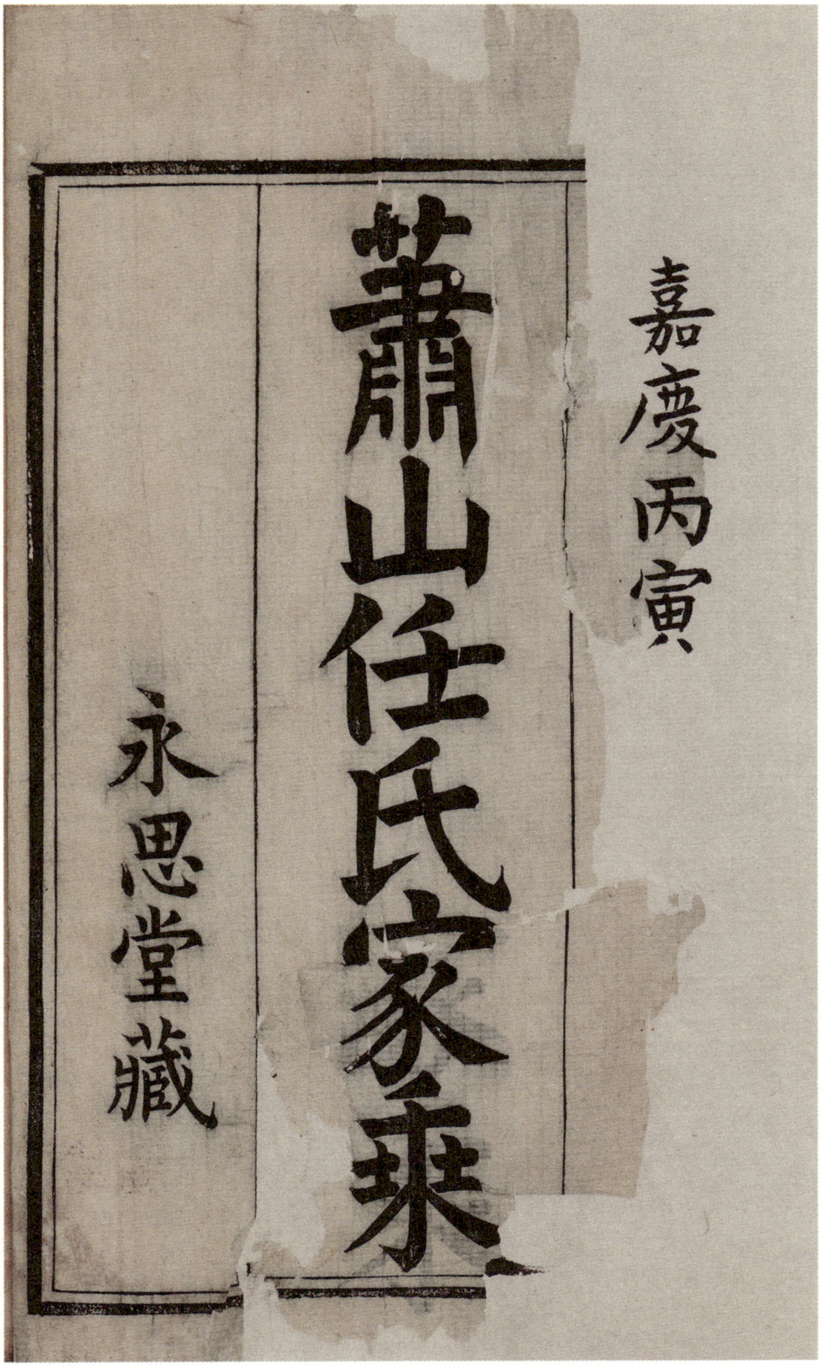

嘉慶丙寅

蕭山任氏家乘

永思堂藏

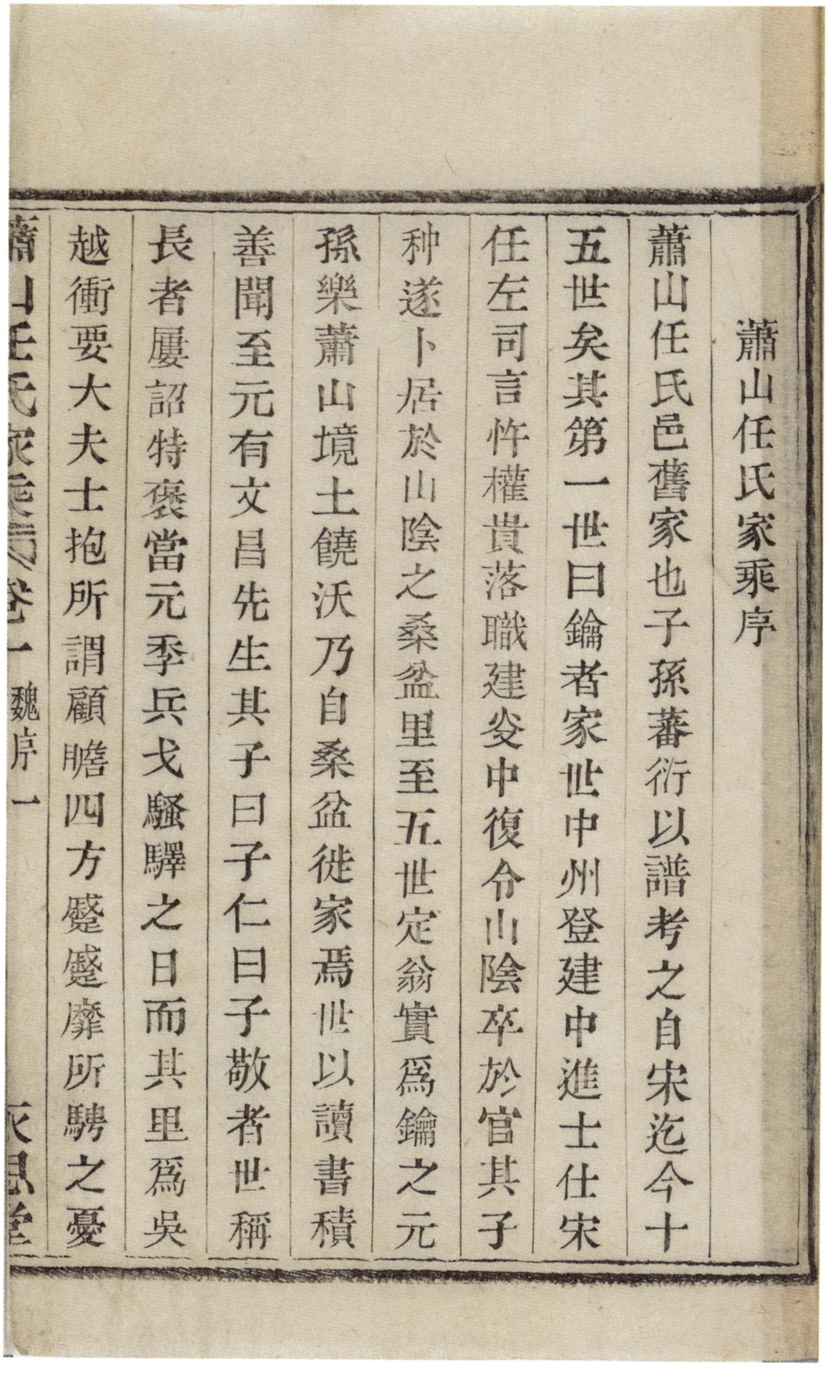

蕭山任氏家乘序

蕭山任氏邑舊家也子孫蕃衍以譜考之自宋迄今十五世矣其第一世曰鑰者家世中州登建中進士仕宋任左司言忤權貴落職建炎中復令山陰卒於官其子秭遂卜居於山陰之桑盆里至五世定翁實爲鑰之元孫樂蕭山境土饒沃乃自桑盆徙家焉世以讀書積善聞至元有文昌先生其子曰子仁曰子敬者世稱長者屢詔特褒當元季兵戈騷驛之日而其里爲吳越衝要大夫士抱所謂顧瞻四方蹙蹙靡所騁之憂

蕭山任氏家乘卷一　魏序　一　永思堂

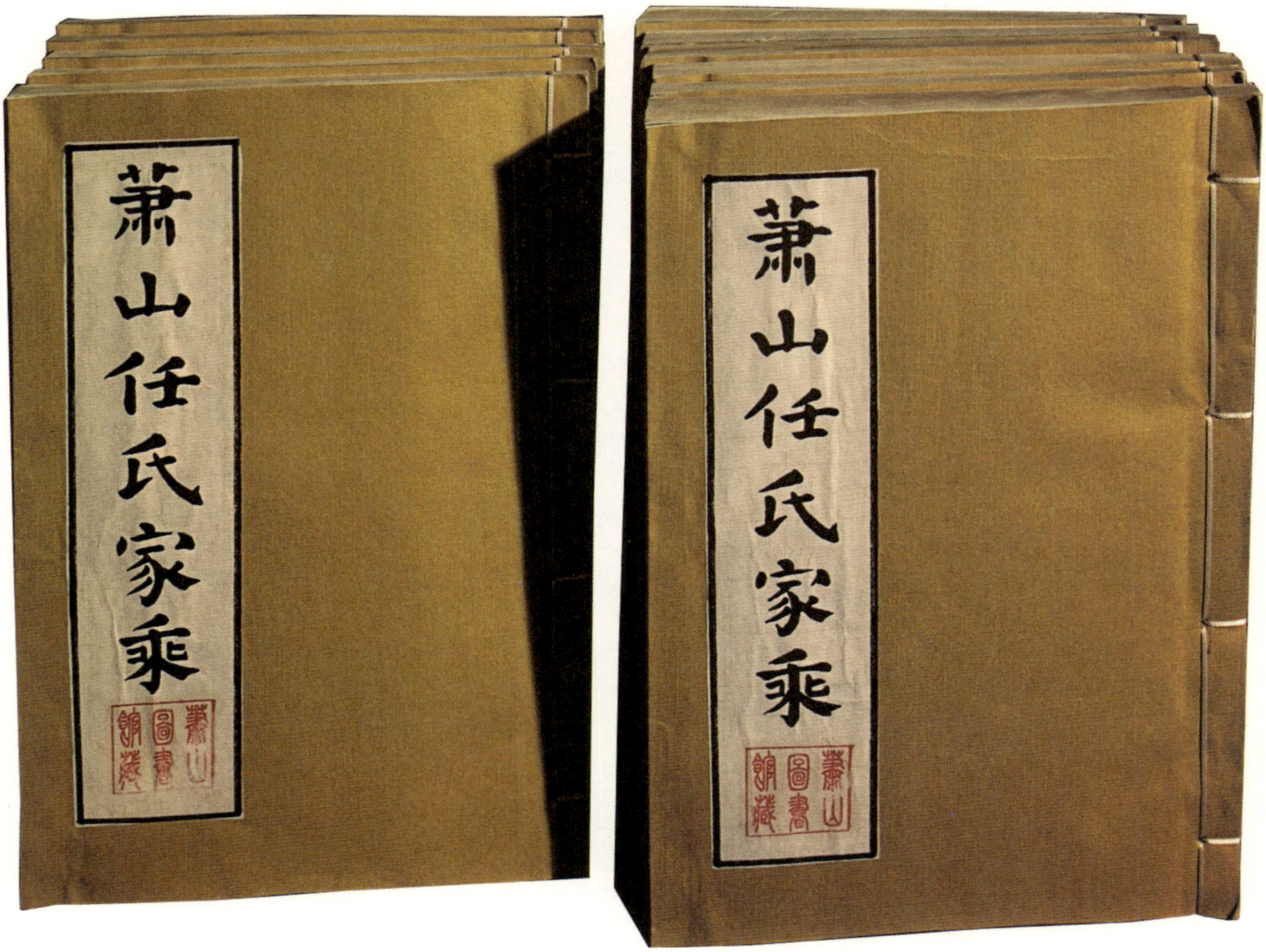

谱名：萧山任氏家乘　堂号：永思堂　尺寸：26.9cm×17.6cm　装帧：线装　修谱时间：清同治年间（1862—1874）　册数：全20册　收藏单位：杭州市萧山图书馆，11册，缺卷一、三至五、七、八、十、十二、十七

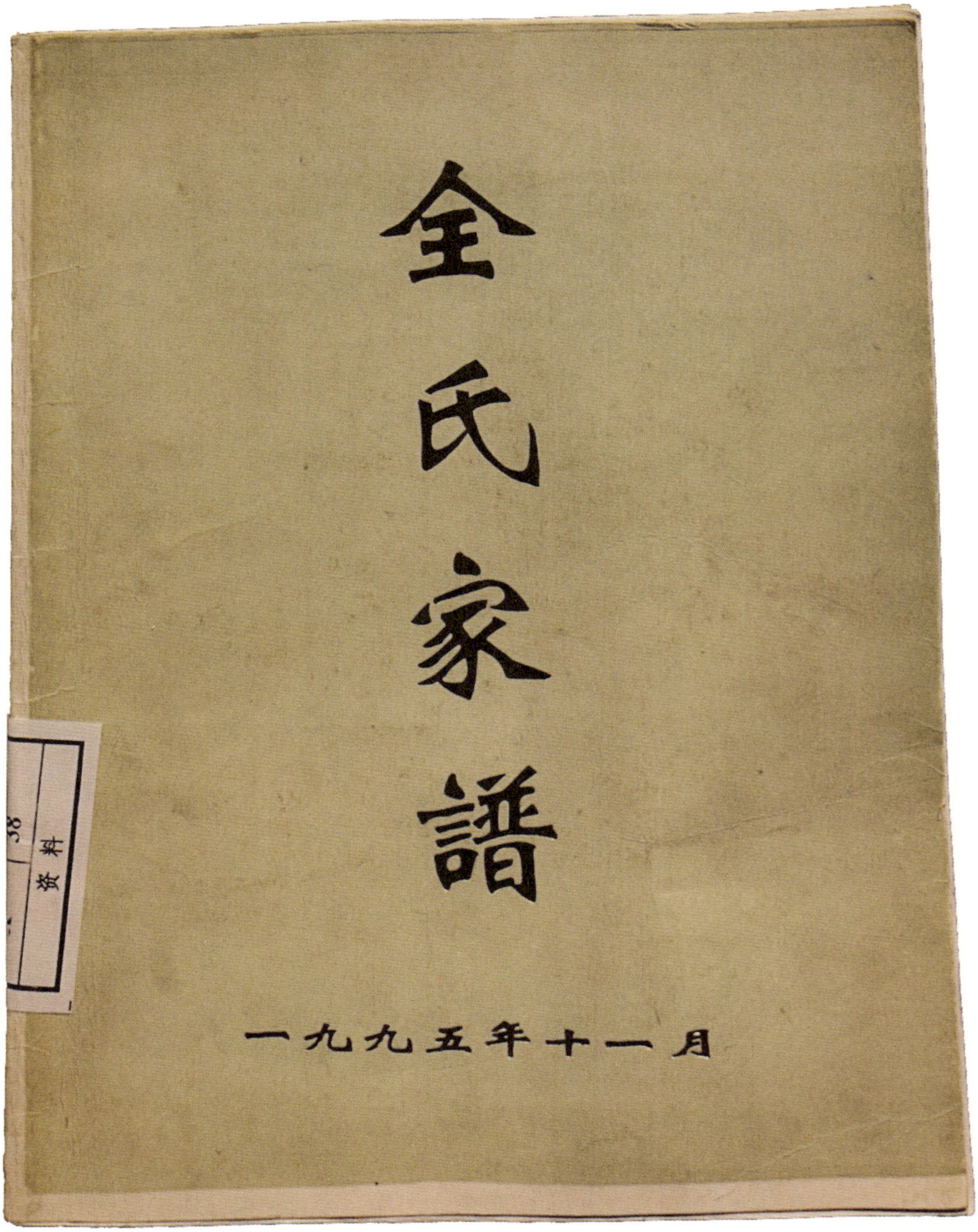

谱名：全氏家谱　尺寸：26cm × 19cm　装帧：平装　修谱时间：1995年　册数：全1册　收藏单位：杭州市萧山区档案馆

全氏家族概况简述

人所共知，我们中华民族具有五千年的文明史代，历史的长河浩浩荡荡却又匆匆即逝。我们全氏家族作为中华民族的沧海一粟，源于何时何地，世代景况繁衍如何，似乎难以查考。但是近几代生活在沙地区的本族人代，却不曾久远。如能有个概况论述，不无意义。我带着这个举趣性的问题对本族祖宗自移居沙地开荒居住以来的全家人作了一番粗浅的探索，并以粗略的文字作了记载。便于给祖辈们一个慰祭，给现代人作个参考，给后辈门留个纪念。

据初考，我们全氏族人始移居沙地至今已繁育了八代人氏，即：第一辈全大忠；第二辈起贵；第三天字辈；第四加字辈；第五洪字辈；第六福字辈；第七德光辈；第八新一辈（与志德同辈人）。那么全大忠是何时何地原因而来沙地开荒种地的呢？现在八代人氏，从时间来分析，大约距今 180－200 年左右（从洪海今年 113 岁推算，他上头还有 4 辈，每代 25－30 年估计），当时正值清朝嘉庆年间，即十八世纪末，十九世纪初期。当然，这只是个测算，其确切的年份，本人无从考准。关于本族人所搬迁来的老祖地，则上辈祖宗向来有传，我们是从绍兴立岱大桥（今绍兴县加围镇所辖）搬来，据传来时有两兄弟，一个即本族元辈大忠，另一个在今益农镇五六二，东一村的地方，大概当时大忠父亲的意图是一个东，一个西，双子开荒，两足立稳，有利于繁衍子孙，安居乐业。至于当时为什么要从立岱搬到沙地来，是朝上号召搬来的，还是当时沙地上涨后，老百姓自发移民，其中原因渺茫，难以解释。但从当时朝代看，清嘉庆年间还是清潮的中期，天下太平，战事甚少，社

— 3 —

谱名：萧山刘氏宗谱　堂号：合莫堂　尺寸：28.5cm×18.5cm　装帧：线装　修谱时间：2013年续修　册数：全26册　收藏单位：杭州市萧山区档案馆；杭州市萧山图书馆

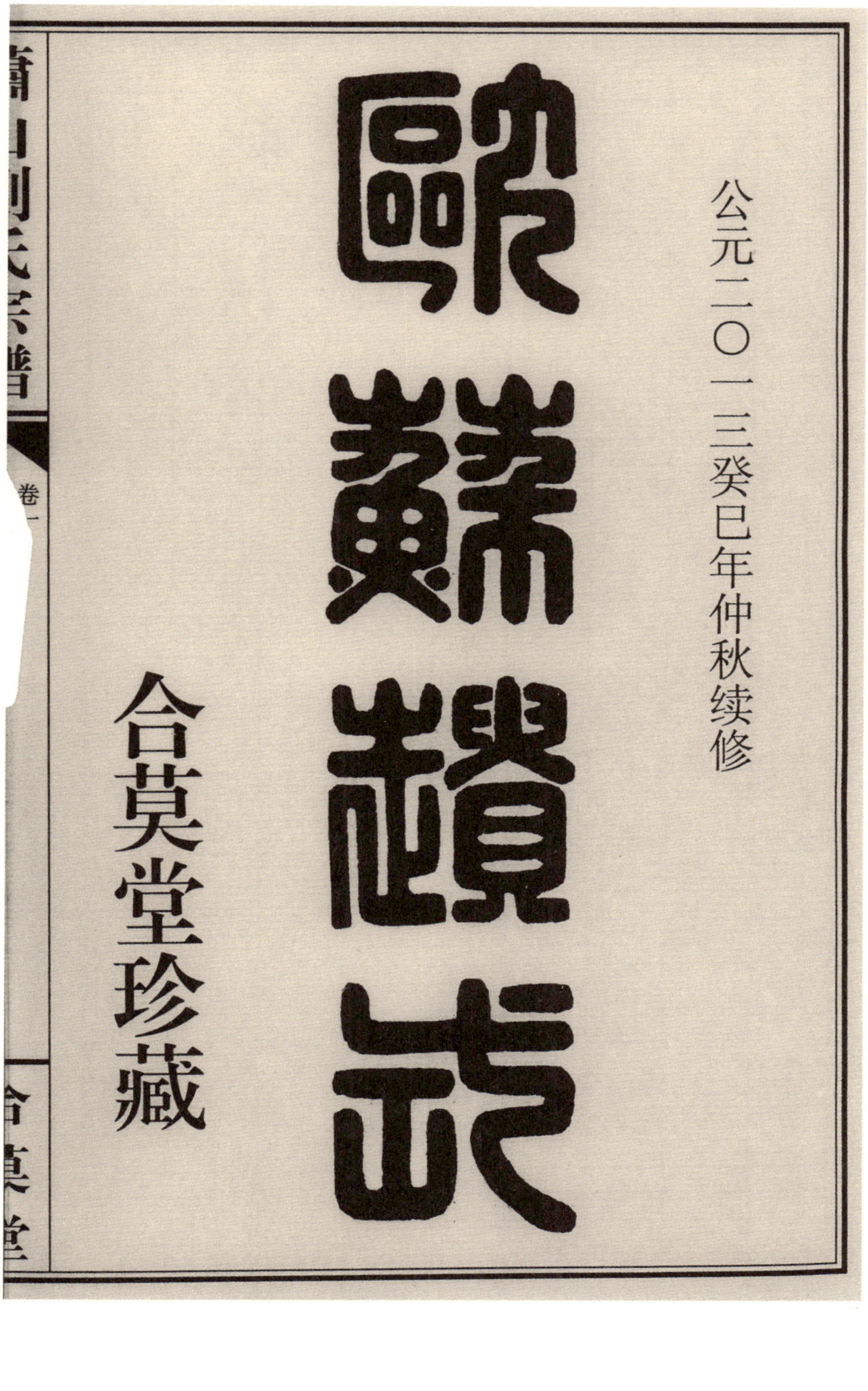
公元二〇一三癸巳年仲秋续修
合莫堂珍藏
卷一

州）。明弘治年間，宦官劉瑾專政，伏誅。劉姓遭牽連，以金為姓隱世他鄉。青一茂公從錢塘六和遷徙至蕭山六都開善里隱居。金茂，行青一，邑庠生，被尊為六都開善里（今北塢）金氏始

卷三 照片 五

合莫堂劉氏宗譜重修全體參與人員合影

前排左起：志成 吾興 祝明 堯坤 善興 賢橋 柏賢 永培 吾水 志玉 奎榮 關義

中間左起：焕祥 理榮 志權 慶祥 燦良 智先 國興 錫祥 文根 校榮 吾權 寶如 建芹 楊曉

後排左起：玲娟 利坤 士榮 國成 榮富 張才 岳水 岳偉 榮賢 曉平 建法 燦田 士才 小阿毛 校芳 陳樟明 國棟

谱名：山阴天乐汤氏宗谱　堂号：水木堂　尺寸：31.6cm×21.5cm　装帧：线装　修谱时间：2013年续修　册数：全10册　收藏单位：杭州市萧山图书馆

水木堂

山陰天樂湯氏宗譜

卷之一

山阴天乐汤氏宗谱续修理事会
公元二〇一三癸巳春 续修

天下譜局

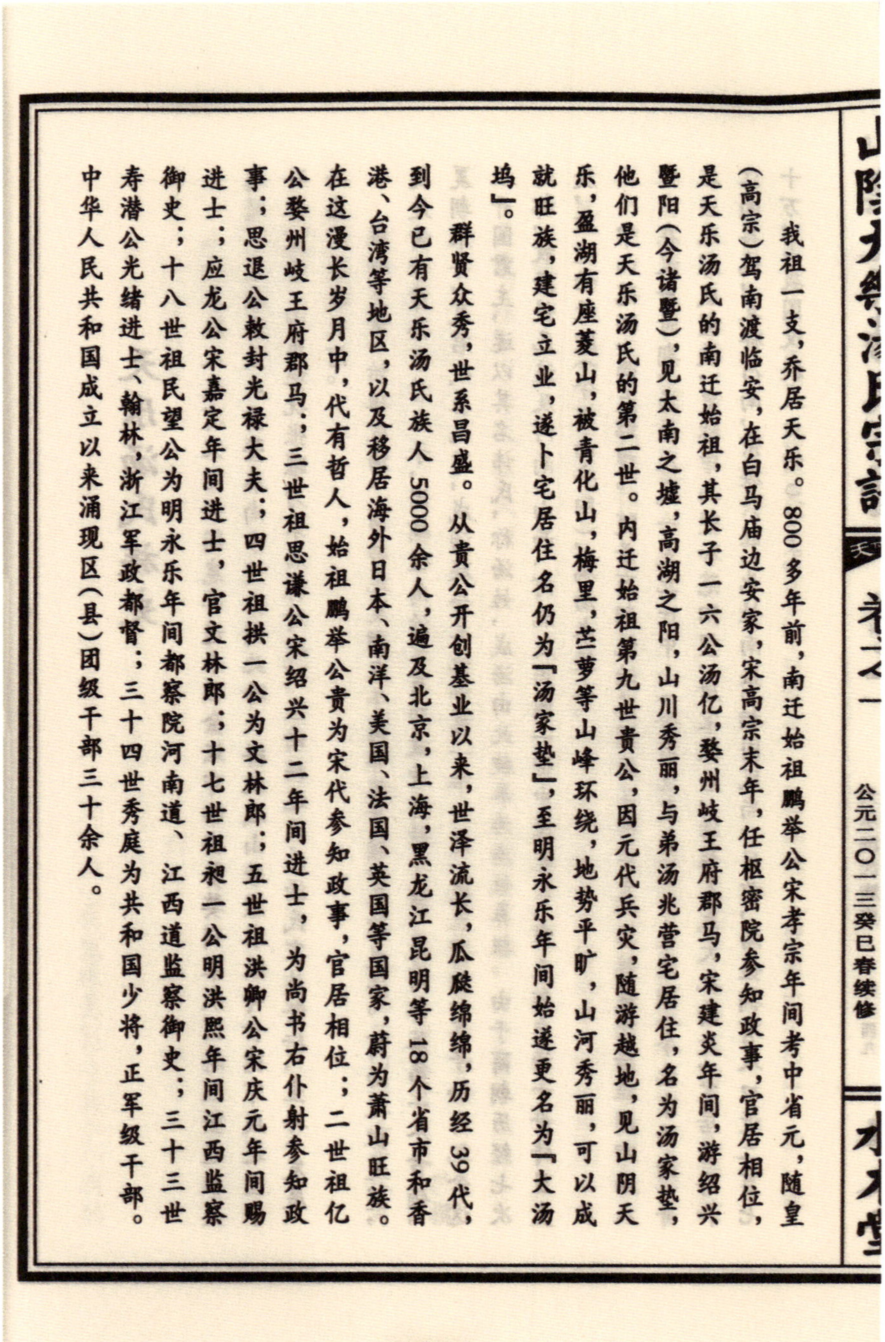

公元二〇一三癸巳春续修

我祖一支，乔居天乐。800多年前，南迁始祖鹏举公宋孝宗年间考中省元，随皇（高宗）驾南渡临安，在白马庙边安家，宋高宗末年，任枢密院参知政事，官居相位，是天乐汤氏的南迁始祖，其长子一六公汤亿，婺州岐王府郡马，宋建炎年间，游绍兴暨阳（今诸暨），见太南之墟，高湖之阳，山川秀丽，与弟汤兆营宅居住，名为汤家埭，他们是天乐汤氏的第二世。内迁始祖第九世贵公，因元代兵灾，随游越地，见山阴天乐，盈湖有座菱山，被青化山，梅里，苎萝等山峰环绕，地势平旷，山河秀丽，可以成就旺族，建宅立业，遂卜宅居住名仍为「汤家埭」，至明永乐年间始遂更名为「大汤坞」。

群贤众秀，世系昌盛。从贵公开创基业以来，世泽流长，瓜瓞绵绵，历经39代，到今已有天乐汤氏族人5000余人，遍及北京，上海，黑龙江昆明等18个省市和香港、台湾等地区，以及移居海外日本、南洋、美国、法国、英国等国家，蔚为萧山旺族。在这漫长岁月中，代有哲人，始祖鹏举公贵为宋代参知政事，官居相位；二世祖亿公婺州岐王府郡马；三世祖思谦公宋绍兴十二年间进士，为尚书右仆射参知政事；思退公敕封光禄大夫；四世祖拱一公为文林郎；五世祖洪卿公宋庆元年间赐进士；应龙公宋嘉定年间进士，官文林郎；十七世祖昶一公明洪熙年间江西监察御史；十八世祖民望公为明永乐年间都察院河南道、江西道监察御史；三十三世寿潜公光绪进士、翰林，浙江军政都督；三十四世秀庭为共和国少将，正军级干部。中华人民共和国成立以来涌现区（县）团级干部三十余人。

汤氏宗祠

汤氏宗祠，堂号「水木堂」后更名为「忠孝堂」。位于村中部，坐东朝西（偏南5°），前后两进。前进门厅，后进寝堂。左右设厢房，观音兜式硬山顶。寝堂牛腿雕刻「和合二仙」纹样，鸡塑、石块墁地。宗祠为清光绪十四年（一八八八）建造，格局规整，保存完好，建筑高大宽敞，用材粗大，做工考究。

理事会全体人员合影

▲后排左起：传水、月华、金耀、秀清、永良、登甫、永祥、红萍
前排左起：关尧、煜彦、春光、秀政、国庆、如庆、志富

执事会全体人员合影

▲后排左起：甫超、传水、涵能、金祥、炳灿、关仙
前排左起：天柱、建春、永祥、生然、汉琦、秀根

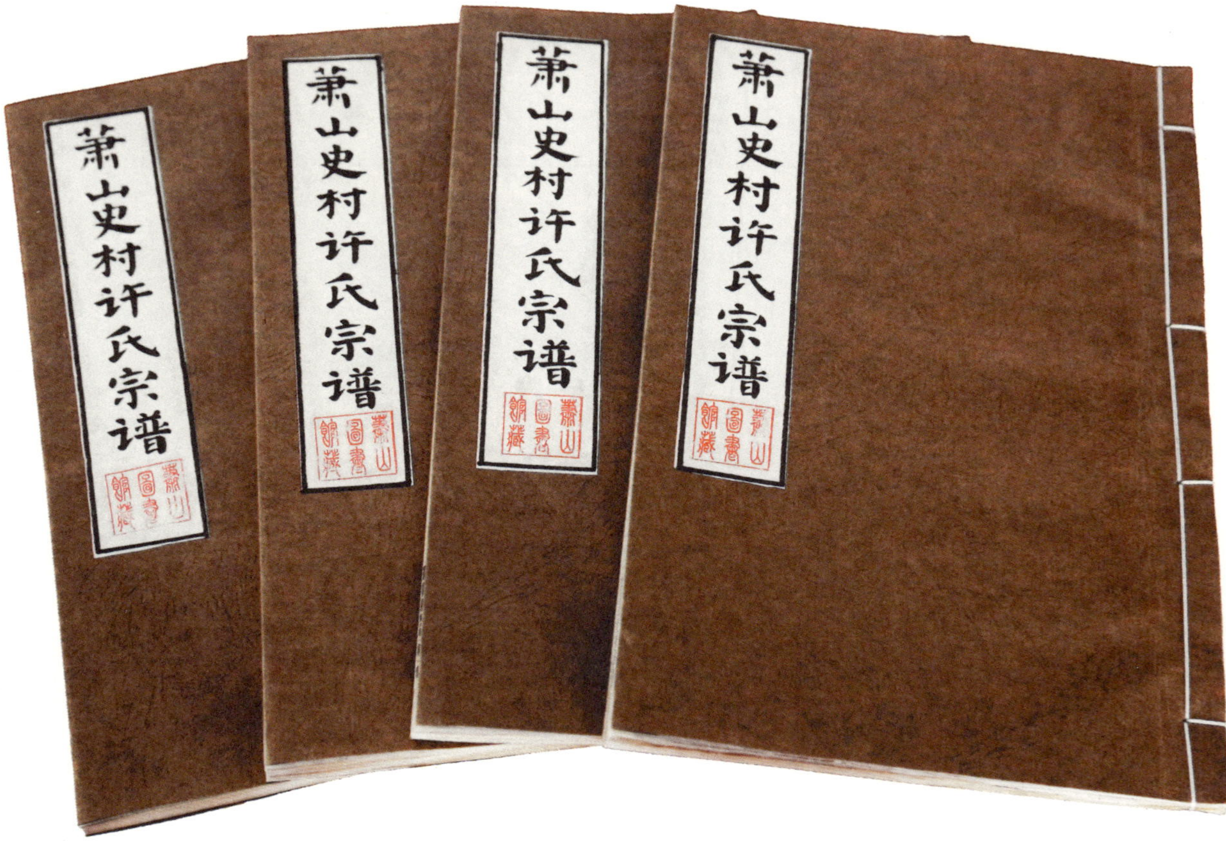

谱名：萧山史村许氏宗谱　堂号：孝思堂　尺寸：34.5cm × 22.8cm　装帧：线装　修谱时间：清宣统三年（1911）续修　册数：全4册　收藏单位：杭州市萧山图书馆

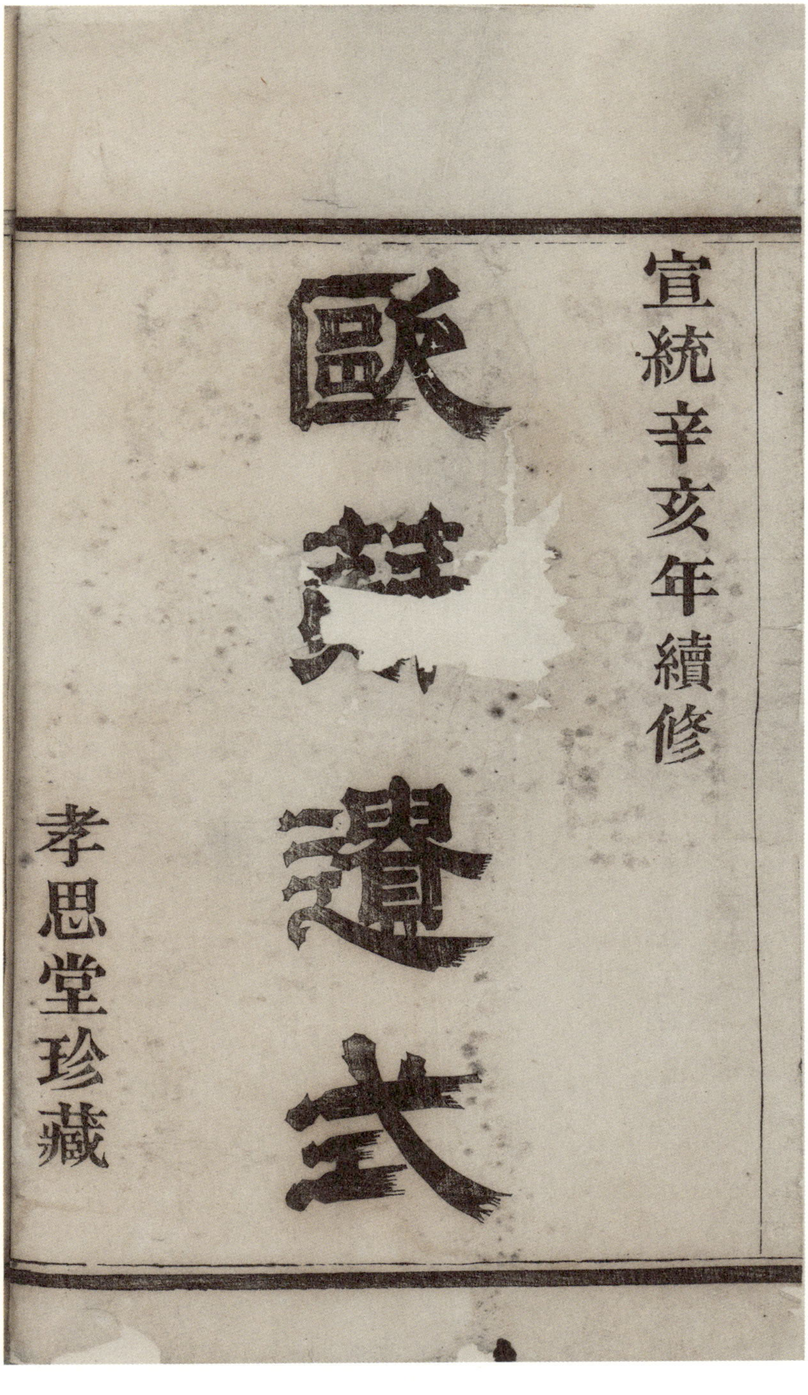
宣統辛亥年續修

歐[illegible]遺式

孝思堂珍藏

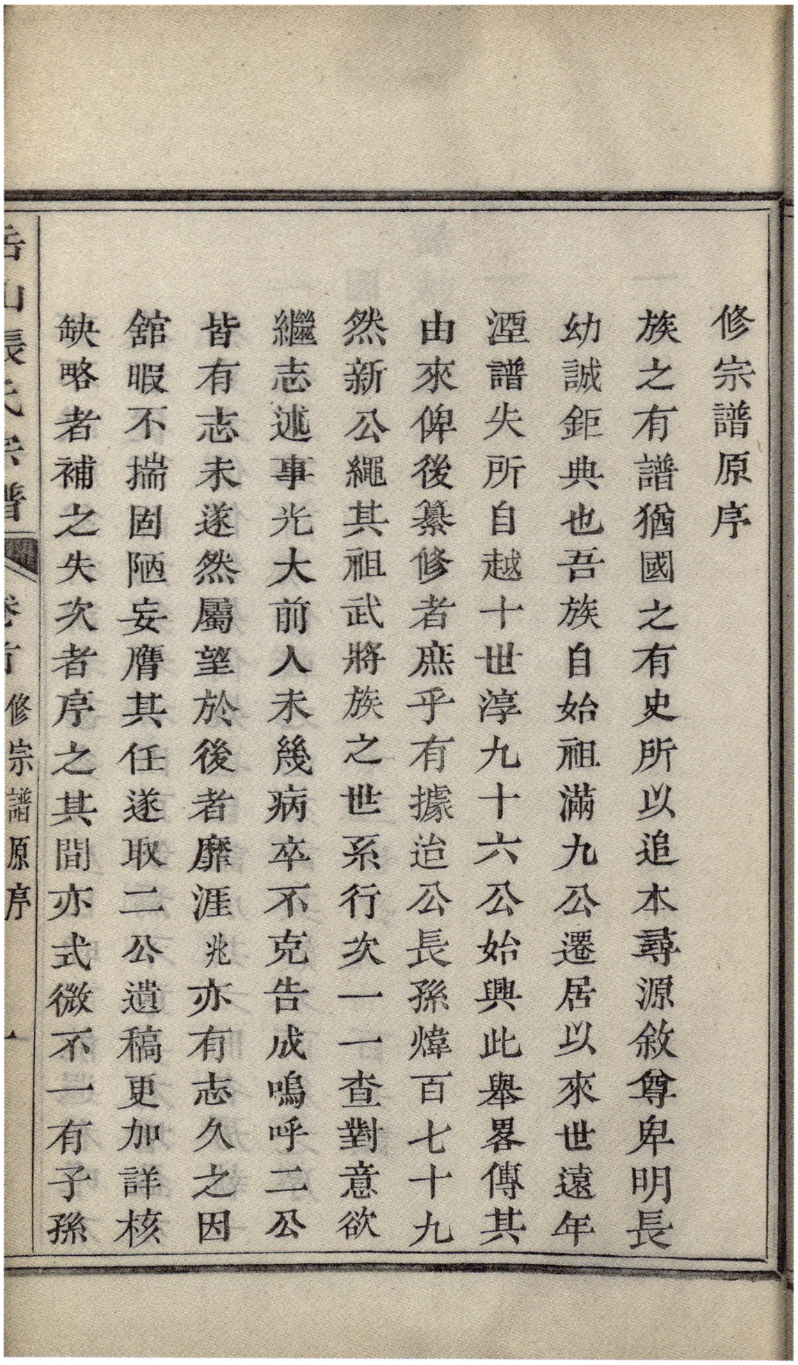

修宗譜原序

族之有譜猶國之有史所以追本尋源敘尊卑明長幼誠鉅典也吾族自始祖滿九公遷居以來世遠年湮譜失所自越十世淳九十六公始興此舉畧傳其由來俾後纂修者庶乎有據迨公長孫煒百七十九然新公繩其祖武將族之世系行次一一查對意欲繼志述事光大前人未幾病卒不克告成嗚呼二公皆有志未遂然屬望於後者靡涯光亦有志久之因館暇不揣固陋妄膺其任遂取二公遺稿更加詳核缺略者補之失次者序之其間亦式微不一有子孫

[illegible]山張氏宗譜 卷首 修宗譜原序 一

谱名：萧山桃源许氏宗谱　堂号：忠孝堂　尺寸：32.8cm × 21.5cm　装帧：线装　修谱时间：民国二十六年（1937）重修　册数：全5册　收藏单位：杭州市萧山区人民政府地方志办公室

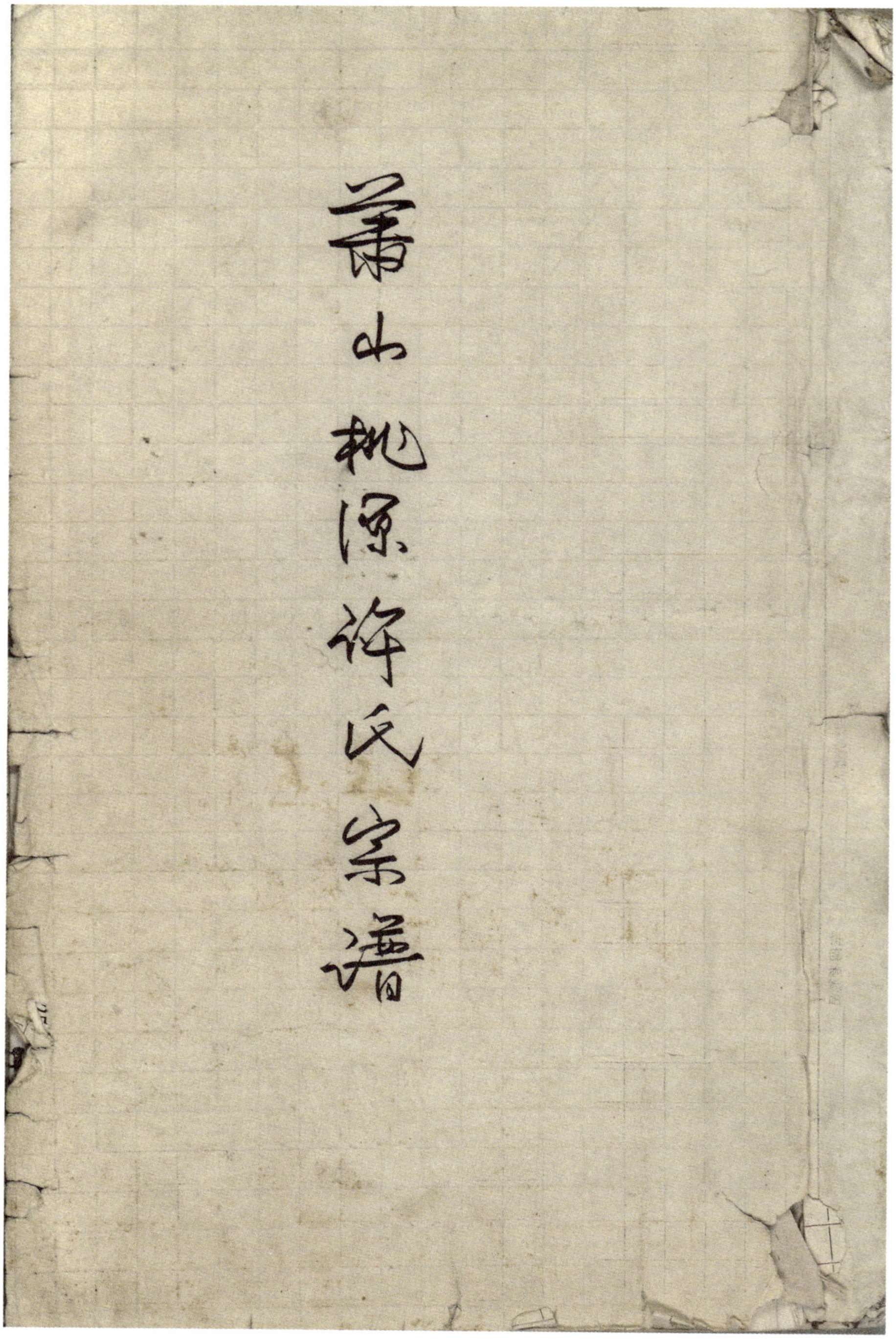
萧山桃源许氏宗谱

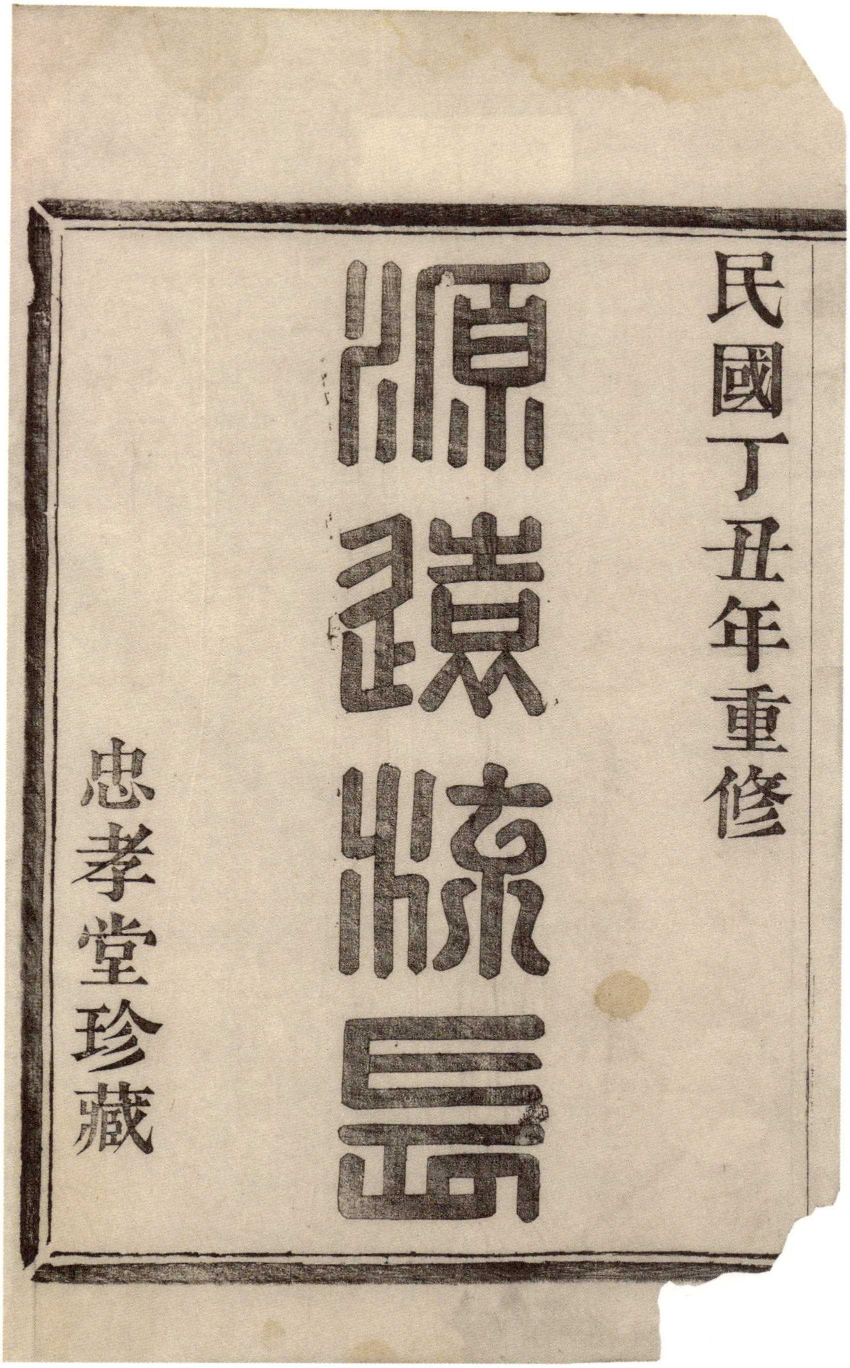

民國丁丑年重修

源遠流長

忠孝堂珍藏

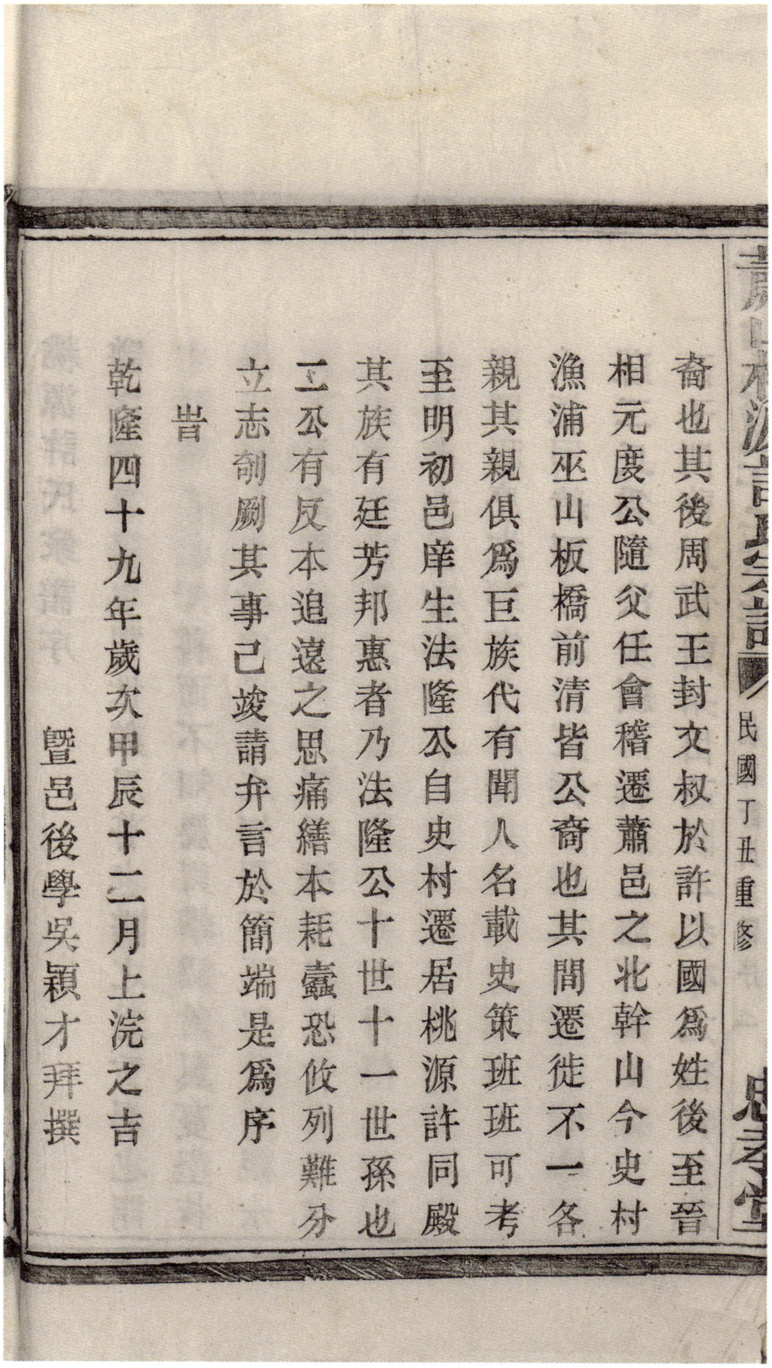
蕭山桃源許氏宗譜 民國丁丑重修 忠孝堂

裔也其後周武王封文叔於許以國爲姓後至晉
相元度公隨父任會稽遷蕭邑之北幹山今史村
漁浦巫山板橋前清皆公裔也其間遷徙不一各
親其親俱爲巨族代有聞人名載史策班班可考
至明初邑庠生法隆公自史村遷居桃源許同殿
其族有廷芳邦惠者乃法隆公十世十一世孫也
二公有反本追遠之思痛譜本耗蠹恐攸列難分
立志剞劂其事已竣請弁言於簡端是爲序
旹
乾隆四十九年歲次甲辰十二月上浣之吉
暨邑後學吴穎才拜撰

谱名：萧山桃源许氏宗谱　堂号：世德堂　尺寸：29cm×17.8cm　装帧：线装　修谱时间：民国三十五年（1946）续修　册数：全10册　收藏单位：杭州市萧山区档案馆

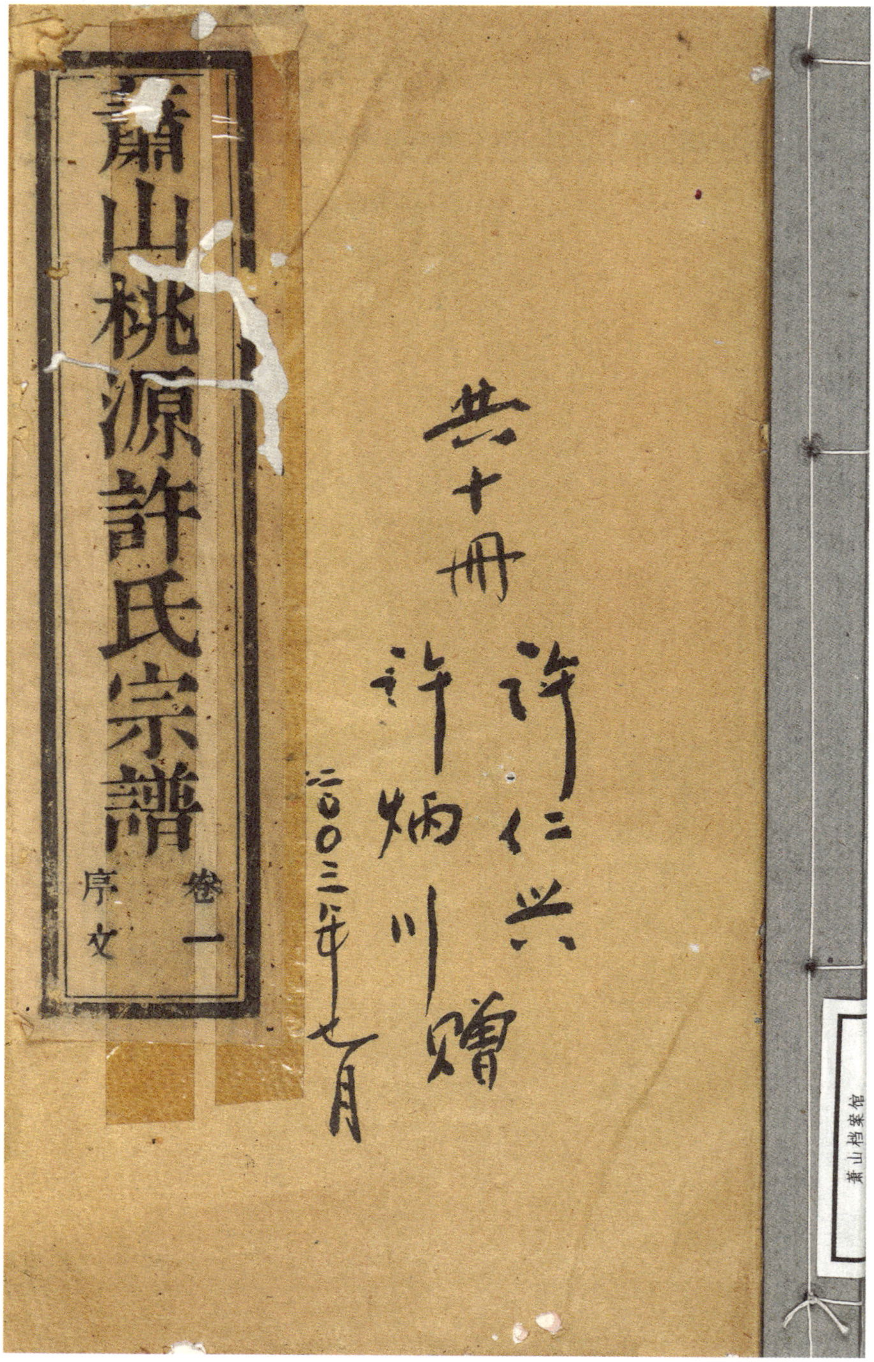
蕭山桃源許氏宗譜
卷一
序文
共十册
许仁兴
许炳川赠
二〇〇三年七月
萧山档案馆

民國丙戌年續修

源遠流長

世德堂珍藏

谱名：萧山桃源许氏宗谱　堂号：忠孝堂　尺寸：32cm×22cm　装帧：线装　修谱时间：2008年重修　册数：全6册　收藏单位：杭州市萧山图书馆；杭州市萧山区档案馆

公元二〇〇八年重修

源遠流長

忠孝堂珍藏

詩人，有才藻，爲一時名流。蕭山許姓枝繁葉茂，據一九九四年統計已在一萬陸仟人以上。遠祖後裔分布于蕭山的有許賢、義橋、北幹、桃源、浦沿五個支脉。據考證本村始祖法隆公自明朝洪武年間（約一三六八年間）由蕭山北幹崇化史村遷徙于此，系第三支脉，屬遠祖三十一世之後。

始祖法隆公明初邑庠生（秀才），學行高超，志氣鴻遠，隱居不仕，潛心地輿，以近山臨水擇有數百年香樟古木和沃腴千頃爲發祥地，着手描繪發展藍圖，許家村（原名許同殿）已有六百餘年文化積澱。村中有千年古樟，古樟中間孳生挺拔參天冬青樹，枝枝盤錯，葉葉復蓋，形若環洞，蔚爲壯觀。可惜在一九六五年被毁。裏外於家浦水可經霪洞直接與江水相連，并建有永久平水標準碑于水下。許氏宗祠距今已建一百六十二年。吾族家廟『朝龍廟』歷時一百六十三年。有别具風格的古建築——墻門屋群體；有公益善舉的簷家閘排澇河溝與沿河小石橋；建造避風躲雨、勞動憩脚的回香亭、新凉亭……直至始祖神位牌（榮倫先生珍藏）和本村于民國二十六年（一九三

許氏宗祠

第七次園譜付印全體人員

谱名：萧山孙氏宗谱　堂号：守正堂　尺寸：28.4cm×17.4cm　装帧：线装　修谱时间：民国十三年（1924）　册数：全5册　收藏单位：杭州市萧山图书馆，存7册（存卷一至四，附一卷）共五卷，卷一、三重复

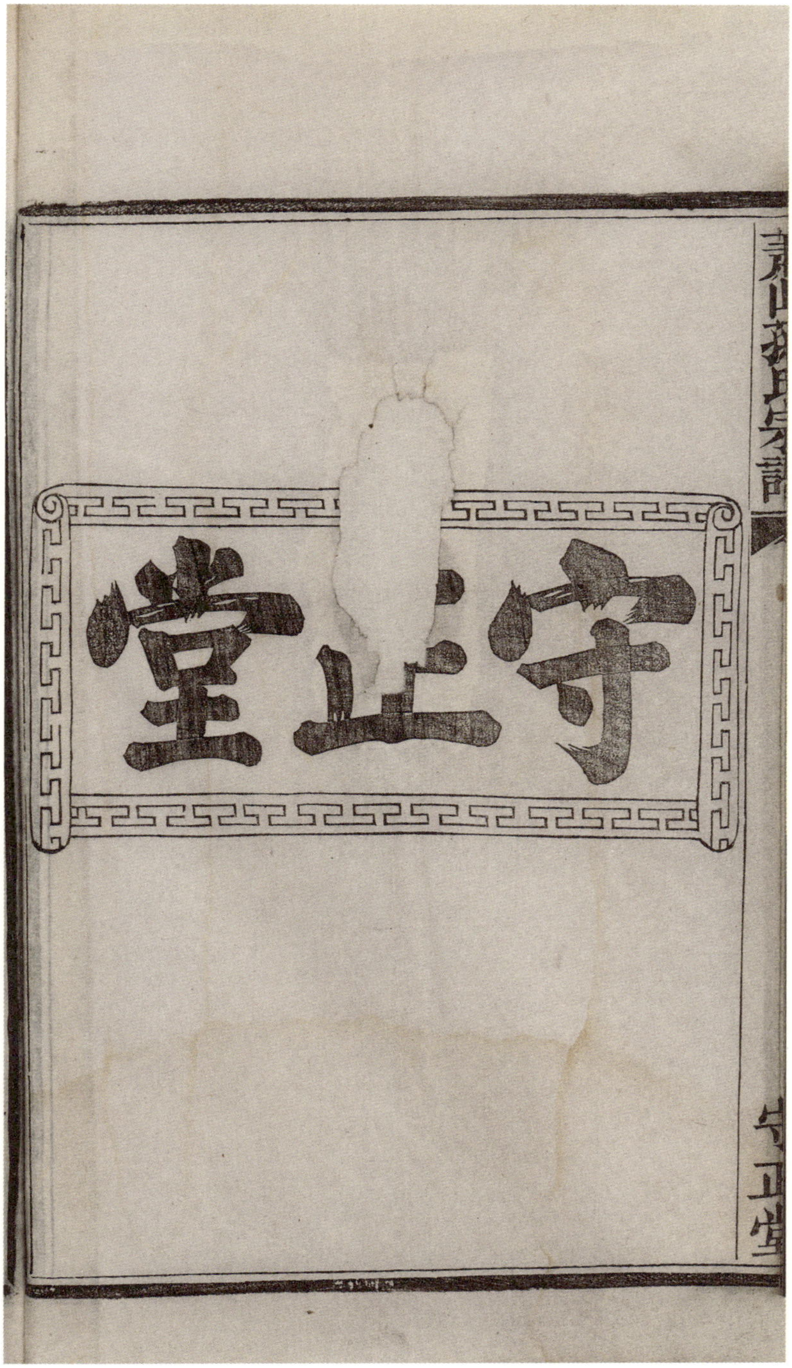
守正堂

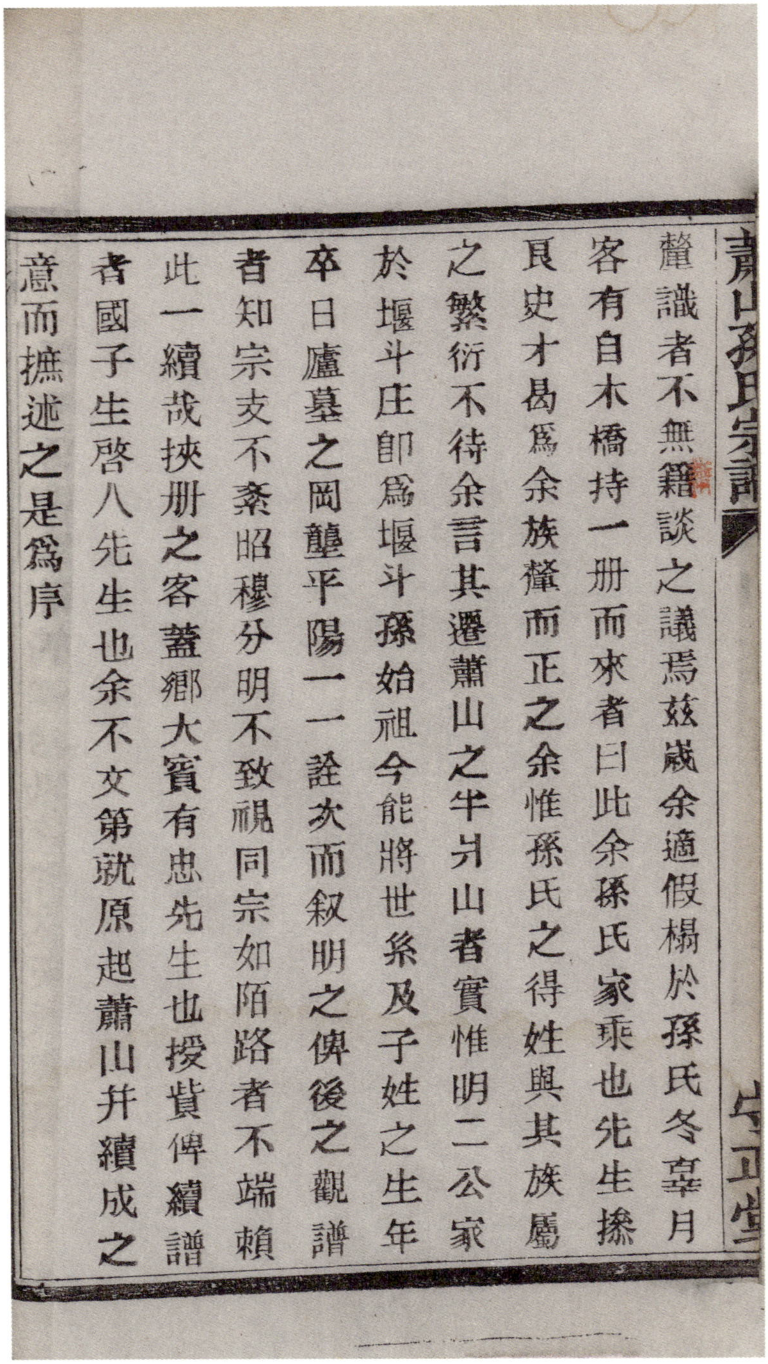

蕭山孫氏宗譜　守正堂

聾識者不無籍談之譏焉兹歲余適假榻於孫氏冬辜月客有自木橋持一册而來者曰此余孫氏家乘也先生搽良史才曷爲余族釐而正之余惟孫氏之得姓與其族屬之繁衍不待余言其遷蕭山之半爿山者實惟明二公家於堰斗庄卽爲堰斗孫始祖今能將世系及子姓之生年卒日廬墓之岡壟平陽一一詮次而叙明之俾後之觀譜者知宗支不紊昭穆分明不致視同宗如陌路者不端賴此一續哉挾册之客蓋鄉大賓有忠先生也授貲俾續譜者國子生啓八先生也余不文第就原起蕭山并續成之意而摭述之是爲序

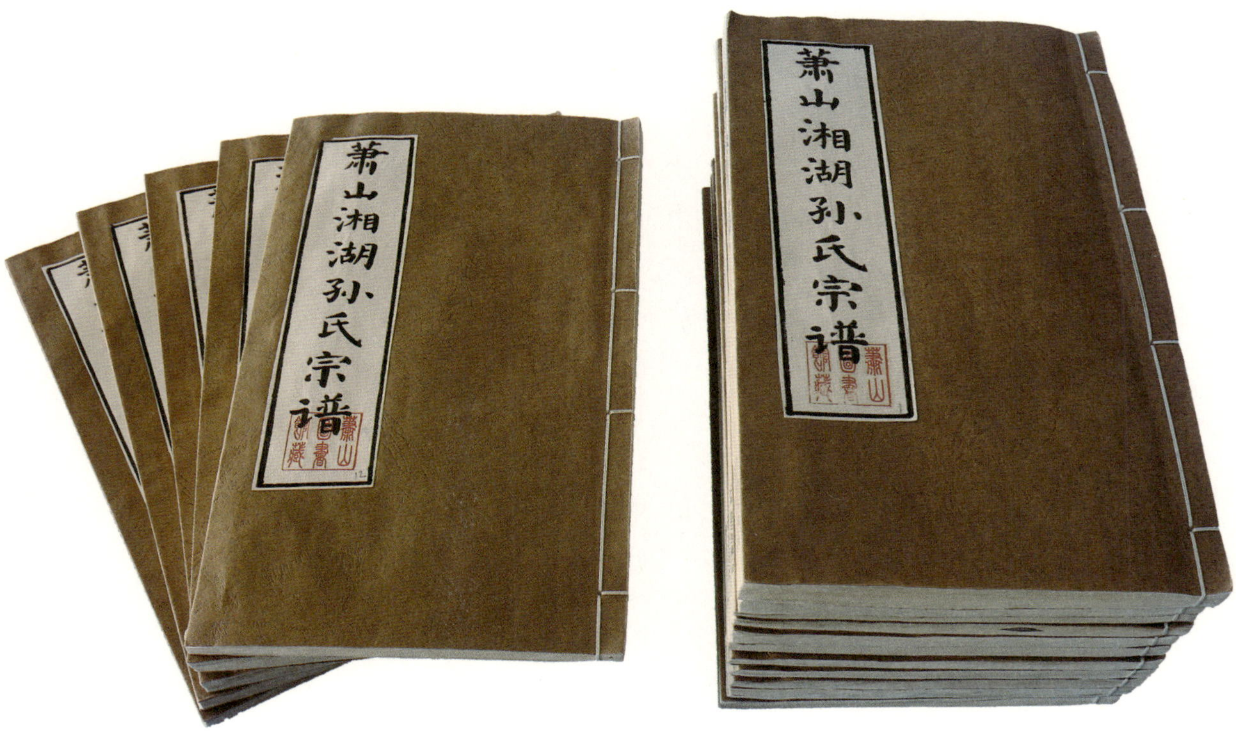

谱名：萧山湘湖孙氏宗谱　堂号：映雪堂　尺寸：29.8cm × 17.4cm　装帧：线装　修谱时间：民国十七年（1928）　册数：全24册　收藏单位：杭州市萧山图书馆，22册（缺卷十五、十八）；杭州市萧山区档案馆，2册（存卷十七、十八）

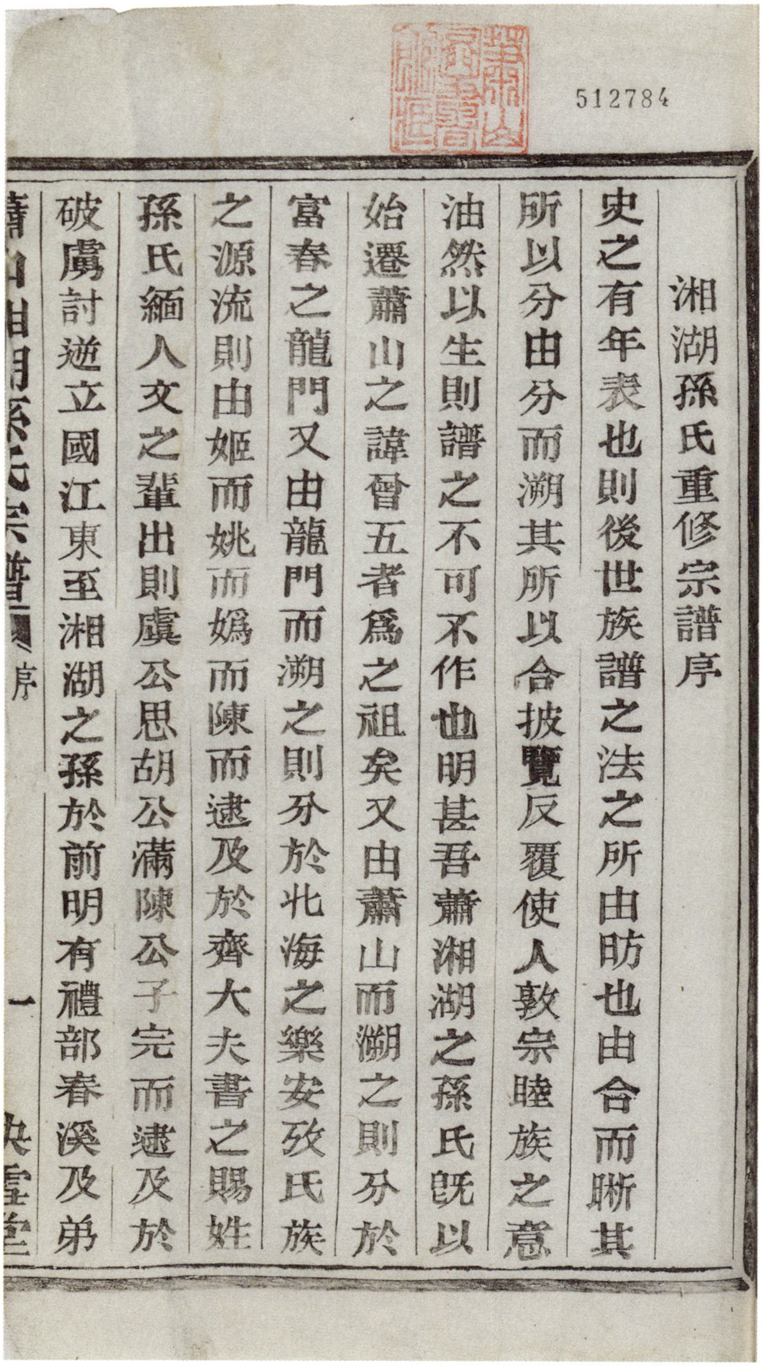
湘湖孫氏重修宗譜序

史之有年表也則後世族譜之法之所由昉也由合而晰其所以分由分而溯其所以合披覽反覆使人敦宗睦族之意油然以生則譜之不可不作也明甚吾蕭湘湖之孫氏既以始遷蕭山之諱晉五者爲之祖矣又由蕭山而溯之則分於富春之龍門又由龍門而溯之則分於北海之樂安玫氏族之源流則由姬而姚而嬀而陳而遠及於齊大夫書之賜姓孫氏緬人文之輩出則虞公思胡公滿陳公子完而遠及於破虜討逆立國江東至湘湖之孫於前明有禮部春溪及弟

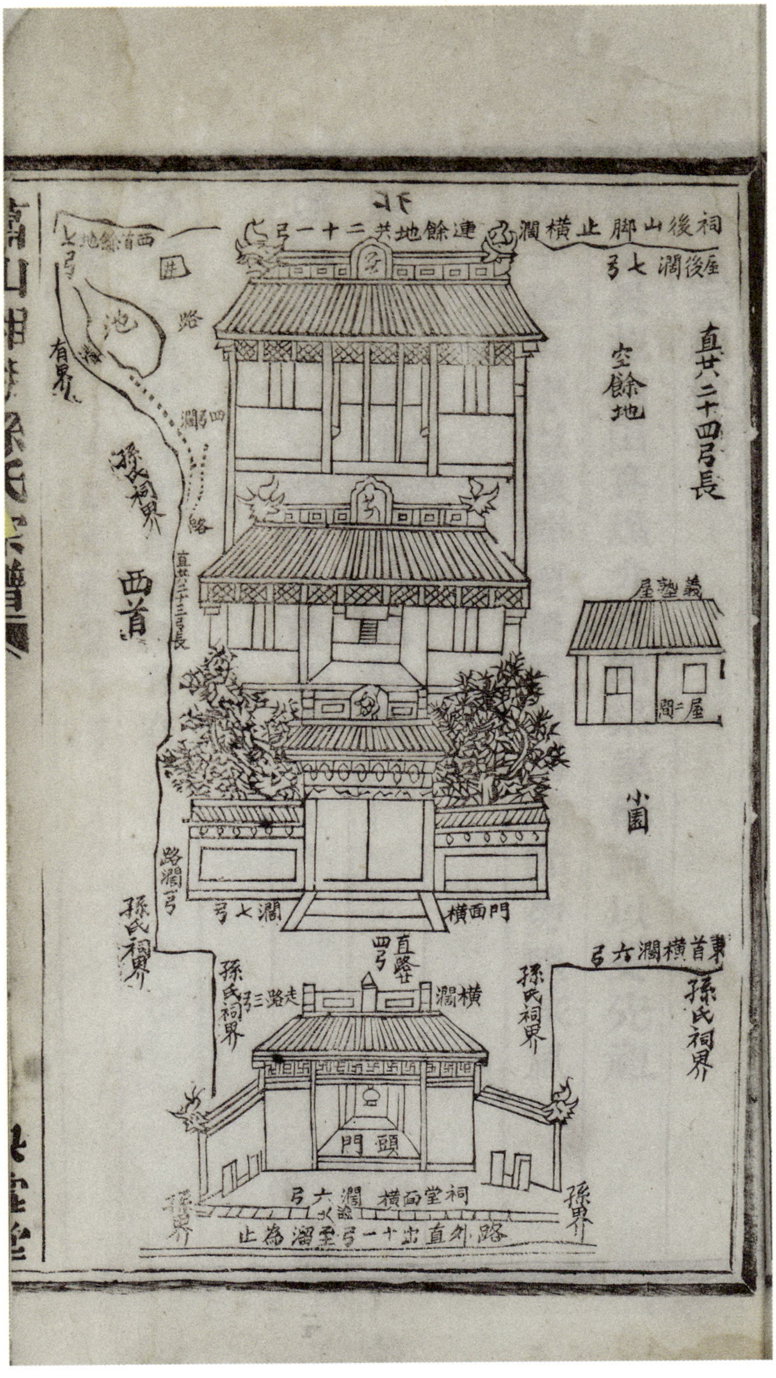
祠後山脚止横澗
空餘地
直廿二十四弓長
義塾屋
小園
西首
孫氏祠界
頭門

谱名：桃源小湖孙泰富公家族宗谱　堂号：春晖堂　尺寸：25cm × 15cm　装帧：平装　修谱时间：2010年重修　册数：全1册　收藏单位：杭州市萧山图书馆；杭州市萧山区档案馆

10、重修宗谱序

吾族小湖孙自始祖道三公由富阳龙门迁居以来历世二十三代男女人口五百余丁其间经过情形前人已详言之矣时远年湮仅为雪泥鸿爪而纵笔书之亦不免挂一漏万历届修谱循例为之自可稽考何待重述惟此次修谱距前届已二十七年而其间经过波折实为空前未有之举族长金华公轮值接手时适值民国二十六年七月七日强邻日本进攻卢沟桥我全面抗战开始后两年国都由南京迁避重庆东南半壁沦陷八载直至民国三十四

35

第一部分

孙氏宗祠

5

谱名：谢尖坞漾湖孙氏族谱　堂号：守正堂　尺寸：30cm×21.4cm　装帧：平装　修谱时间：2011年重修　册数：全1册　收藏单位：杭州市萧山图书馆

重修富春孙氏世谱序

（老五房高桥派牵头修谱）

古者有姓有氏，后世以氏为姓而系之族，大宗则收族者也，大宗废斯。族有谱，谱以寓宗法，尊尊亲亲敦本不忘，仁厚之风油然生焉，故宗法立。而后有世家谱牒作，而后有世族。族而无谱陋也，谱而弗修同一陋也。

吾邑孙氏为富春之嫡派，实浙东之华宗。自仲谋公发迹龙门，迄云三公由儒学出龙门而徙居姚江，十代馨香，簪缨勿替。迄恺二公生子二，长楷公，次楫公，分支萧山四都半爿山，追庆诞历五百七十二载。次子　淡斋公派分四支，长房禳公住井头，次房rg公住墙梓桥，三房褒公赘南山田氏，四房禔公住高桥。族大丁繁，昭穆尊卑，秩然而不溷者。所赖纂修谱牒代有名人，后先济美焉耳。余舅氏讳南岳，系高桥禔公第十七世孙浩公之冢子也，平生好施，惠牵车服，贾积有余资，居恒常谓诸弟曰，吾族谱

- 15 -

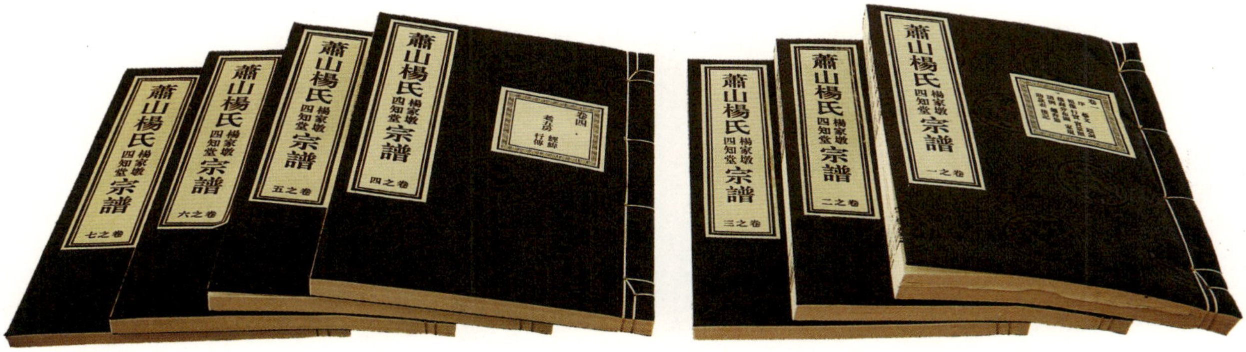

谱名：萧山杨家墩杨氏宗谱　堂号：四知堂　尺寸：30.8cm×21cm　装帧：线装　修谱时间：2011年　册数：全7册　收藏单位：杭州市萧山图书馆；杭州市萧山区档案馆

蕭山楊氏
楊家墩
四知堂
宗譜
卷之一
卷一
序 藝文 題詞
祖像行實 實景照
後裔分布圖 家規
譜例 翹秀集
助款表 後記

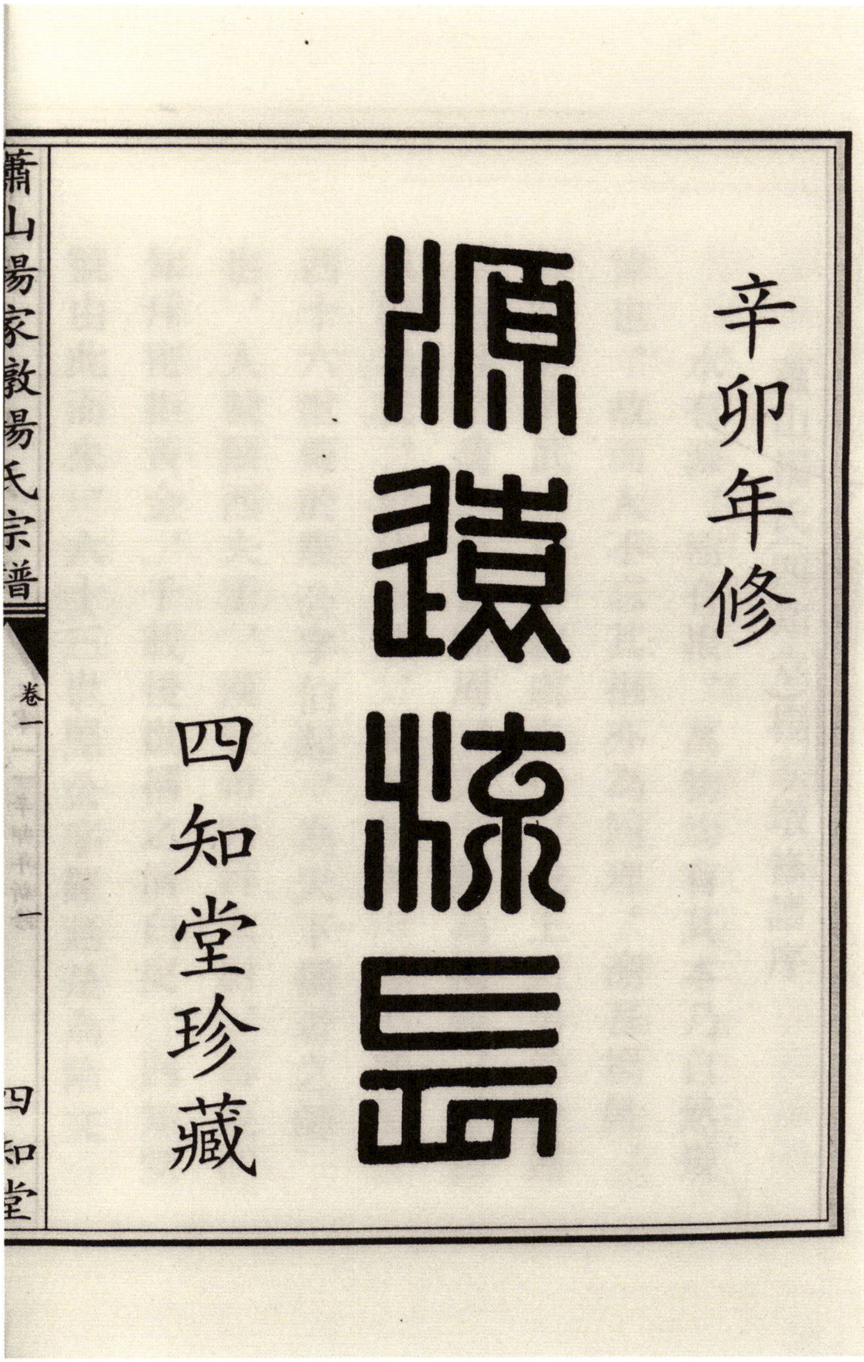
辛卯年修

源遠流長

四知堂珍藏

蕭山湯家墩湯氏宗譜 卷一 四知堂

帝，七十七世全公以才武奮北宋靖康末，捍京城開封而亡，七十八世漸公以遺澤補官仕東南，家居越之上虞，八十世次山公儀狀魁偉少好學，南宋臨安為官，認寧宗皇帝之後為妹，官至會稽郡王，從不仗勢欺人，時稱賢臣，居蕭山西興，為吾族蕭山之始祖，（其父謂忠公宋寧宗帝尋封齊王，敕贈太師，次山公父子倆王薨後均葬於五都岐山之陽，今東方文化園），報親崇福禪寺乃宋寧宗親敕。敬考同宗（四知堂）臨浦坂裏楊宗譜，記載吾支謂墩上楊，亦是淡樂公

蕭山楊家敦楊氏宗譜 卷一 祠堂實景 卅六

門正堂知四墩家楊

四知堂

第三次理事擴大會議彩照(二)

興葉 洪才 法友 祥柳 忠耀 張泉 金國 飛雲 榮光 占東 榮燦 茂祖 榮耀 :起右排後

林耀 海宗 兔金 文先 橋利 甫興 根利 (小)法興 榮志 洪先 煥渭 :起右排中

坤渭 根友 錦祖 初復 初炳 初錫 初樸 忠漢 正渭 根照 :起右排前

42

谱名：萧山许贤李氏宗谱　堂号：衍庆堂　尺寸：28.5cm×18.5cm　装帧：线装　修谱时间：2009年重修　册数：全12册　收藏单位：杭州市萧山区档案馆

二〇〇九已丑春重修

蕭山許賢李氏宗譜

衍慶堂珍藏

◎李氏家譜序

吾家始于肇八府君諱庶由鳳翔徙會郡山陰之大隝子男二人曰興宗繼宗興宗為金華令子彥招事吳越王錢氏為上軍同散將徙居上虞遂占名藉九世祖光諡莊簡公以正大之學發明于世繇崇寧至紹興歷事三朝參預政機故李氏為聞家按歐陽氏家譜五世一易可傳于無窮今用其例無改有六世祖少保晏如七世祖少傅徹手澤因得究知其遺芳潛德此則疏于其旁惟祖父之于子孫無所不致其愛德欲其日脩善欲其日長其後流傳播遷有戚有疏其不僅同路人幾希古人云尊祖故敬宗敬宗故睦族吾儕小人其可不致其察則是譜之作非特以敘世本而已

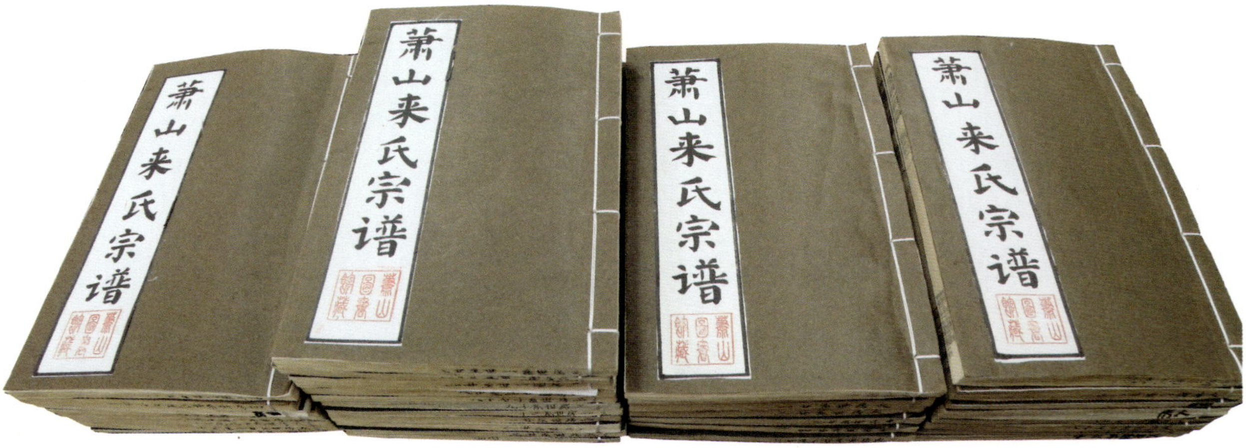

谱名：萧山来氏宗谱　堂号：会宗堂　尺寸：24.8cm × 15.8cm　装帧：线装　修谱时间：清光绪二十六年（1900）　册数：全35册　收藏单位：杭州市萧山图书馆

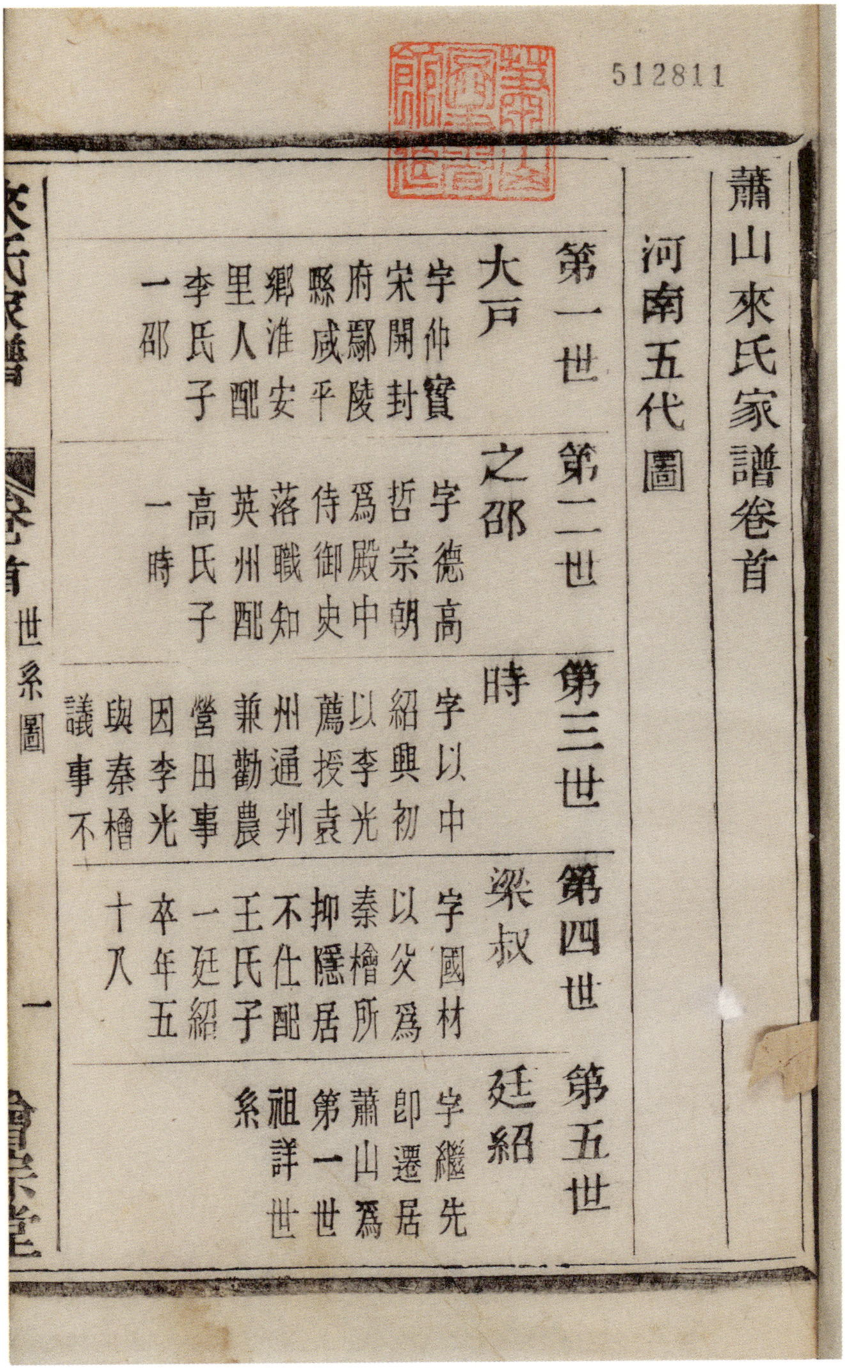

蕭山來氏家譜卷首

河南五代圖

第一世 大戶
字仲寶宋開封府鄢陵縣咸平鄉淮安里人配李氏子一郘

第二世 之邵
字德高哲宗朝爲殿中侍御史落職知英州配高氏子一時

第三世 時
字以中紹興初以李光薦授袁州通判兼勸農營田事因李光與秦檜議事不

第四世 梁叔
字國材以父爲秦檜所抑隱居不仕配王氏子一廷紹卒年五十八

第五世 廷紹
字繼先即遷居蕭山爲第一世祖詳世系

來氏家譜 卷首 世系圖 一 會宗堂

谱名：萧山来氏家谱　堂号：会宗堂　尺寸：27cm×16.5cm　装帧：线装　修谱时间：民国十一年（1922）重修　册数：全59册　收藏单位：杭州市萧山档案馆，有仿真、原件各59册

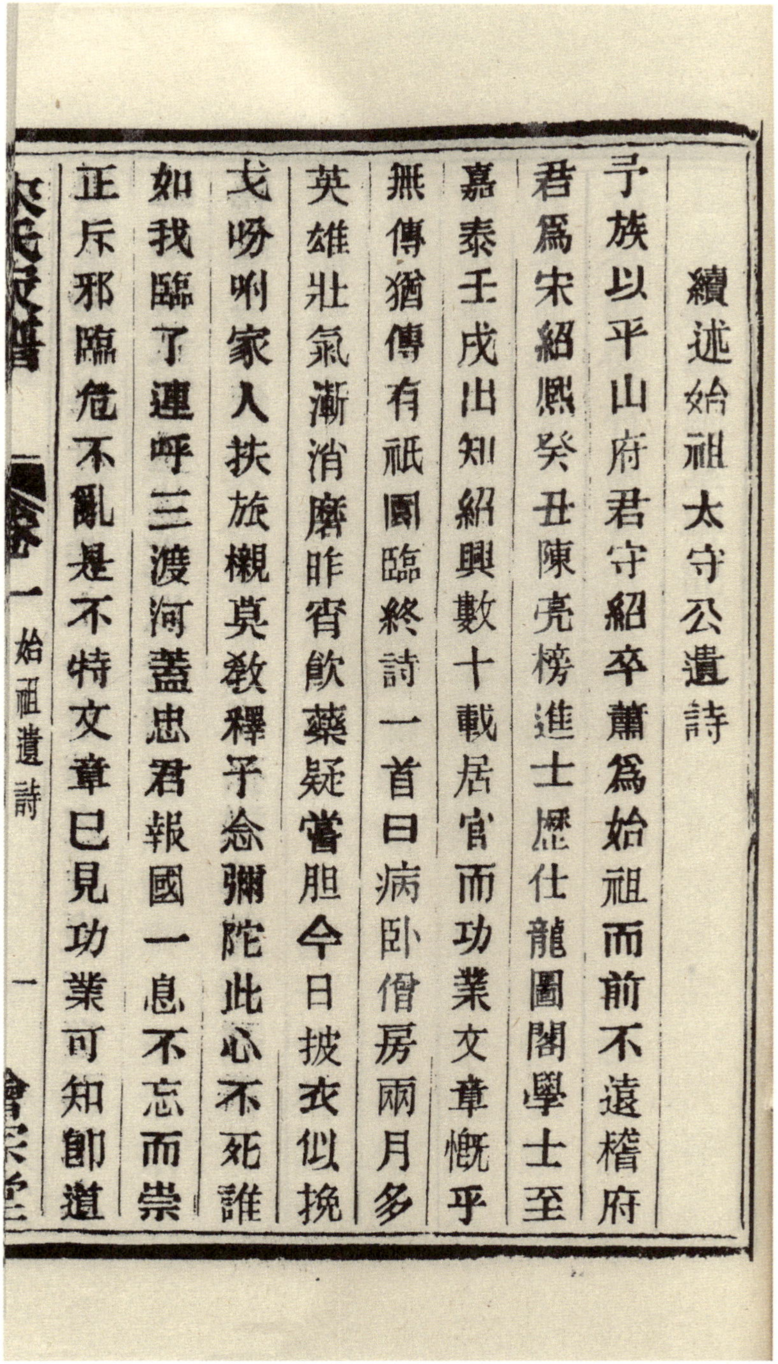
續述始祖太守公遺詩

予族以平山府君守紹卒蕭爲始祖而前不遠稽府君爲宋紹熙癸丑陳亮榜進士歷仕龍圖閣學士至嘉泰壬戌出知紹興數十載居官而功業文章慨乎無傳猶傳有祇園臨終詩一首曰病卧僧房兩月多英雄壯氣漸消磨昨宵飲藥疑嘗胆今日披衣似挽戈吩咐家人扶旅櫬莫教釋子念彌陀此心不死誰如我臨了連呼三渡河蓋忠君報國一息不忘而崇正斥邪臨危不亂是不特文章已見功業可知即道

來氏家譜　卷一　始祖遺詩　一　會宗堂

谱名：来氏族谱　尺寸：25.8cm × 18.5cm　装帧：平装　修谱时间：2003年　册数：全1册　收藏单位：杭州市萧山区档案馆

来氏族谱世表（二）

一世 自远：

据传，来氏一脉始祖来自远，明洪武年间由浙江省萧山县长河迁徙来山东省济南市西郊大饮马庄，数百年来，一直在这里聚居繁衍生息。

二世 万年 失考 万青

21

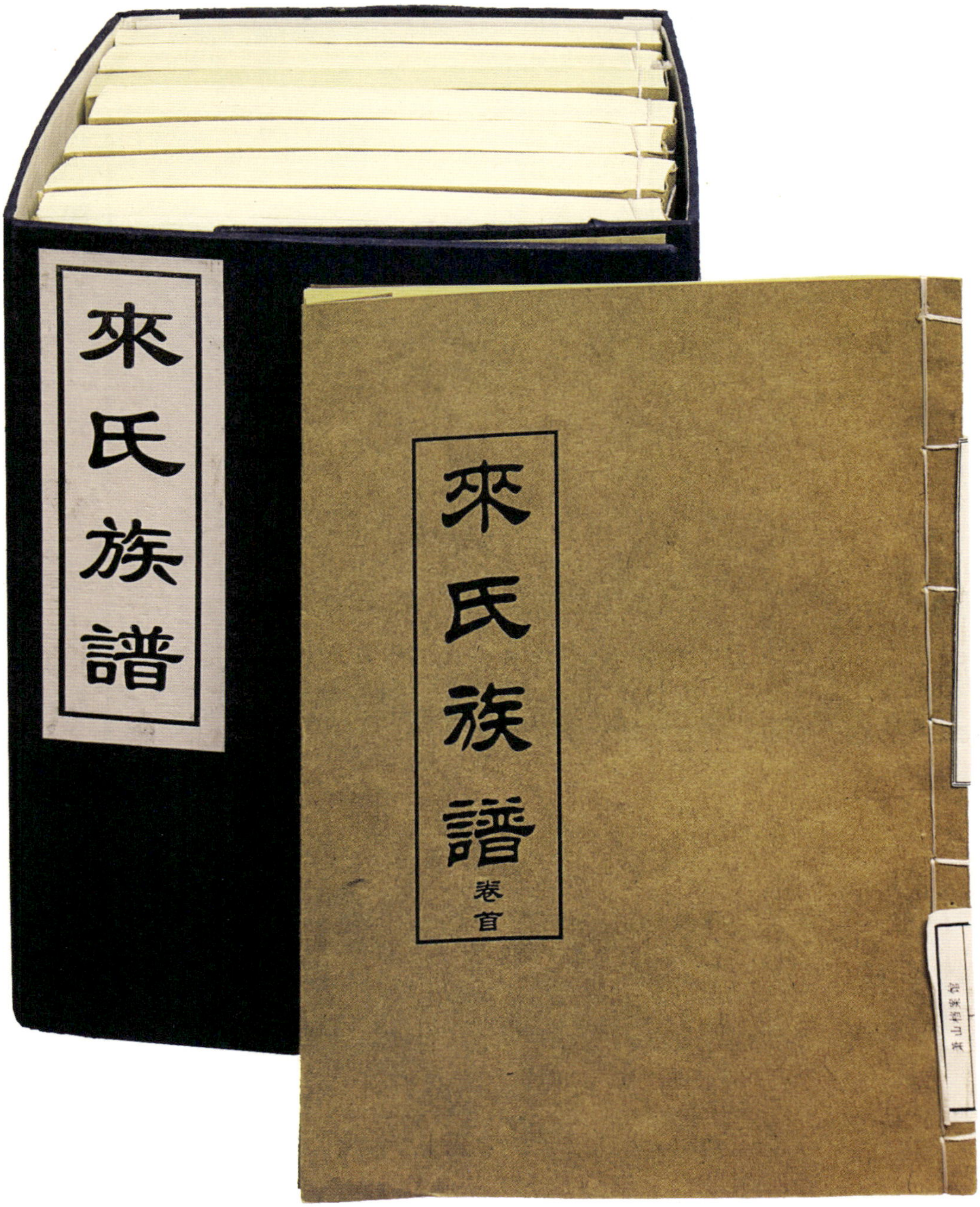

谱名：来氏族谱　尺寸：25.8cm × 18.5cm　装帧：线装　修谱时间：2004年　册数：全9册　收藏单位：杭州市萧山区档案馆

來氏族譜 卷首

卷首篇序

《來氏族譜》一至八卷已于去年修成出版發行，今又增設《卷首》既是無可奈何之舉，也是善始善終，力求完美無憾的重大舉措。

回顧一年多的續修過程，續譜委員會成員夜以繼日的工作，付出了很多很多。譜已修成，按説已經畫上一個句號了。但爲實現先祖遺願，續譜委員會又派員赴蕭山認祖歸宗，赴青州、濱州諸地考察。考察中發現了在我莒州老譜中從未見過的山東《來氏合族序》。這是一篇寶貴的重要文獻，它將昭字輩確認爲十六世，統一了合族的世系行輩，對我來氏家族具有十分重要的歷史意義。同時，這一發現也給我們剛剛續好的《來氏族譜》出了一個不小的難題。重新印刷已不可能，不再版，世系行輩又得不到糾正。因而衹好增設《卷首》予以彌補。《卷首》主要是向族人交代清楚如下幾個問題：一是世系行輩問題。根據樂安老譜載，清光緒二十二年有莒州、樂安、濱州、口埠等地二十二位來氏先祖參加，撰寫了山東《來氏闔族序》。該《序》闡明濱州立譜最晚，樂安譜失于火，莒州譜失于水，且文宗祖立譜曾言不知幾世始分山嶺息三支，唯口埠譜失缺尚少，故將莒州汝霖祖（于本譜十四世）、樂安世慶祖（于本譜十五世）、濱州蔚堂祖（于本譜十世）、口埠復

1

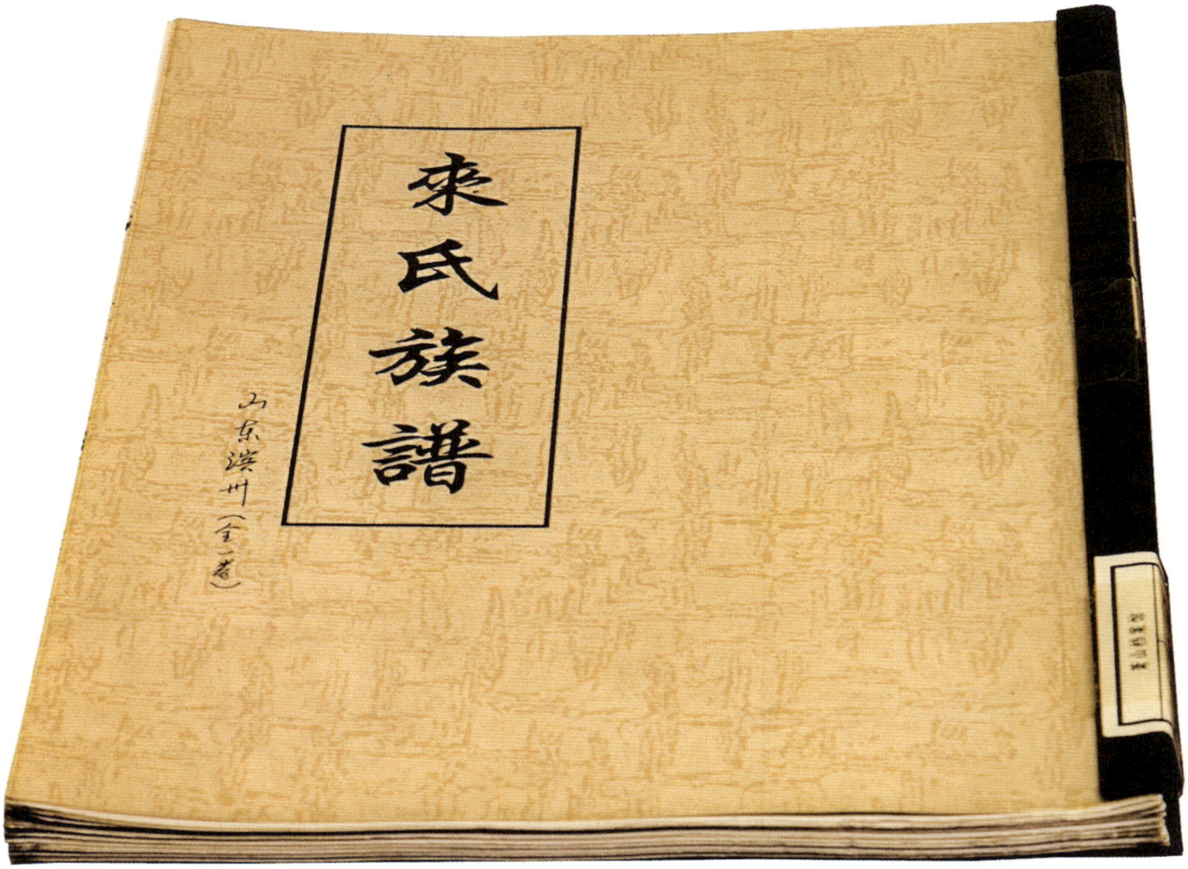

谱名：来氏族谱　尺寸：30cm×21.5cm　装帧：平装　修谱时间：2004年　册数：全1册　收藏单位：杭州市萧山区档案馆

來氏闔族序

吾來氏原籍蕭山縣明洪武二年由南北遷兄弟三人先人言之詳矣惟按莒族譜載始祖長自新次自立三自卓自立祖居莒長祖三祖分居口埠濱州口埠族譜所載始祖諱自昇與莒州所載始祖輩同而名異口埠廣饒族人皆遷自晉扳濱州族人未知遷自何處茫茫數百年余小子何從採訪此誠千古憾事矣所幸者莒州族人與口埠族人自明朝往來行輩排定不爽是由晉扳遷於廣饒由莒遷於沂水者亦皆行輩不爽矣濱州福禎祖與口埠潭祖由前人排定列為兄弟是濱州族人與口埠行輩不爽即與莒與沂水廣饒行輩不爽矣雖然而譜中世數不同猶可異焉試按行輩口埠福祿廣饒世慶濱州蔚堂莒州汝霖皆兄弟也而福祿與本譜屬十六世世慶與本譜屬十五世蔚堂與本譜屬十世汝霖與本譜屬十四世行輩

來氏族譜

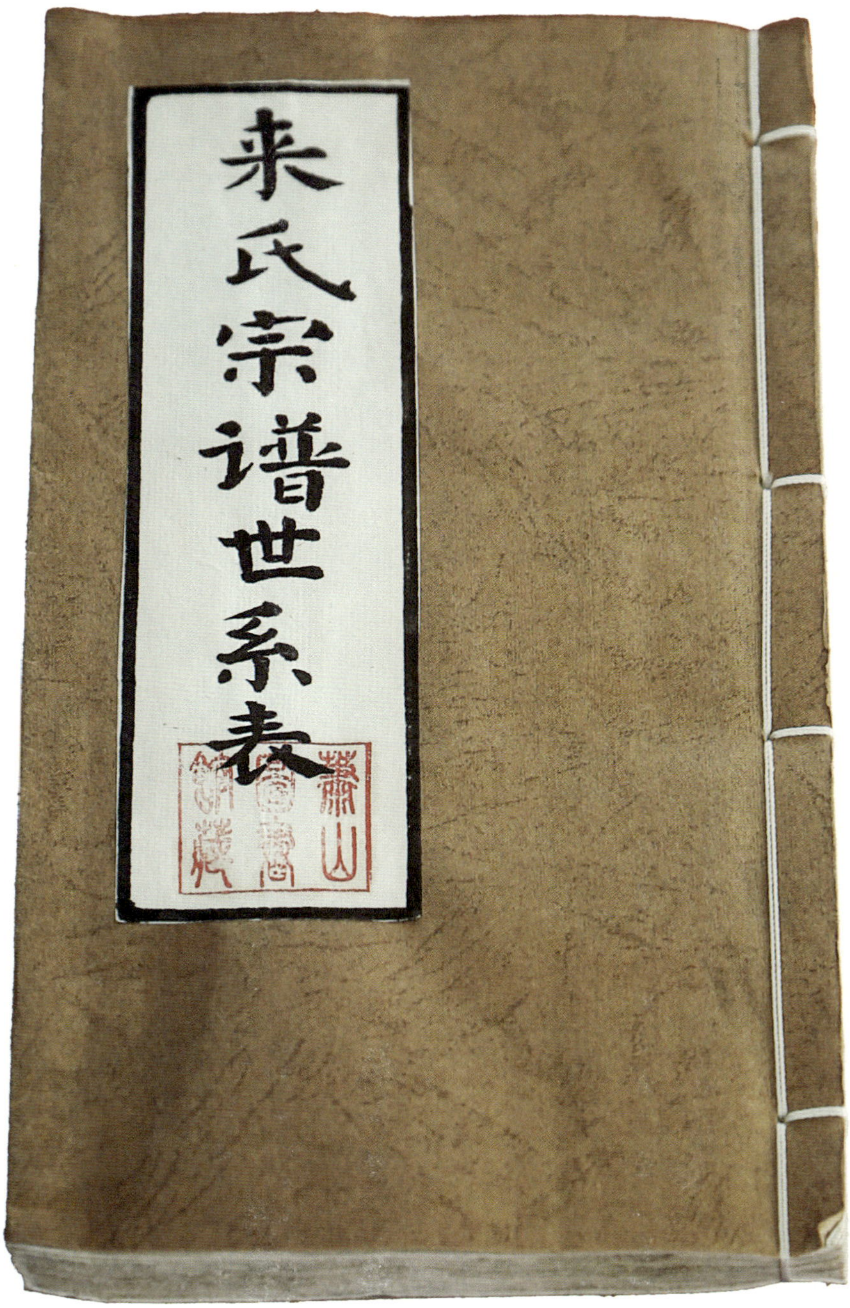

谱名：来氏宗谱世系表　堂号：会宗堂　尺寸：25cm×13cm　装帧：线装　册数：全1册　收藏单位：杭州市萧山图书馆

谱名：南郑来氏家谱　堂号：观音堂　尺寸：22cm×14.1cm　装帧：平装　修谱时间：2004年重修　册数：全1册　收藏单位：杭州市萧山区档案馆

葬在这里。第二代或第三代逝世后安葬在西关。可能是第三代或者第四代由西关迁居到来家山，逝世后安葬在村后坡上（口头语“后头坡上”）。族人对坟地选择很讲究，如普子湾坟地背靠汉山，两侧是山岗，有溪流环抱，面向平川，呈椅子地形，风水上称“金鸡抱蛋”。普子湾坟地建有三间房，有人护陵，种有坟田。

先祖为什么迁居来家山呢？老人们讲，汉中四周群山环抱，汉中城位于汉江河畔，西关临近汉江，地势低，易受洪涝灾害袭击，影响人们安居乐业，后迁居隔江相望的南郑草堰来家山。

第二节　南郑来氏的由来

南郑来氏从何处来？族中老人口传有三种说法：一说“从四川来。”二说“从湖北麻城孝感来；三说“四川麻城来。”今阅《陕西人民出版社》来新夏、来丽英著《百家姓书库——来》第29页载：

“萧山来氏曾有繁衍至四川者，历史知名学者为哲学家、思想家来知德。来知德字矣鲜，号瞿唐，别号十二峰道人。其祖先由萧山迁出，先至湖北麻城。元末时有来泰由楚入蜀，居梁山，成为来氏之始祖，在古之贤等所撰《瞿唐先生年谱序》中已言明其事。”

这段文字记载印证了族中老人口传是正确的。南郑来氏从四川麻城来的说法，从地理上说有错，但正好说

明南郑来氏迁居途经，南郑来氏始祖由湖北麻城迁到四川再迁来汉中。麻城来氏始祖由萧山迁人。从上章知：萧山来氏始祖又来自河南鄢陵，鄢陵来氏始祖名叫来大户，萧山来氏始祖来廷绍，四川来氏始祖来泰。

南郑来氏始祖情况怎样呢？虽然名字无考，需后生继续研究，但始祖身世有资料可证，是一位军官。吴强华著《家谱》（重庆出版社）第58页“像赞”中说：“家谱中一般都会有家族祖先和历代英贤的画像，并配有押韵的赞词，通常正面是画像，背面是赞词。家谱中设置先贤画像和赞词，主要是为了让后世之孙了解先人功绩，培养后世之孙对先贤的崇敬之情，同时也有夸耀家族门望的目的。家谱中的画像一般数量有限，大多为三五篇，常见的是得姓始祖，始迁始祖和家族中名望最为卓著的先贤。”南郑来氏虽不见成书的家谱，但来氏老祠堂供有画像，署名《定远将军》，按惯例这幅画像应是南郑来氏始祖。查《辞海》“定远”，古城名，在今陕西西乡南，东汉永元封班超为定远侯于此。清嘉庆七年（1802年）置厅。治所在今陕西镇巴。1913年降为“县”。“将军”是对始祖的赞词，虽不能理解现在意义上的“将军”，但南郑来氏始祖曾是定远城里一名武官应该是无疑的。从始祖葬老君店对墓地的选择来看，他是有身份的人。从来家山来氏旧聚落的建筑来看（见第七章第一节和第十四章第一节），始祖文才对后人也

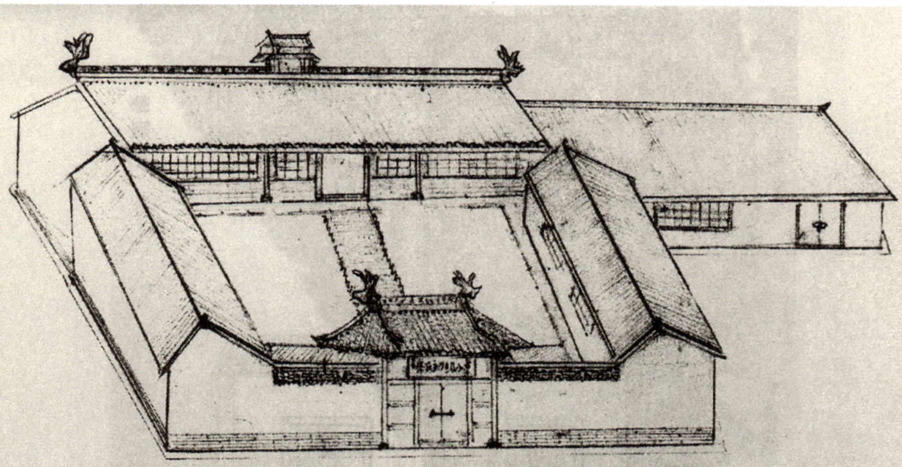

来家山庙（祠堂）又名“观音堂”

撰谱组（自左至右）前排：来国章、来光文、来文基、魏素娟、来光武
后排：来礼章、来林章、来海燕、来明谦、来明选、来文钧、来平章
缺席：来智章

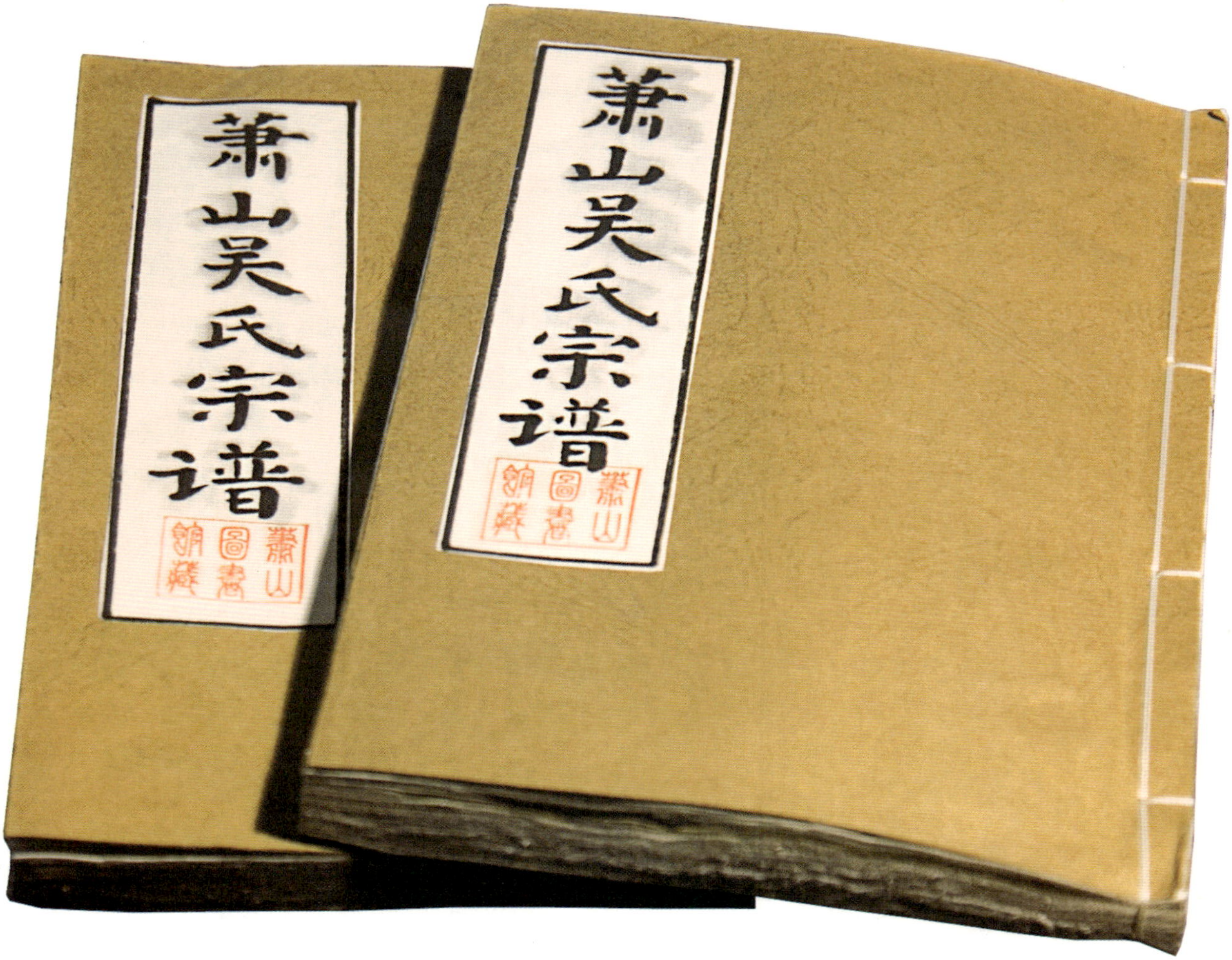

谱名：萧山吴氏宗谱　堂号：馀庆堂　尺寸：29.5cm×17.3cm　装帧：线装　册数：不详　收藏单位：杭州市萧山图书馆，2册（存卷一、十）

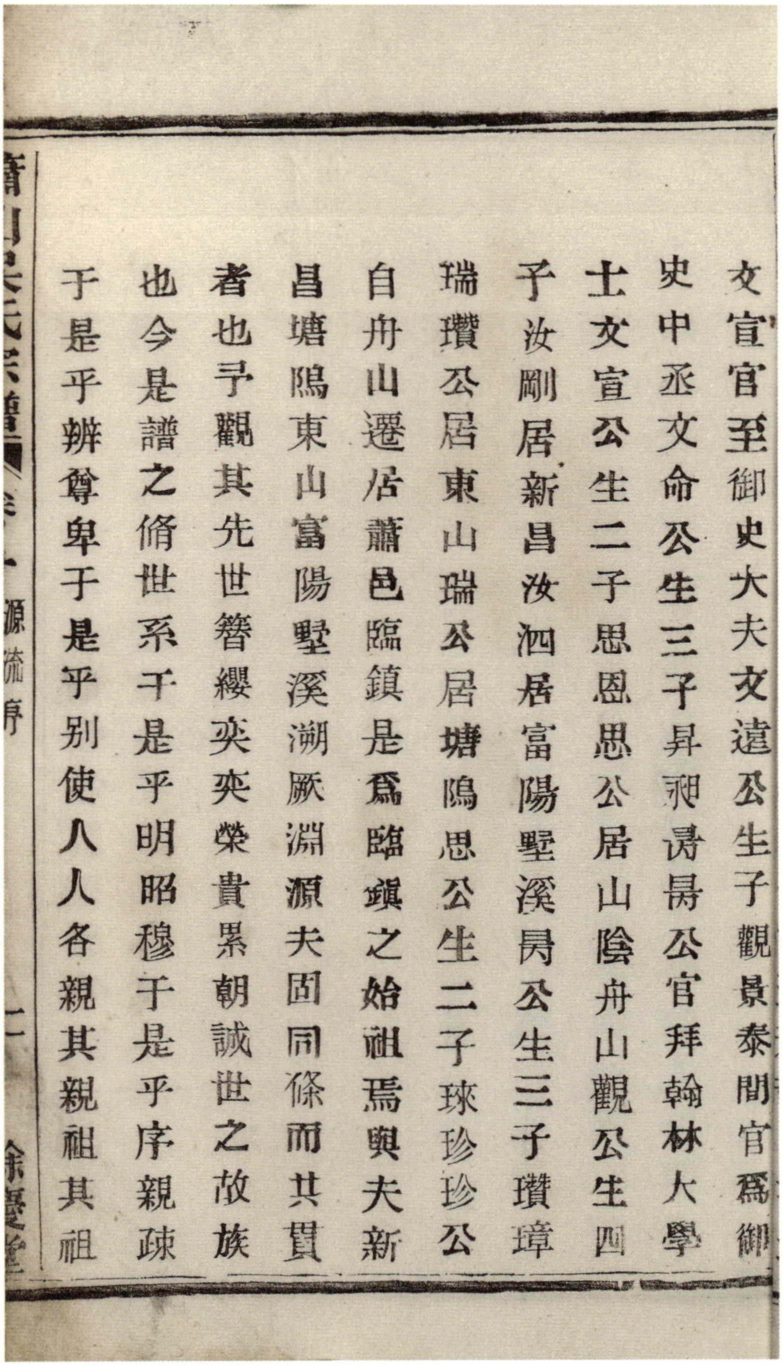

文宣官至御史大夫文遠公生子觀景泰間官爲御史中丞文命公生三子昇昶昺公官拜翰林大學士文宣公生二子思恩思公居山陰舟山觀公生四子汝剛居新昌汝泗居富陽墅溪昺公生三子瓚璋瑞瓚公居東山瑞公居塘塢思公生二子琜珍珍公自舟山遷居蕭邑臨鎮是爲臨鎮之始祖焉與夫新昌塘塢東山富陽墅溪溯厥淵源夫固同條而共貫者也予觀其先世簪纓奕奕榮貴累朝誠世之故族也今是譜之脩世系于是乎明昭穆于是乎序親疎于是乎辨尊卑于是乎別使人人各親其親祖其祖

蕭山吳氏宗譜　卷一　源流序　二　餘慶堂

谱名：萧山东曹吴氏宗谱　堂号：余庆堂　尺寸：28.5cm × 18.7cm　装帧：线装　修谱时间：2013年重修　册数：全3册　收藏单位：杭州市萧山图书馆，3册；杭州市萧山区档案馆，2册，存卷一、二

公元二〇一三癸巳年續修

源遠流長

餘慶堂珍藏

蕭山東曹吳氏宗譜　公元二〇一三癸巳年續修　餘慶堂

紹興馬社裏。惟二房可元公字玉仁，郡養生，贅居蕭山周家湖曹氏，即東曹吳氏始遷之祖。

吳氏宗譜始自學士公，遷居臨安，家譜遺失，幸十世轉運公勢，記憶數代，創集族譜。

二次修譜于大明嘉靖，有小江公諱燁、如愚公諱訓等修乘，族譜有條有序。

三次修譜于大清乾隆十一年丙寅（一七四六年）。三地合修，蕭山憲曾公為首、東曹德厚公為首、紹興馬社裏泰安公為首修成。是為十四世可元公居東曹後首次修譜，距二次修譜相去一百余年。以其時之條件，三地合修之勝狀，令後人景仰。

四次修譜於嘉慶庚辰（一八二〇）年秋，距三次修譜相去七十四年。該次

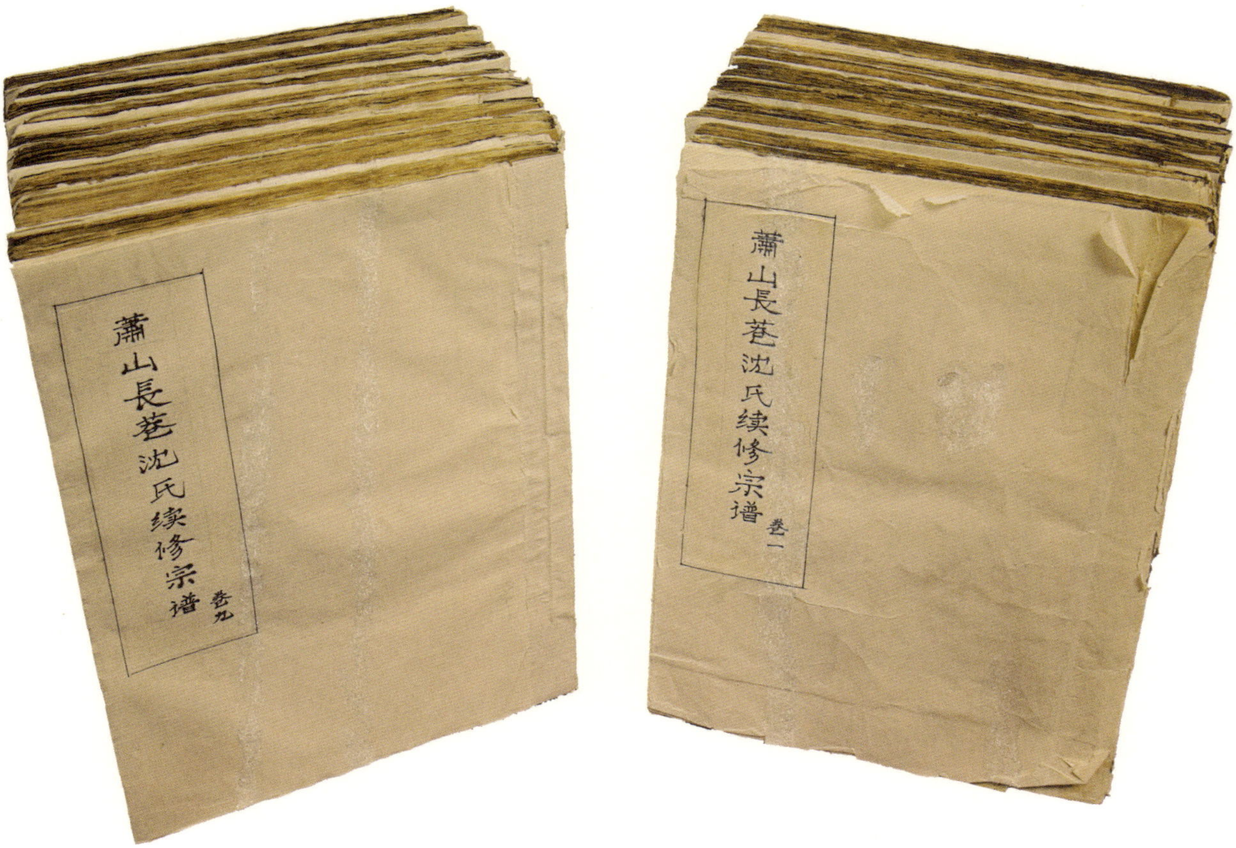

谱名：萧山长巷沈氏续修宗谱　堂号：承裕堂　尺寸：29cm×19cm　装帧：线装　修谱时间：清光绪十九年（1893）　册数：不详　收藏单位：杭州市萧山区档案馆，17册，缺卷二、十八至四十

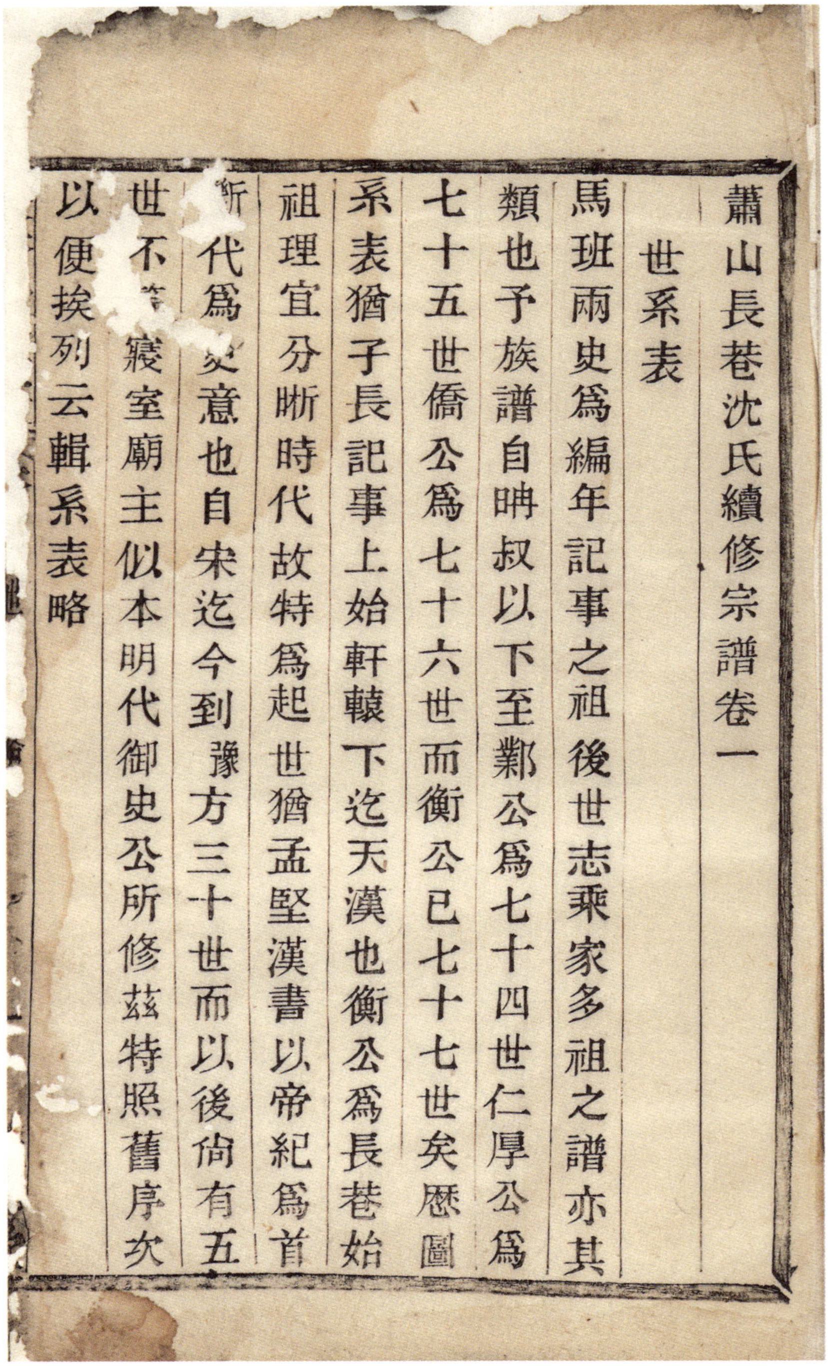

蕭山長巷沈氏續修宗譜卷一

世系表

馬班兩史爲編年記事之祖後世志乘家多祖之譜亦其類也予族譜自昫叔以下至鄰公爲七十四世仁厚公爲七十五世僑公爲七十六世而衡公已七十七世矣歷圖系表猶子長記事上始軒轅下迄天漢也衡公爲長巷始祖理宜分晰時代故特爲起世猶孟堅漢書以帝紀爲首斷代爲史意也自宋迄今到豫方三十世而以後尚有五世不等寢室廟主似本明代御史公所修茲特照舊序次以便挨列云輯系表略

谱名：萧山长巷沈氏宗谱　堂号：承裕堂　尺寸：28.2cm × 18.1cm　装帧：线装　修谱时间：2011年　册数：全38册　收藏单位：杭州市萧山区档案馆

蕭山長巷沈氏宗譜
卷一
世祖像
續修宗譜序
凡例
周至宋總系表
傳記
原姓
金鵝山碑記
梁休文公自序
千字文著第

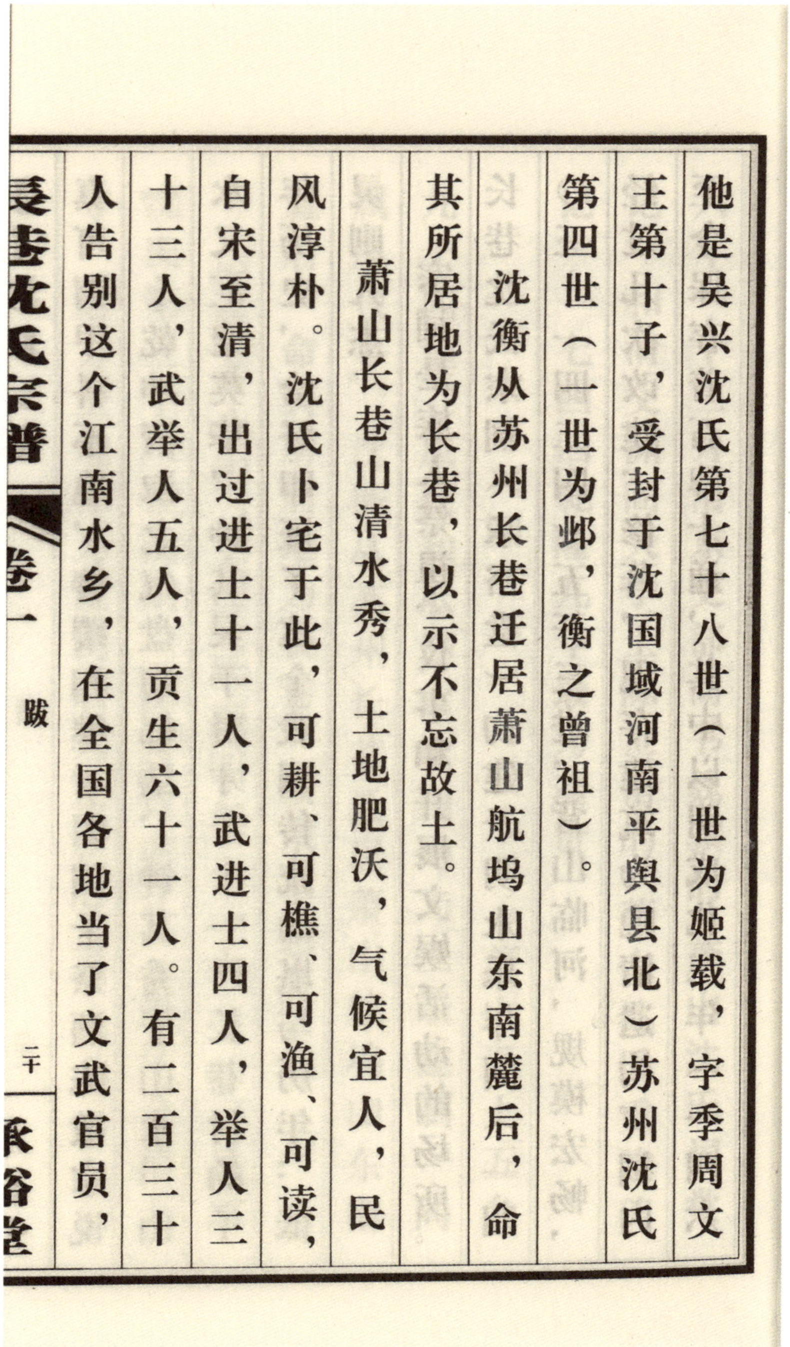

他是吴兴沈氏第七十八世（一世为姬载，字季周文王第十子，受封于沈国域河南平舆县北）苏州沈氏第四世（一世为邺，衡之曾祖）。

沈衡从苏州长巷迁居萧山航坞山东南麓后，命其所居地为长巷，以示不忘故土。

萧山长巷山清水秀，土地肥沃，气候宜人，民风淳朴。沈氏卜宅于此，可耕、可樵、可渔、可读，自宋至清，出过进士十一人，武进士四人，举人三十三人，武举人五人，贡生六十一人。有二百三十人告别这个江南水乡，在全国各地当了文武官员，

長巷沈氏宗譜　卷一　跋　二十

谱名：山阴天乐沈氏宗谱　堂号：敦厚堂　尺寸：28.3cm×18.1cm　装帧：线装　修谱时间：民国三年（1914）重修　册数：全6册　收藏单位：杭州市萧山区档案馆

民國甲寅年重修

源遠流長

敦厚堂珍藏

直疾惡如仇由錦衣衛經歷上書詆宰執謫佃保安一時直諫之名遍天下保安人稔知其忠義爭致薪米遣子弟就學公日以胸中之憤懣抑鬱發之於詩歌文詞鹿門先生巳序之迨後閹諧以白蓮教獲罪楊順路楷竄公名於中及嚴嵩敗世蕃伏誅保安子弟在太學者書公名於帛上持入市觀世蕃斷頭訖呼曰沈公可瞑目矣傳曰盛德必百世祀又曰明德之後必有達人自忠愍公之孫惠齋公由會稽遷於天樂鄉之山棲家焉詢其里居鱗比俗尚敦龐有孝義風沈氏之後其昌大乎余諦觀其譜序昭穆奠世系源源本本簡覈精詳不

谱名：山阴沈氏宗谱　堂号：敬爱堂　尺寸：28.5cm × 18.5cm　装帧：线装　修谱时间：2009年续修　册数：全6册　收藏单位：杭州市萧山区档案馆

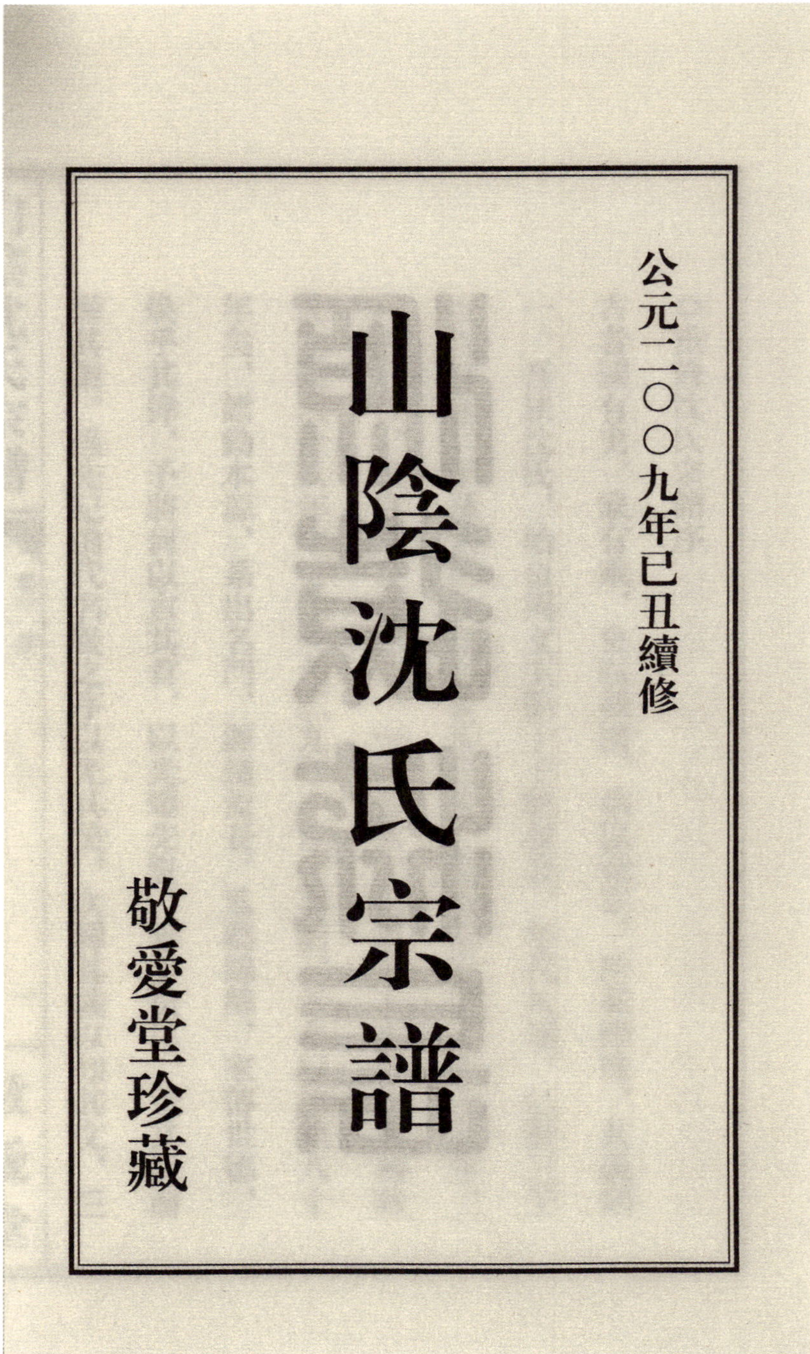

公元二〇〇九年已丑續修

山陰沈氏宗譜

敬愛堂珍藏

梁』，指沈氏宗族亦有遷居於黃河上游的梁，即今之陝西梁州漢中南鄭一帶，今之韓城。『遷於越』指春秋時代的吳越。是乃指吾族居於長江流域之始。此後發達於漢唐，顯於晉宋。及至南宋理宗淳佑六年（公元一二四六年）沈氏七十七世祖沈衡山以景佑甲戌登張唐鄉榜進士，累官尚書，擔任國家輿籍領導的工作為職方郎中。衡公生於祥符癸丑正月十五。他從蘇州長巷遷至越州之蕭山鳳凰樓。迨至八十二世祖伯十公從鳳凰樓遷居於既有崇山峻嶺，茂林秀竹又有仁里之名的山裏沈。故八十二世祖的伯十公為吾族山裏沈之始祖。

山陰沈氏宗譜　卷一　序　五　敦愛堂

谱名：萧山石盖张氏宗谱　堂号：存德堂　尺寸：28.5cm×18.5cm　装帧：线装　修谱时间：2013年续修　册数：全4册　收藏单位：杭州市萧山区档案馆

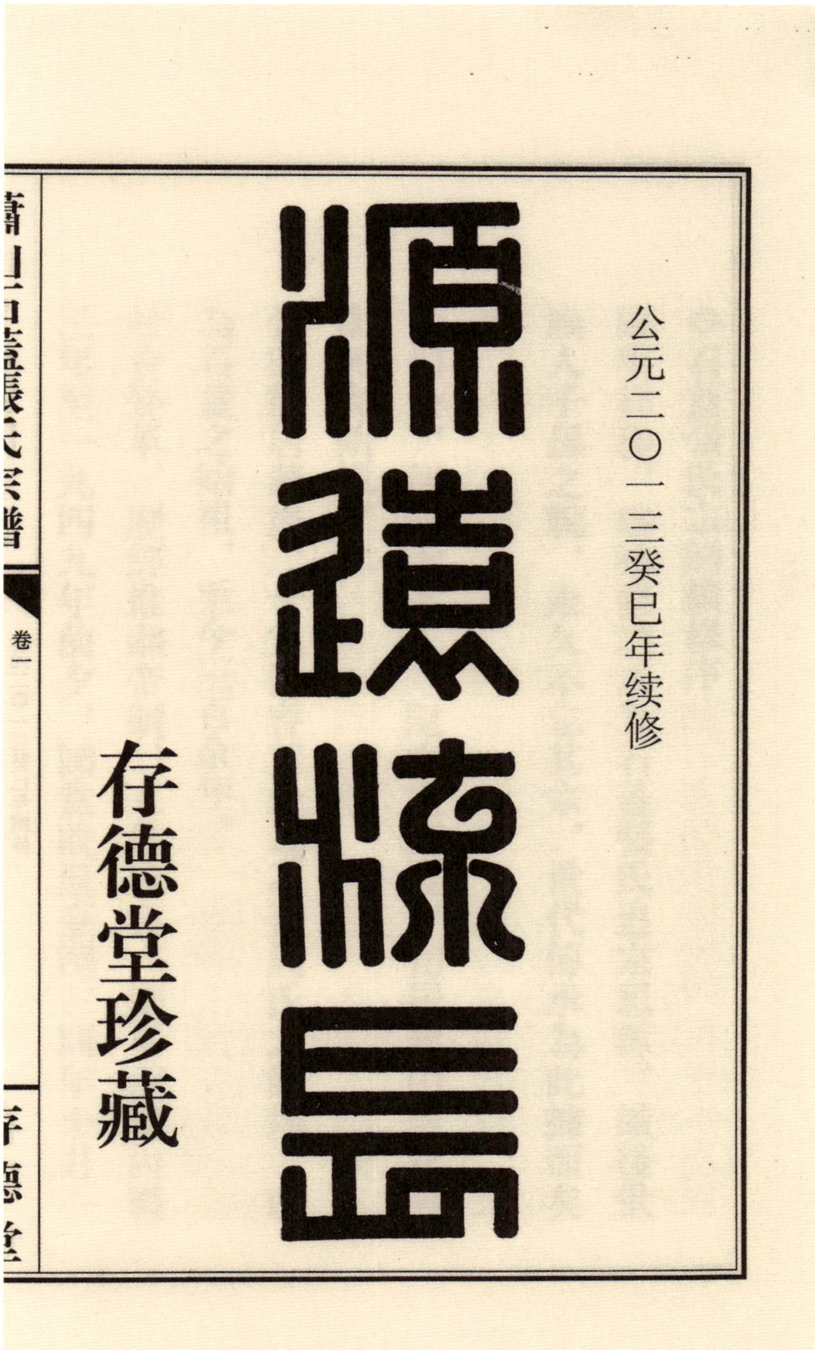

源远流长

公元二〇一三癸巳年续修

存德堂珍藏

卷一

◎石蓋張氏宗譜續修序

國事祥和，盛始修譜意為石蓋張氏追宗思源，續後世族人子孫之貌，永久不忘其宗，世代傳承為此據而矣也。

善伯公，河南大梁人，陏宗室南渡，初居蕭山崇化裏南河為始祖。

張氏徙居蕭後，十九世睿芳公為石蓋周氏之館甥，郎為石蓋之始祖，至今三百余年。

社會變革，歷經推翻帝制，八年抗日，國共兩黨內戰三年至一九四九年前夕，國黨敗退臺灣，同年十月一

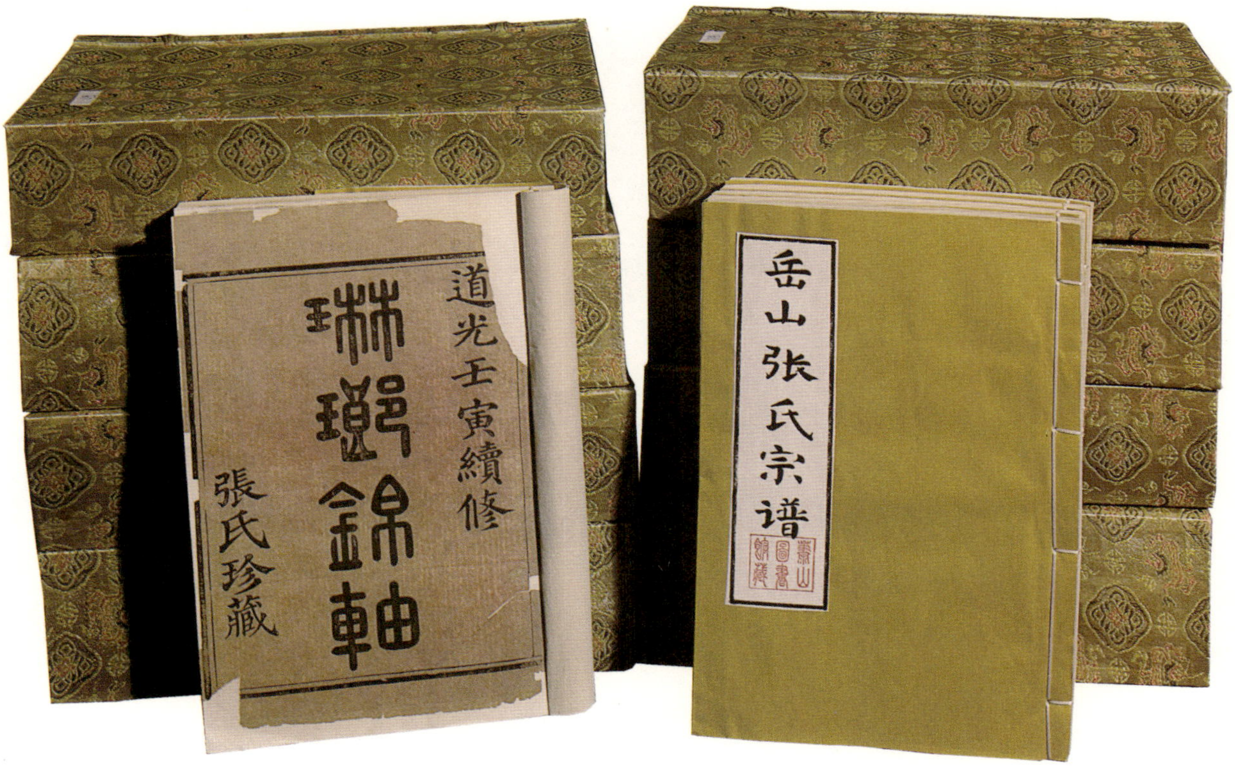

谱名：岳山张氏宗谱　尺寸：29.2cm × 18cm　装帧：线装　修谱时间：清道光二十二年（1842）续修　册数：全52册　收藏单位：杭州市萧山图书馆

道光壬寅續修

琳瑯錦軸

張氏珍藏

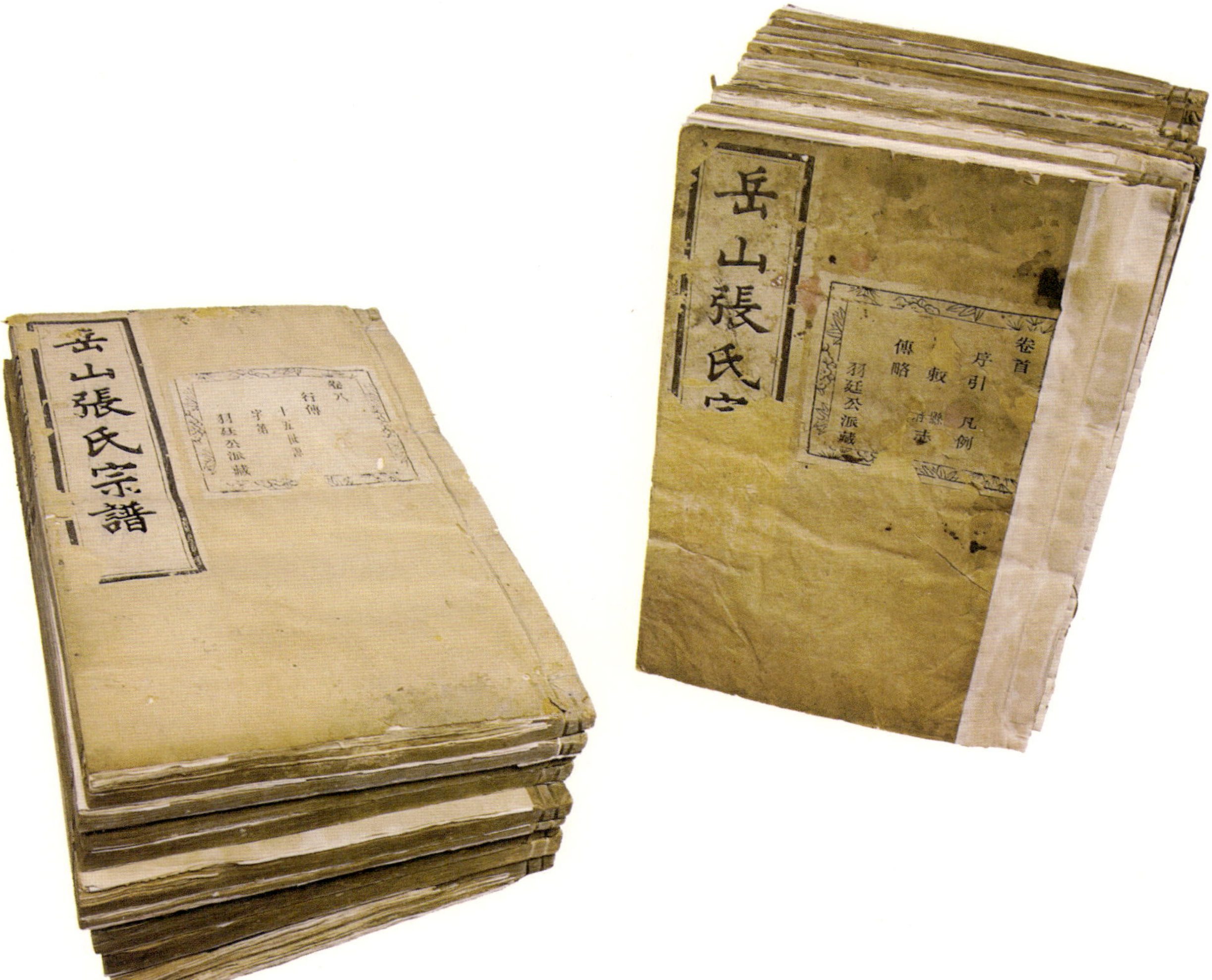

谱名：岳山张氏宗谱　尺寸：30cm × 17.8cm　装帧：线装　修谱时间：清光绪十八年（1892）重修　册数：全16册　收藏单位：杭州市萧山区档案馆，存12册（缺卷二、四下、九、十三）

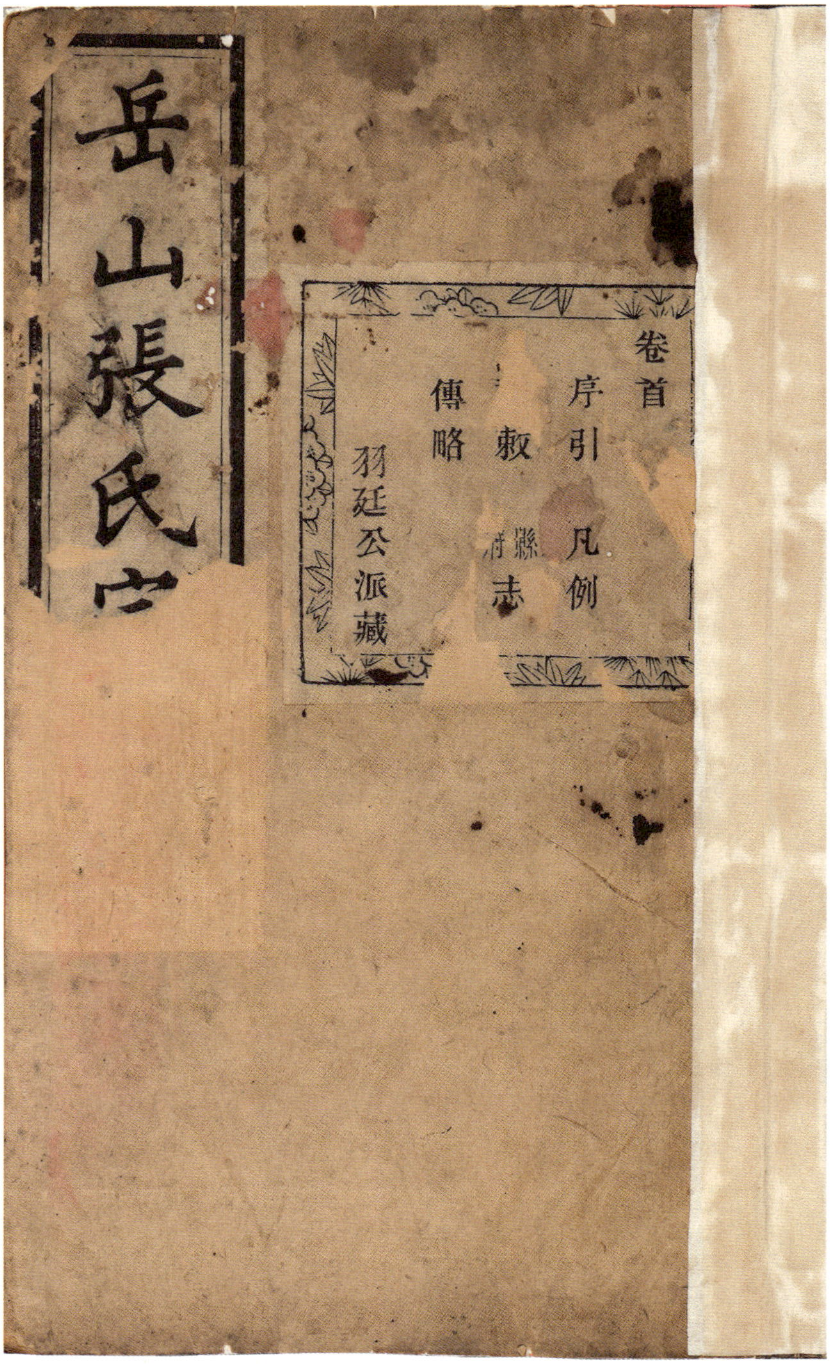
岳山張氏
卷首
序引 凡例
敕 府縣志
傳略
羽廷公派藏

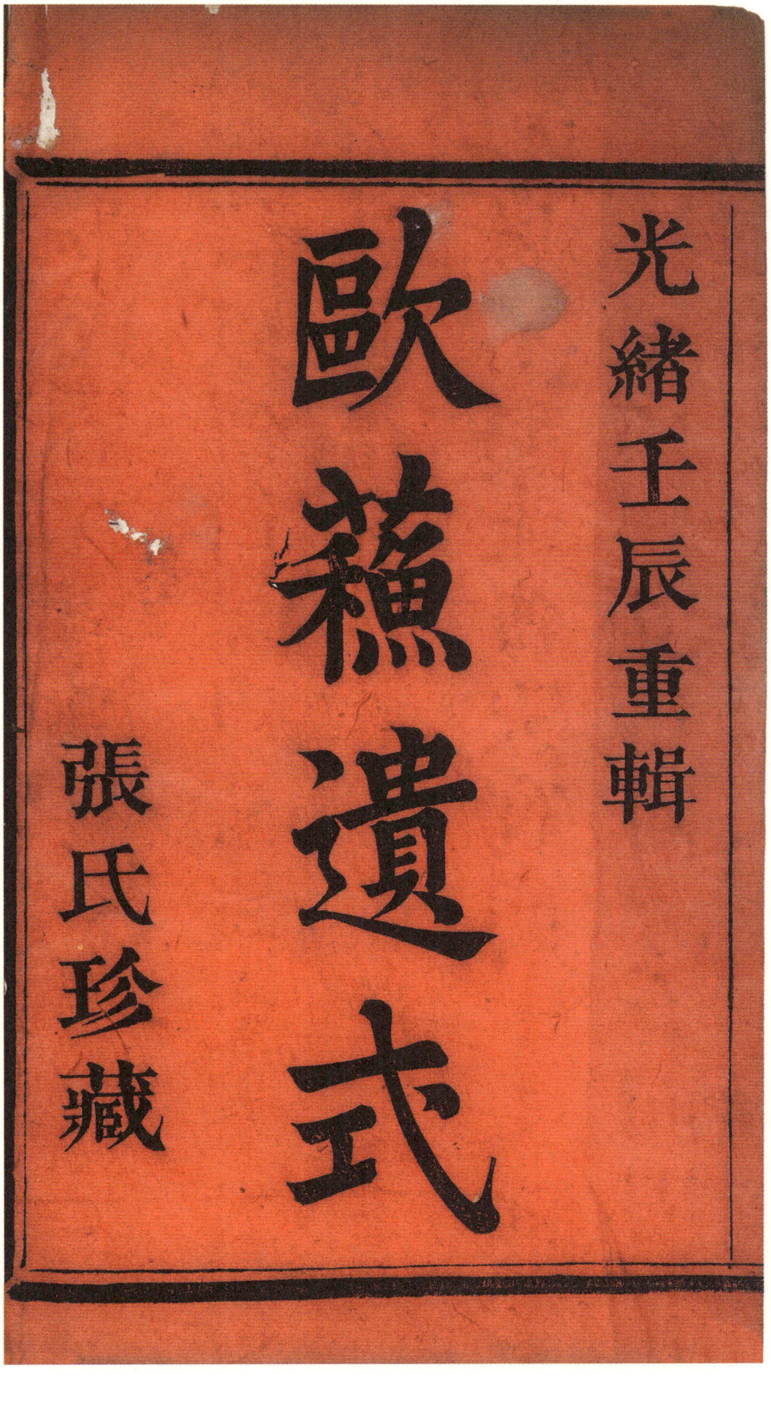
光緒壬辰重輯
歐蘓遺式
張氏珍藏

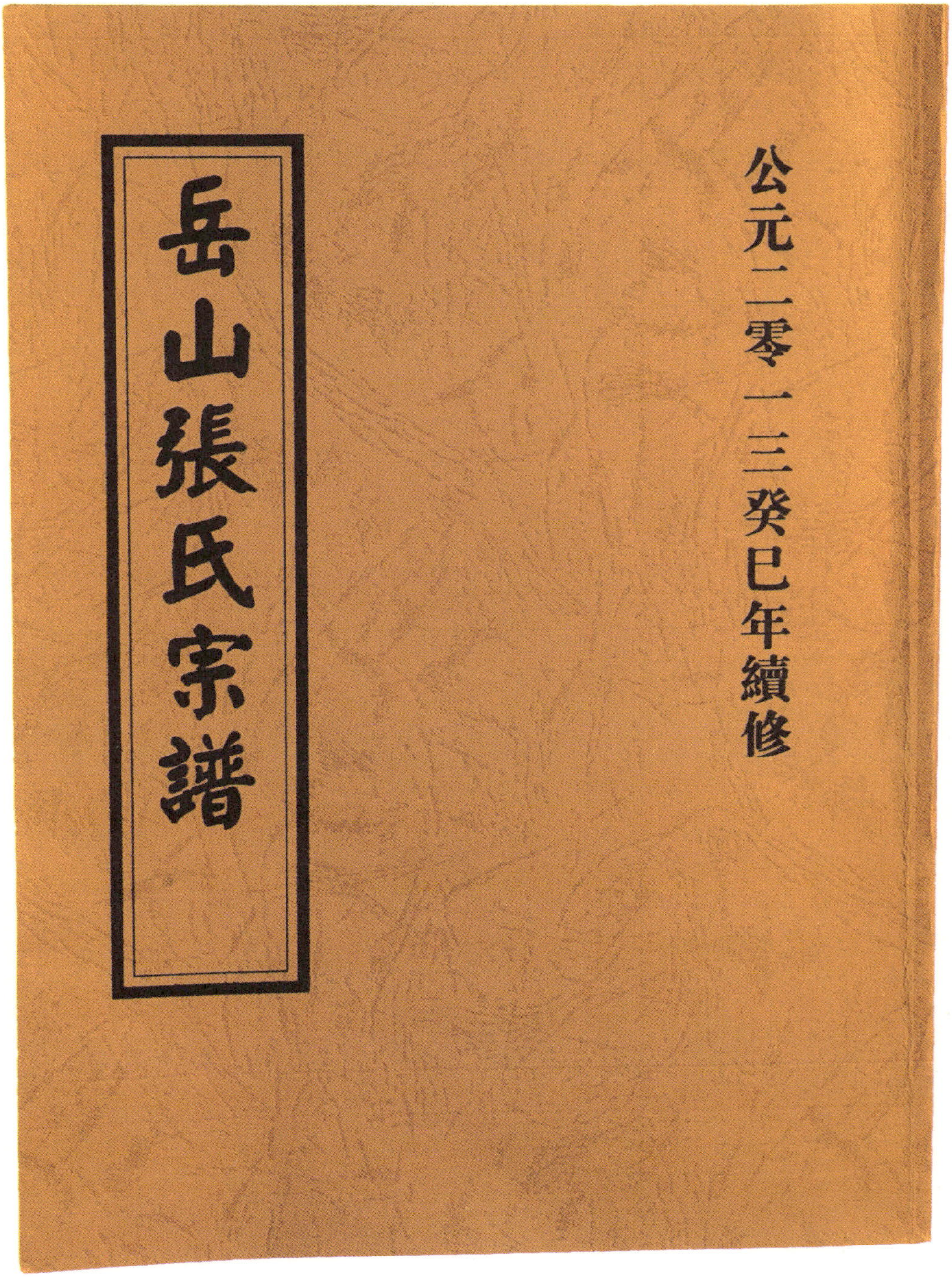

谱名：岳山张氏宗谱　尺寸：29.2cm×22cm　装帧：线装　修谱时间：2013年续修　册数：全1册　收藏单位：杭州市萧山图书馆

字德远的长子，元朝时，战乱频发，张志，排行满九，为避难自会稽（今绍兴）赵坂张家圹入赘于山阴天乐乡杜岳（今进化镇城山村杜家弄）杜氏，从此发祥衍庆，厥后子孙蕃衍，迄今成为一大宗族。岳山张氏尊满九公（张志）为始祖，张氏传至今已二十四世矣。

岳山张氏宗谱自民国丙寅年（1926）重修至今已八十七年，续修宗谱甚为繁复的工程，大家族内变异乱套，如族人迁徙，外出营生，讯息阻塞，甚至同族人不分辈份，同姓近亲结婚，造成长幼无序，张君关林不遗余力，良苦用心，思虑年远派众，久年未曾修辑谍谱，淹没堪虑，与族人商议，单独续修家乘，自张氏十六世松百五十九鲁珍公开始至二十三世堡字止，谱系所辑，一族血统

4

岳山張氏宗譜

谱名：萧山陈氏宗谱　堂号：仁德堂　尺寸：28.7cm×18.6cm　装帧：线装　修谱时间：2013年续修　册数：全5册　收藏单位：杭州市萧山区档案馆

公元二〇一三癸巳年续修

歐蘇遺式

仁德堂珍藏

蕭山陳氏宗譜 卷一 仁德堂

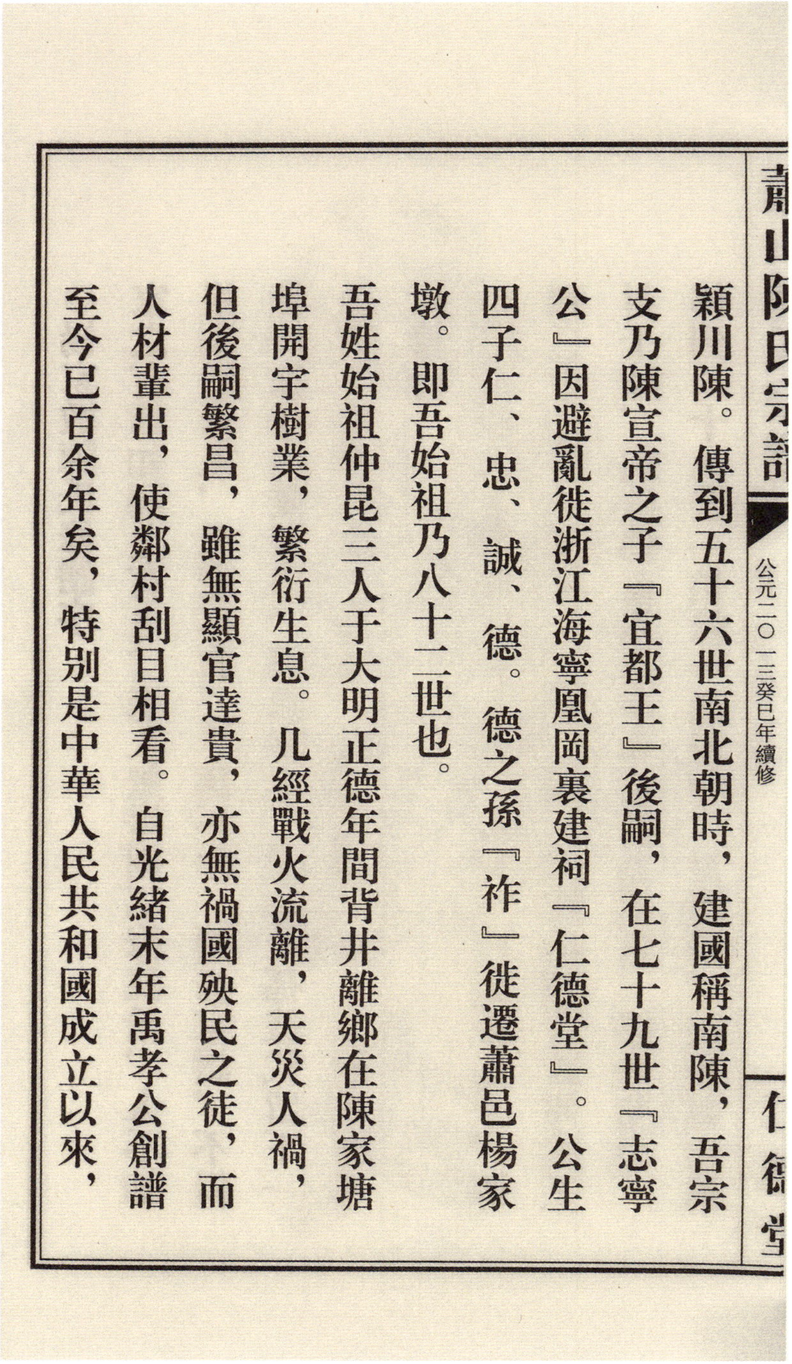

蕭山陳氏宗譜 公元二〇一三癸巳年續修 仁德堂

穎川陳。傳到五十六世南北朝時，建國稱南陳，吾宗支乃陳宣帝之子『宜都王』後嗣，在七十九世『志寧公』因避亂徙浙江海寧凰岡裏建祠『仁德堂』。公生四子仁、忠、誠、德。德之孫『祚』徙遷蕭邑楊家墩。即吾始祖乃八十二世也。

吾姓始祖仲昆三人于大明正德年間背井離鄉在陳家塘埠開宇樹業，繁衍生息。几經戰火流離，天災人禍，但後嗣繁昌，雖無顯官達貴，亦無禍國殃民之徒，而人材輩出，使鄰村刮目相看。自光緒末年禹孝公創譜至今已百余年矣，特別是中華人民共和國成立以來，

谱名：绍萧陈氏宗谱　堂号：世德堂　尺寸：29cm × 17.4cm　装帧：线装　修谱时间：民国四年（1915）重修　册数：全11册　收藏单位：杭州市萧山区人民政府地方志办公室

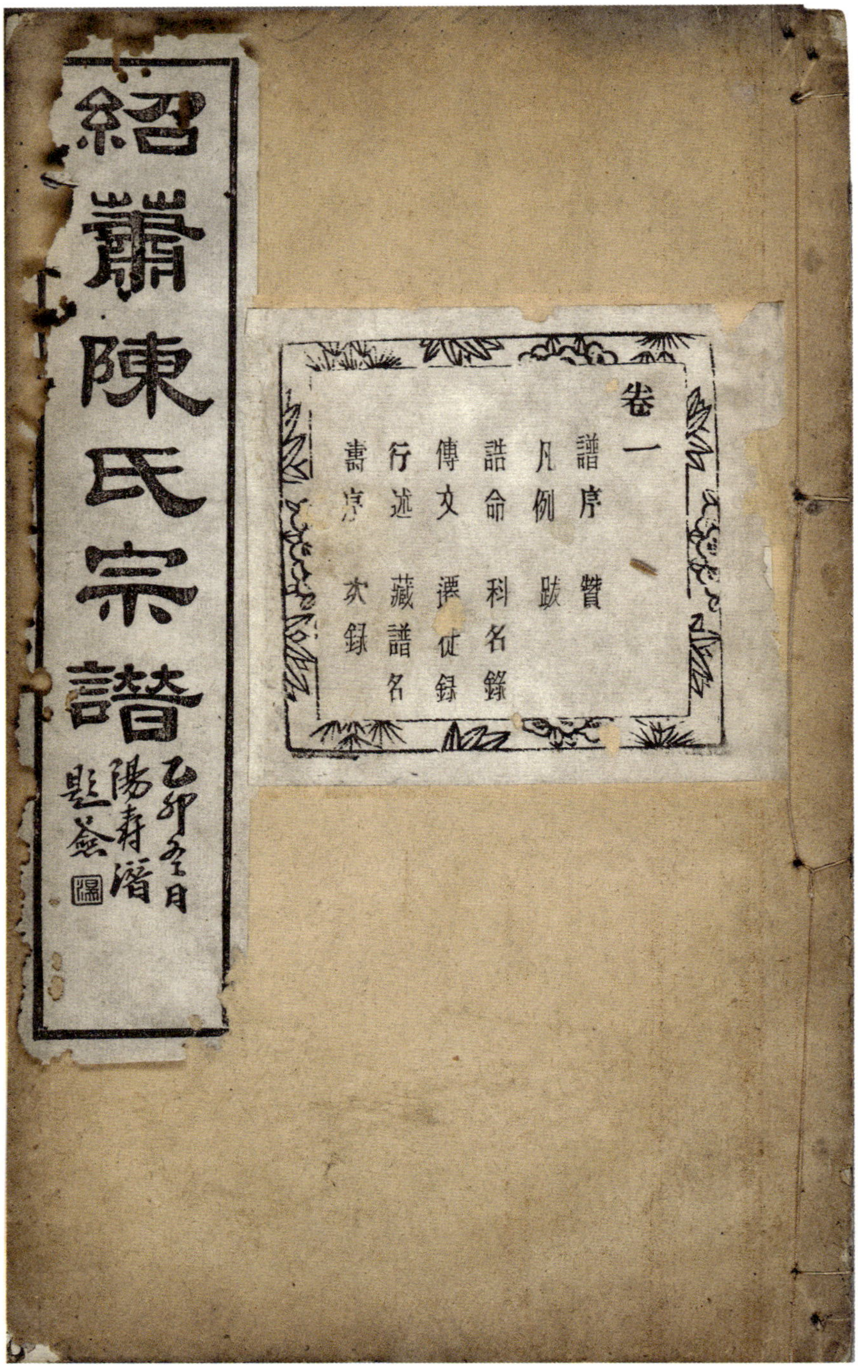
紹蕭陳氏宗譜
乙卯冬月
陽壽潛
題簽
卷一
譜序 贊
凡例 跋
誥命 科名錄
傳文 遷徙錄
行述 藏譜名
書序

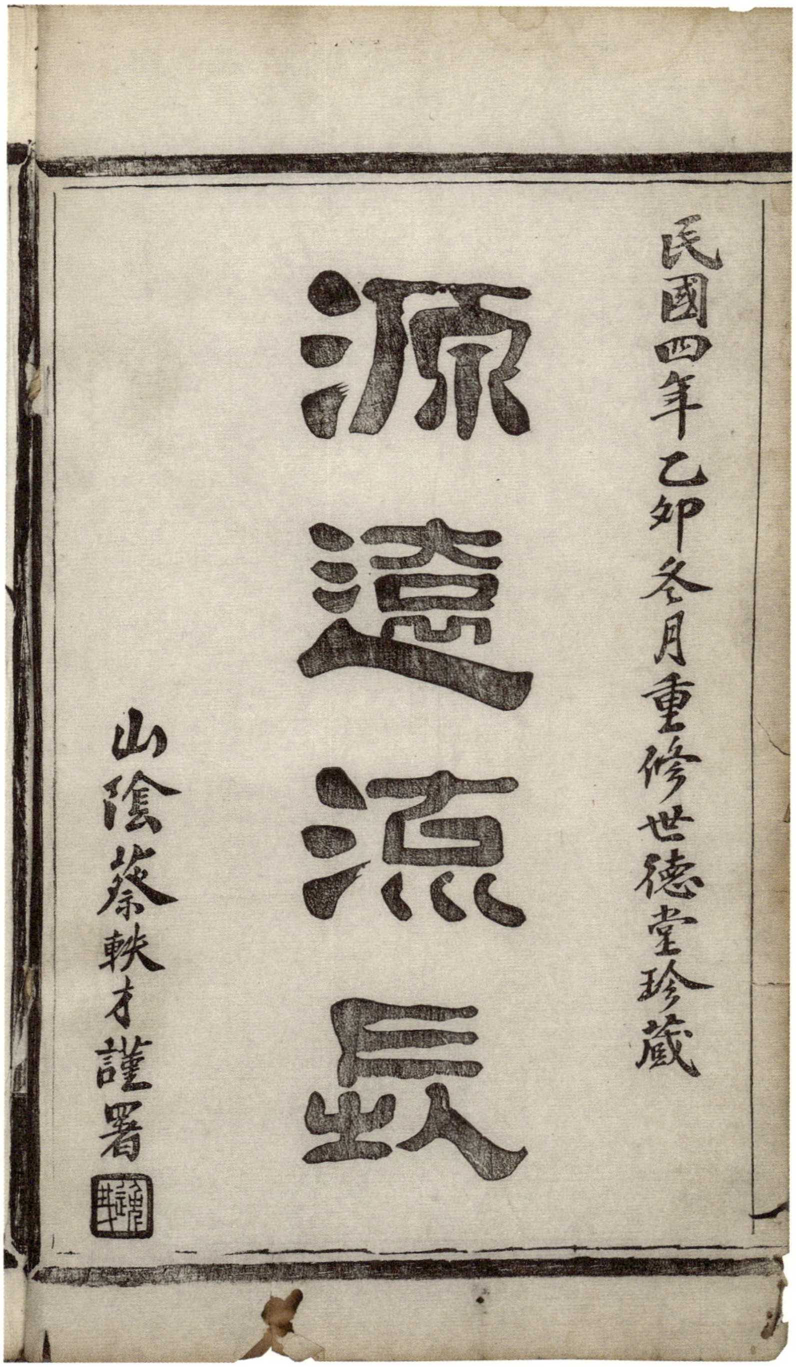

民國四年乙卯冬月重修世德堂珍藏

源遠流長

山陰蔡軼才謹署

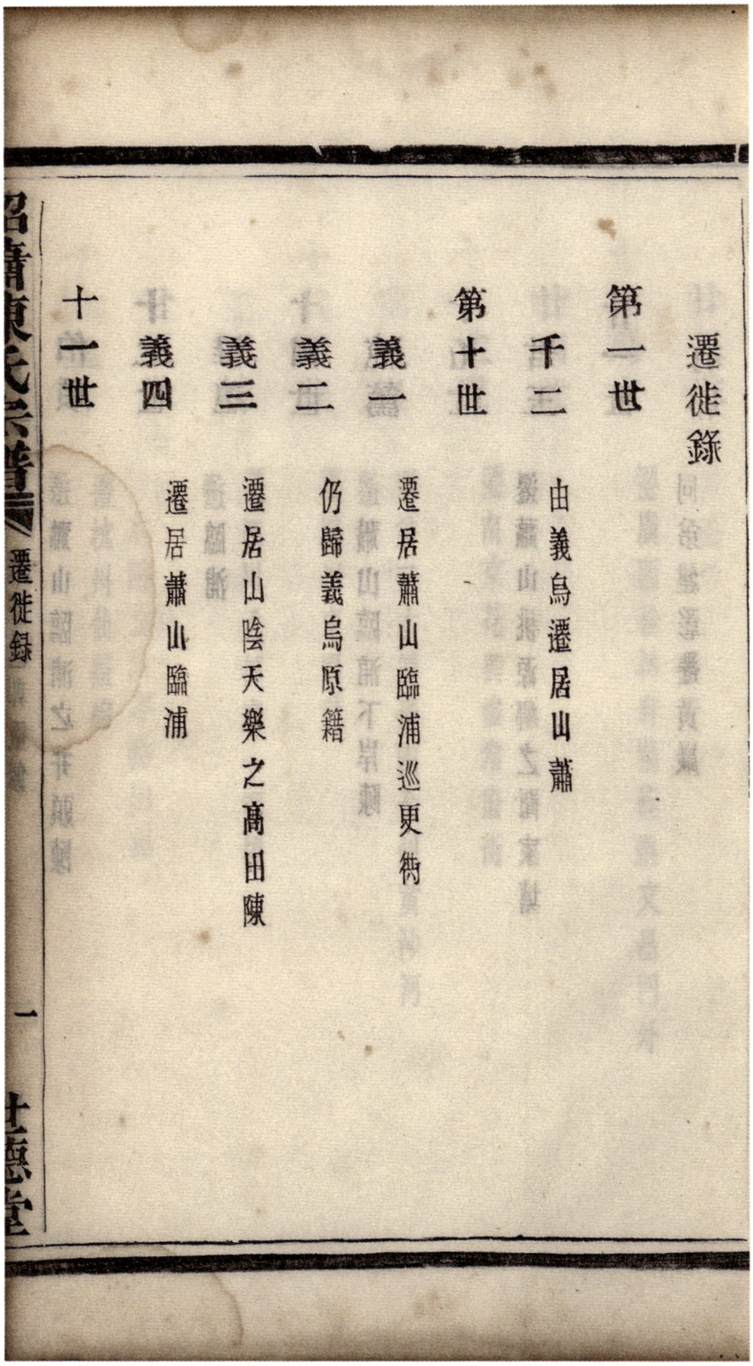

遷徙錄

第一世　由義烏遷居山蕭

千二

第十世

義一　遷居蕭山臨浦巡更舖

義二　仍歸義烏原籍

義三　遷居山陰天樂之高田陳

義四　遷居蕭山臨浦

十一世

紹蕭陳氏宗譜　遷徙錄　一

谱名：萧山长潭陈氏宗谱　堂号：孝思堂　尺寸：31cm×20cm　装帧：线装　修谱时间：2004年重修　册数：全10册　收藏单位：杭州市萧山图书馆；杭州市萧山区档案馆

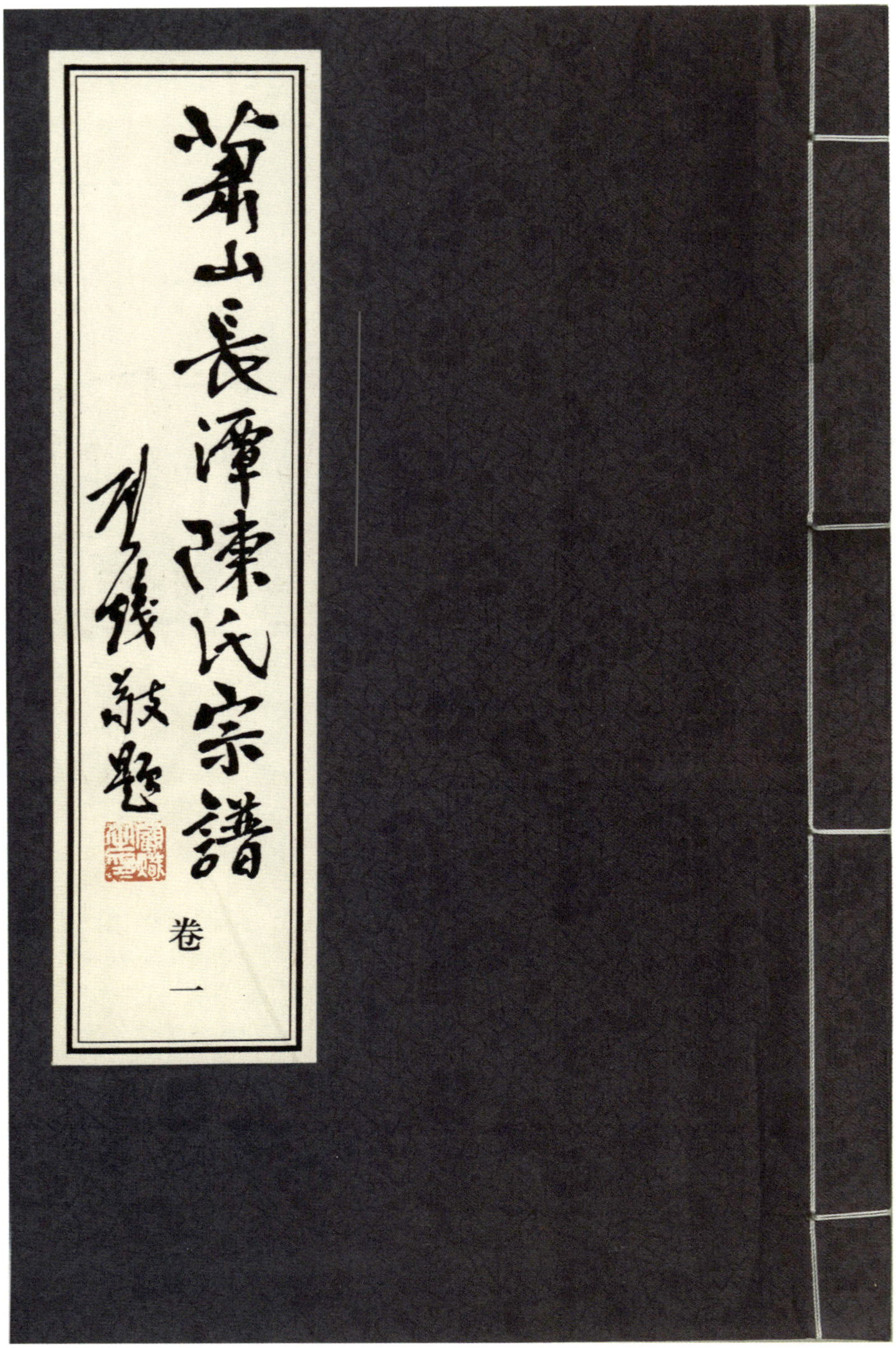
蕭山長潭陳氏宗譜
卷一

靖山里石溪陳氏宗譜

孝思堂

孝思堂

陳氏源流序

曠觀天地間淵渟獄峙動植飛潛蕃變紛紜莫可窮詰迨究其根源無非一本之散爲萬殊也有萬殊之散不可無一本以合之此宗譜之所由興也蕭山裏石溪陳氏世家舊族焉考其先世自東漢穎川公之后至六世伯聆公建興中渡江居曲河八世世達公初爲長城令徙居長城至三十二世堯叟公端拱已丑登狀元第徙居閬州三十四世叔良公遷汴梁三十六世協公登進士仕宋爲左朝議郎與弟恂公遷暨陽紫巖鄉恂之孫思政公游蕭邑至裏石溪爲一

陳　氏　家　廟

第八次修譜人員

前排右起：田松（友 153） 鉅泗（友 138） 兆建（孝 191） 關鴻（孝 188）

成興（友 98） 鑑釗（友 120） 忠校（友 128）

后排右起：生富（傳 92） 延年（友 178） 鉅祥（友 198） 妙龍（家 15）

憲法（傳 113） 曉雲（傳 183） 興祥（友 177） 正楊（傳 69）

公元二〇〇四年重修

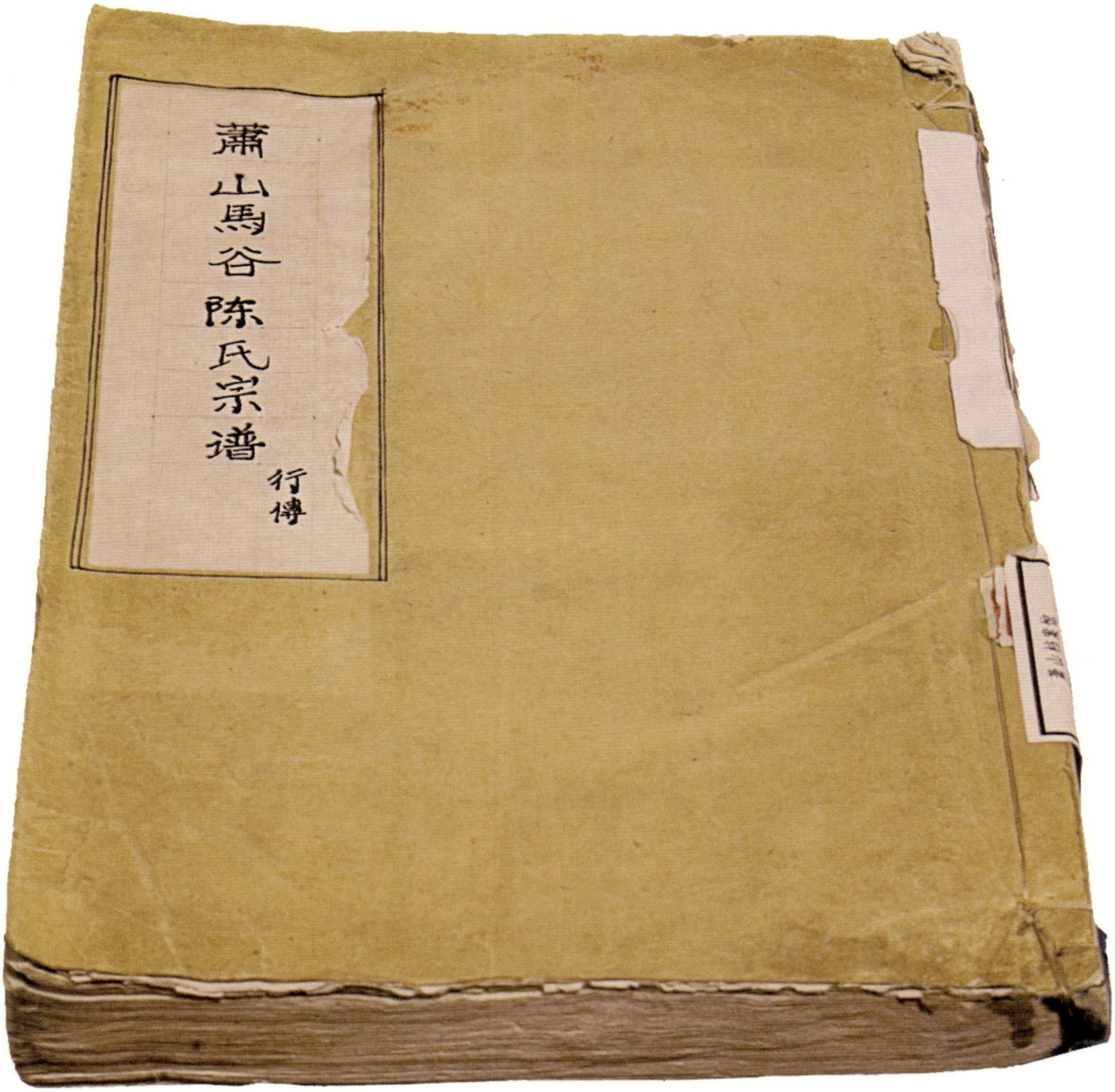

谱名：萧山马谷陈氏宗谱　堂号：聚星堂　尺寸：29.5cm×18cm　装帧：线装　修谱时间：不详　册数：不详　收藏单位：杭州市萧山区档案馆，1册

谱名：萧山湘左陈氏宗谱　堂号：崇本堂　尺寸：29.3cm × 18cm　装帧：线装　修谱时间：清宣统元年（1909）　册数：全10册　收藏单位：杭州市萧山区档案馆

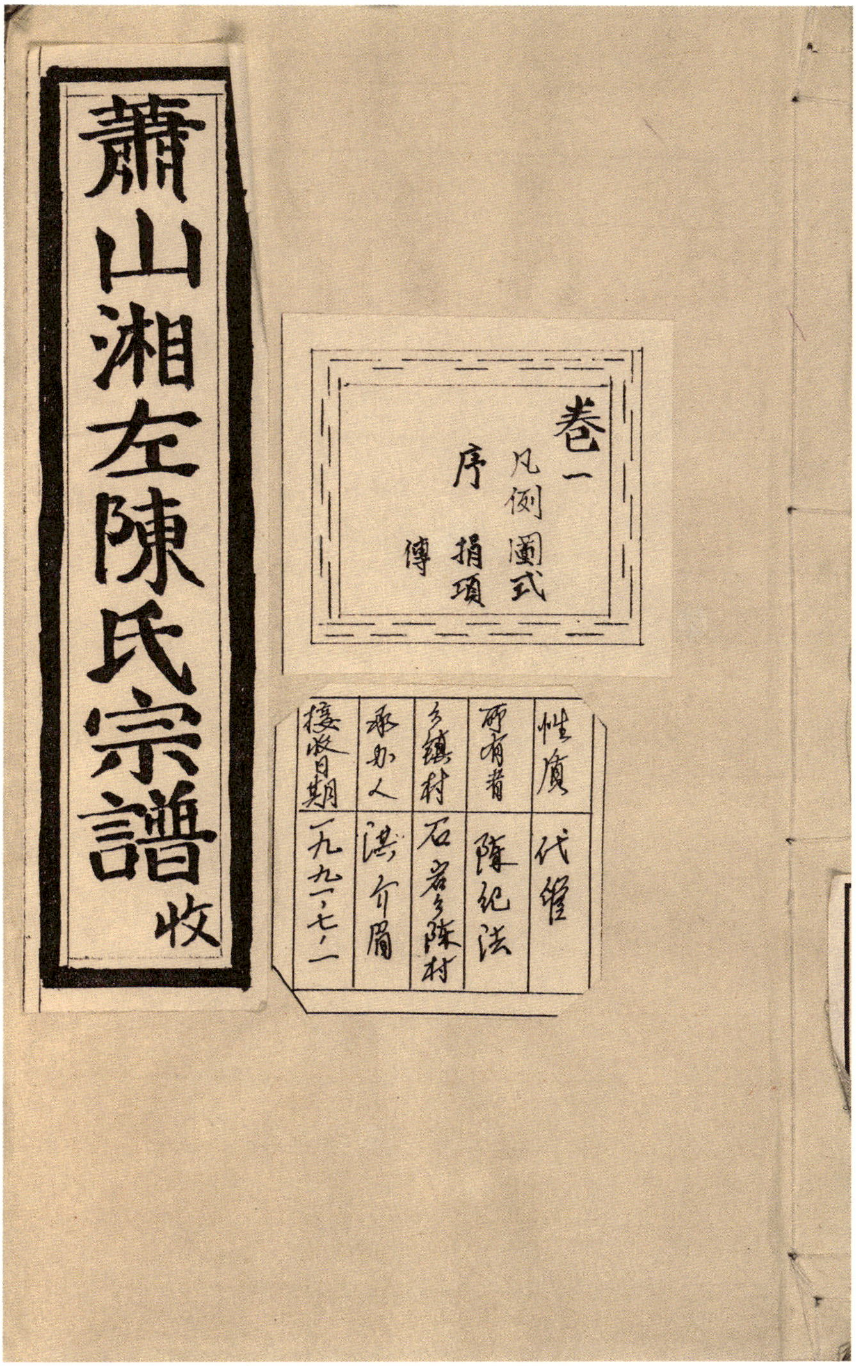
蕭山湘左陳氏宗譜
收
卷一
序
凡例
圖式
捐項
傳
性質 代管
所有者 陳纪法
乡镇村 石岩乡陈村
承办人 洪介眉
接收日期 一九九一.七.一

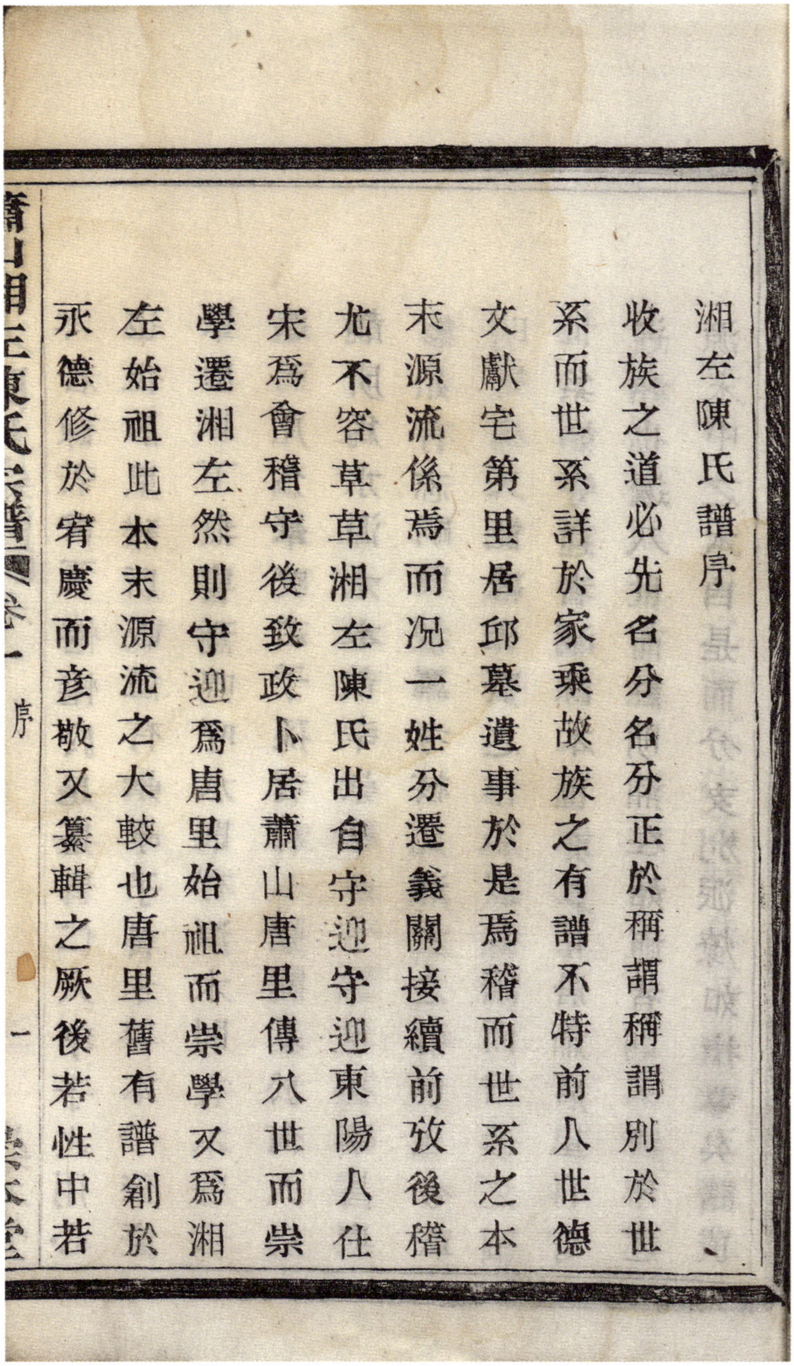

湘左陳氏譜序

收族之道必先名分名分正於稱謂稱謂別於世系而世系詳於家乘故族之有譜不特前八世德文獻宅第里居邱墓遺事於是爲稽而世系之本末源流係焉而況一姓分遷義關接續前放後稽尤不容草草湘左陳氏出自守迎守迎東陽八仕宋爲會稽守後致政卜居蕭山唐里傳八世而崇學遷湘左然則守迎爲唐里始祖而崇學又爲湘左始祖此本末源流之大較也唐里舊有譜創於永德修於宥慶而彥敬又纂輯之厥後若性中若

谱名：傅墩陈氏时和公家族宗谱　尺寸：28.1cm × 21cm　装帧：平装　修谱时间：2009年　册数：全1册　收藏单位：杭州市萧山区档案馆

谱名：萧山邵氏宗谱　堂号：安乐堂　尺寸：28.5cm × 17.9cm　装帧：线装　修谱时间：民国二十六年（1937）续修　册数：全8册　收藏单位：杭州市萧山区档案馆

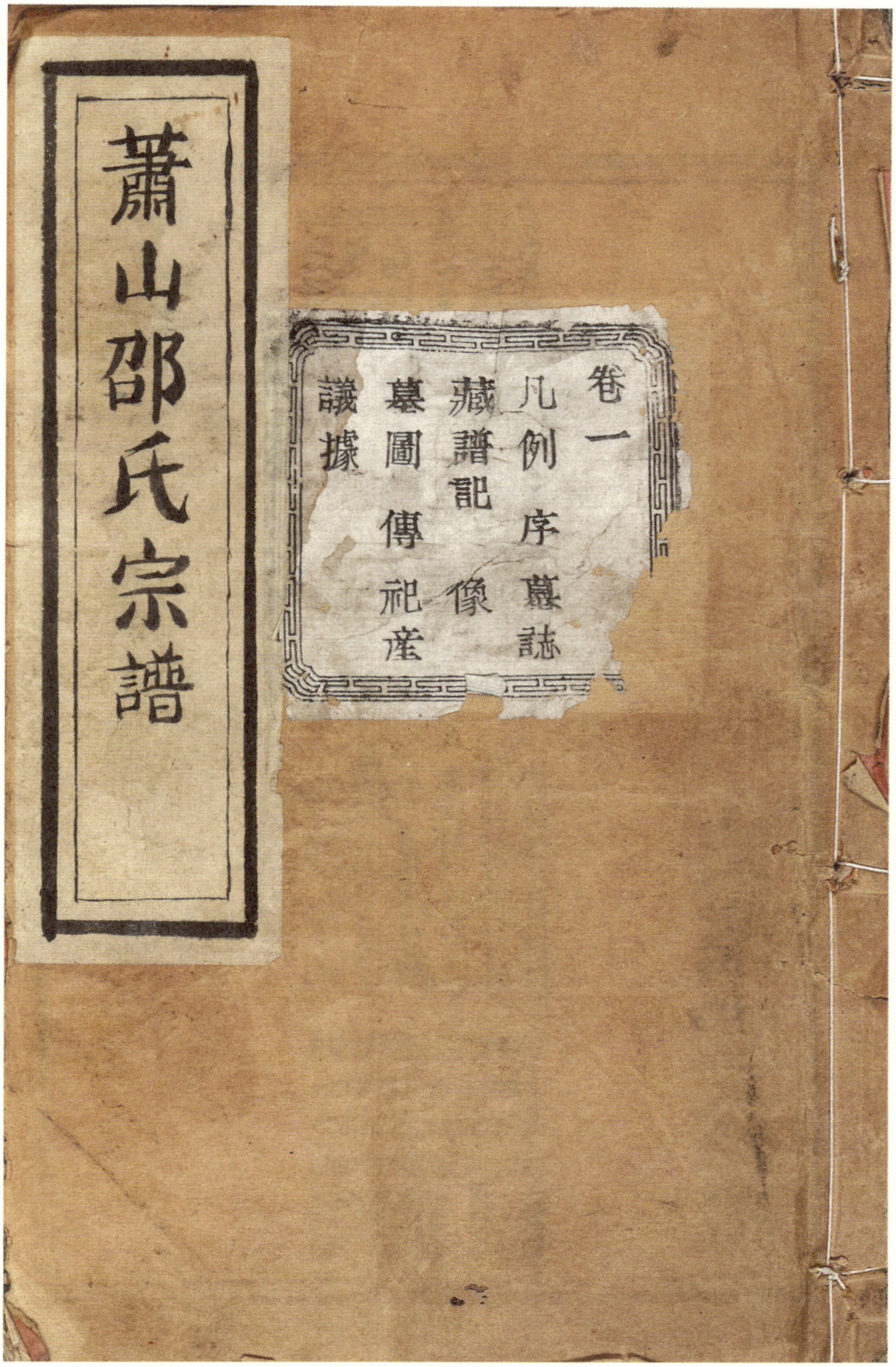
蕭山邵氏宗譜
卷一
凡例 序 墓誌
藏譜記 像
墓圖 傳 祀產
議據

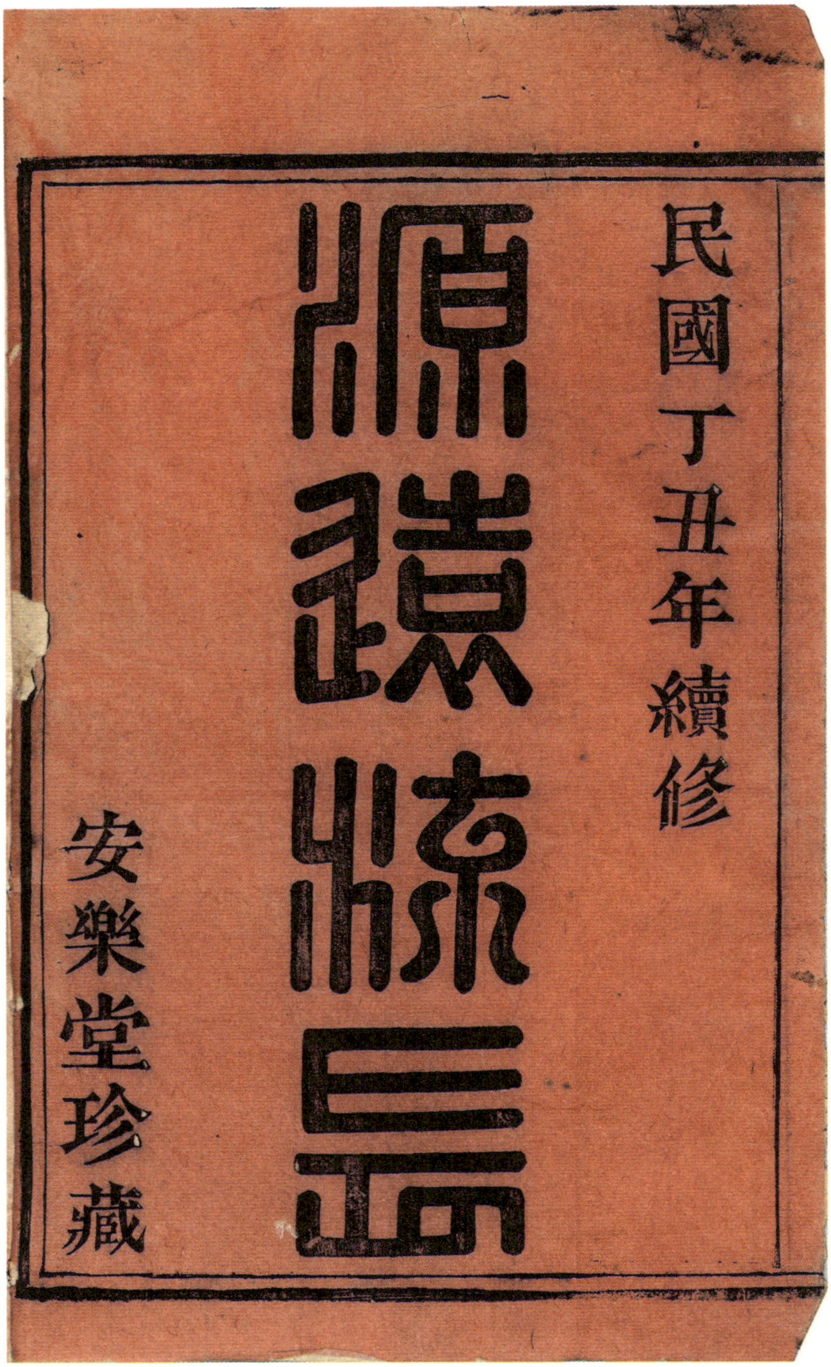
民國丁丑年續修

源遠流長

安樂堂珍藏

谱名：萧山邵氏宗谱　堂号：燕诒堂　尺寸：29.4cm × 18.5cm　装帧：线装　修谱时间：2006年重修　册数：全12册　收藏单位：杭州市萧山图书馆；杭州市萧山区档案馆

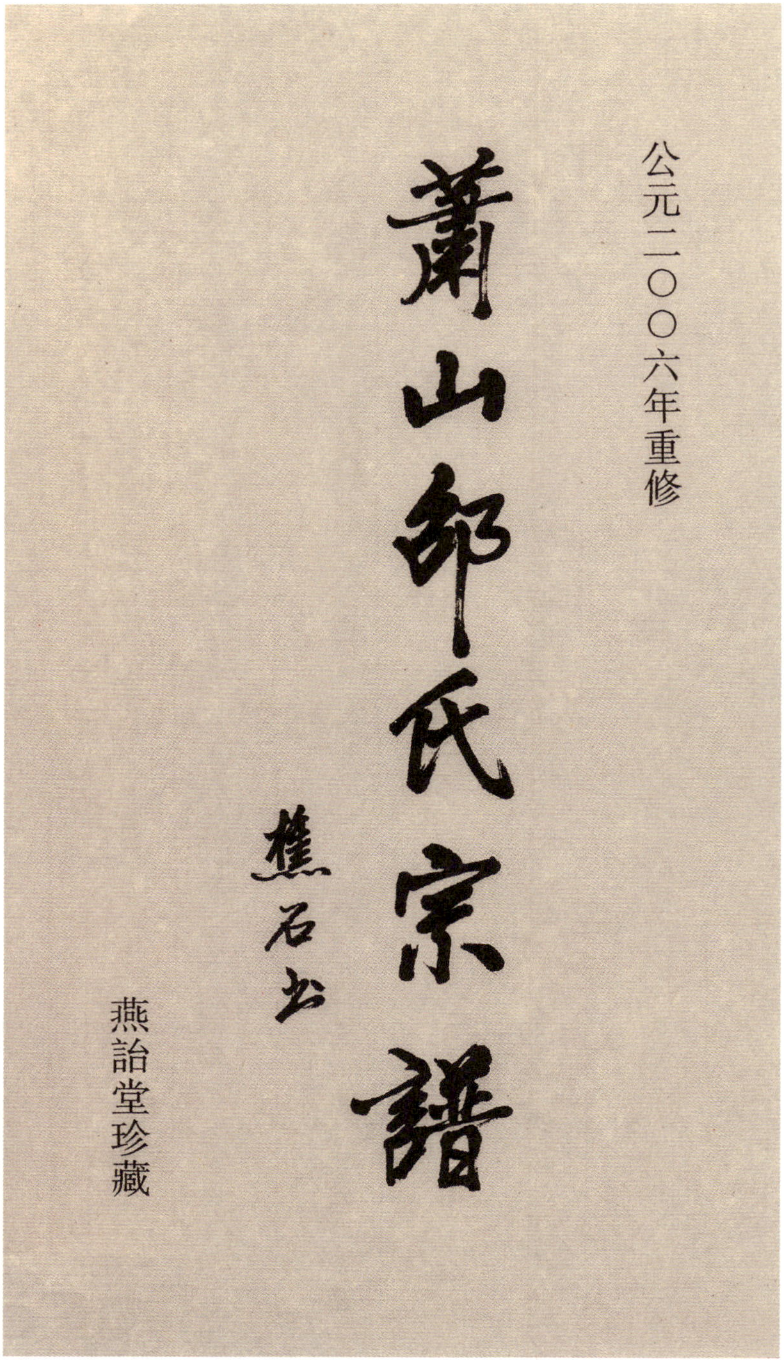

公元二〇〇六年重修

蕭山郎氏宗譜

樵石书

燕詒堂珍藏

千三者由山陰天樂遷居蕭邑狼嶺下遂以成族南隖邵氏其嫡派也今歲重修宗譜積月告成而其族尊集之先生問序于余且言其先世舊有老譜自成周以迄宋代溯遠詳明追功確鑿後為本姓人挈往富邑數次踵求秘不相示十二世慶一公等創抄新譜即奉壽六公為第一世祖而先乎此者標明遠系闕所不知後乎此者衹衍嫡之鋤其非種今願本斯意以弁譜端夫余以弇鄙之質文采不加何序之能為顧維余族於邵姓夙多昏媾而集之先生令侄汝峰世兄又與余交好時相過從意在于斯小子何敢讓焉且自人心之不古也親親者罕矣骨肉也而秦越自手足也而戈矛之一本所關多加涼薄而於支系不相聯屬之人苟聲勢赫奕即尊為鼻祖引為耳孫薄所厚而厚所薄其事已傎甚矣尚何尊祖敬宗親親收族之足問哉今據

蕭山邵氏宗譜

卷一　邵氏家廟近照

家廟正大門

一

公元二〇〇六年重修

前排左起：國臣（廿一世孫玉百二十六）　冬根（二十世孫品百六十二）
安根（二十世孫品百三十五）　吾林（二十一世孫玉六）
永琪（二十世孫品二百三十三）　晉順（二十世孫品百三十三）
後排左起：世昌（廿一世孫玉三十二）　志錮（十九世孫群二百八十一）
南樵（十九世孫群二百九十八）　望銓（十八世孫齡二百二十二、族長）
吾安（十九世孫群二百六十一）　法忠（二十世孫品三百五十六）
金余（二十世孙品百七十四）

八次續譜編輯組人員影

公元二〇〇六年重修　卷一　相片　一

谱名：萧山邵氏宗谱　堂号：安乐堂　尺寸：28.4cm × 18.6cm　装帧：线装　修谱时间：2009年续修　册数：全12册　收藏单位：杭州市萧山区档案馆

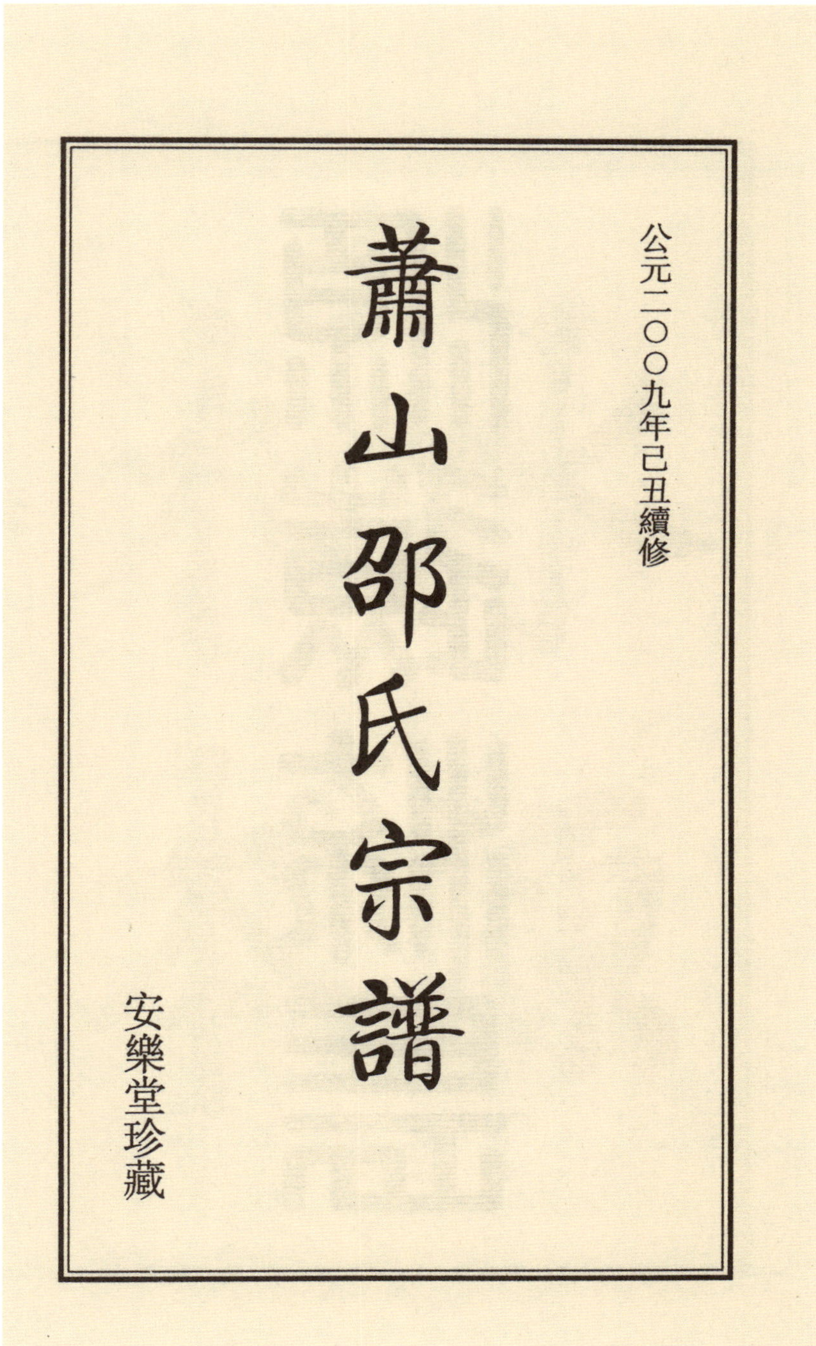

公元二〇〇九年己丑續修

蕭山邵氏宗譜

安樂堂珍藏

蕭山邵氏宗譜　卷一　序　四五　安樂堂

◎續修邵氏宗譜序

譜之設始於宋中葉歐蘇曾王並起為敦宗睦族之計自宋以前類皆失考無徵不信有明詔矣蕭邑狼嶺邵氏宗譜當宋這季由邵家塔遷居狼嶺自靜菴公又移居開善盛家隝居住迄今十有七世在宋以前簪纓累累歷世不絕至元隱居不仕故仕籍中鮮所傳聞然其家父詔兄勉孝友睦婣聞於鄉者正不乏人雖未嘗沐詩書之澤嫺禮敎之風而其風俗敦厚質樸勤儉篤實不尚奢華不慕榮利光前裕後之道於此可見茲因舊譜散漫無稽爰集家族會議延師續修使譜牒煥然一新訛者正之缺者補之已往者仍之未久者增之由裏日第井井有條世次行傳班班可考

盛家塢邵氏宗祠

二〇〇九年第七届修譜理事會成員合影

谱名：萧山长潭邵氏宗谱　堂号：安乐堂　尺寸：29cm×21cm　装帧：平装　复印本　修谱时间：民国七年（1918）重修　册数：全4册　收藏单位：杭州市萧山区人民政府地方志办公室

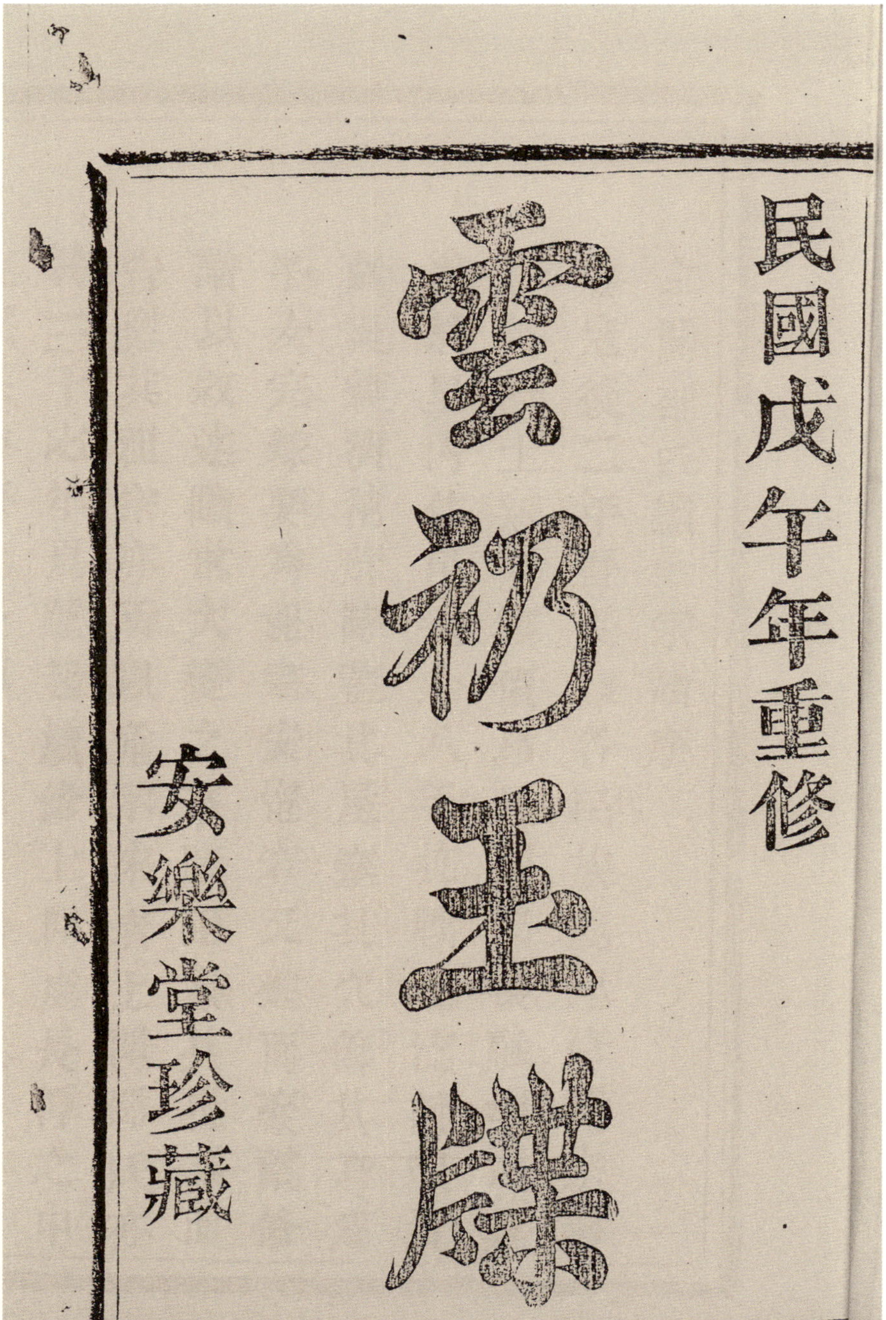
民國戊午年重修

雲礽玉牒

安樂堂珍藏

重修宗譜序

蓋聞乾坤自兩儀四象以至五行八卦千變萬化而悉出於太極黃河自龍門積石以迄九河四海千流萬派而皆源於星宿人生自兄弟伯仲以及曾元雲礽千秋萬歲而皆同出於得受姓氏之祖譜也者所以明此義者也予歷考譜系是侍郎官承嗣公爲始祖至十一世孫壽大公之三子千三公居猳嶺之始祖千三公五世孫艮三公卜居山陰朱家塔艮八公卜居於上閘其餘星散不可勝記盛哉此譜也吾譜

谱名：山阴天乐邵氏宗谱　堂号：安乐堂　尺寸：28.5cm × 18.5cm　装帧：线装　修谱时间：2011年续修　册数：全12册　收藏单位：杭州市萧山区档案馆

山陰天樂邵氏宗譜
卷一

公元二〇一一辛卯年續修

歐蘇譜志

安樂堂珍藏

自少數民族的漢姓。明清時雲南定邊有土把事漢姓為邵；清代滿洲八旗有烏雅氏漢姓為邵姓者；此外，瑶、彝、蒙古、朝鮮等少數民族中也有邵姓。邵姓是在當今以人口多少為序的中國姓氏排行中位居第八十三位的大姓，人口約三百八十四萬餘人。

據記載，北宋黃門侍郎邵承嗣之第四世孫邵大受于宋政和八年（公元一一一八年）中了進士，以兵部侍郎出任紹興府太守，遂在山陰天樂邵家塔（今屬蕭山進化鎮）擇址建宅為第一始祖。傳至第十世，有稱邵百七（名壽六）者，從邵家塔遷居蕭山七都狼嶺下（今屬蕭山義橋鎮）。傳至第三世，百七公生八子排行千字

邵氏家廟外景

卷一 照片 一八

谱名：萧山丁村周氏周庆记家谱　堂号：爱莲堂　尺寸：28.5cm×18.5cm　装帧：线装　修谱时间：2011年　册数：全2册　收藏单位：杭州市萧山区档案馆

公元二〇一一辛卯年編

濂溪宗派

卷一

愛蓮堂珍藏

三，文喬、文郁、文實。生卒未詳，考其葬處，見文大公於宋理宗景定甲子歲撰述譜序雲（云）：先嚴梅軒府君從兄遷居城南諸暨南門三踏埠，卒葬家後苧蘿山之原。（注：公續修譜系）據《光緒諸暨縣志·山水志》載：『苧蘿山有宋翰林學士承旨墓，山下三踏埠村為學士裏居』。

◎第十一世

恪公長子

文喬公，行文五，字繼高。配黃氏，子三：敦、厚、樸。由諸暨南門三踏埠遷蕭山臨浦周家湖，為周家湖周氏始祖。

谱名：萧山马谷周氏宗谱　堂号：爱莲堂　尺寸：29cm×20.8cm　装帧：平装　复印本　修谱时间：民国二十二年（1933）重修　册数：全6册　收藏单位：杭州市萧山区人民政府地方志办公室

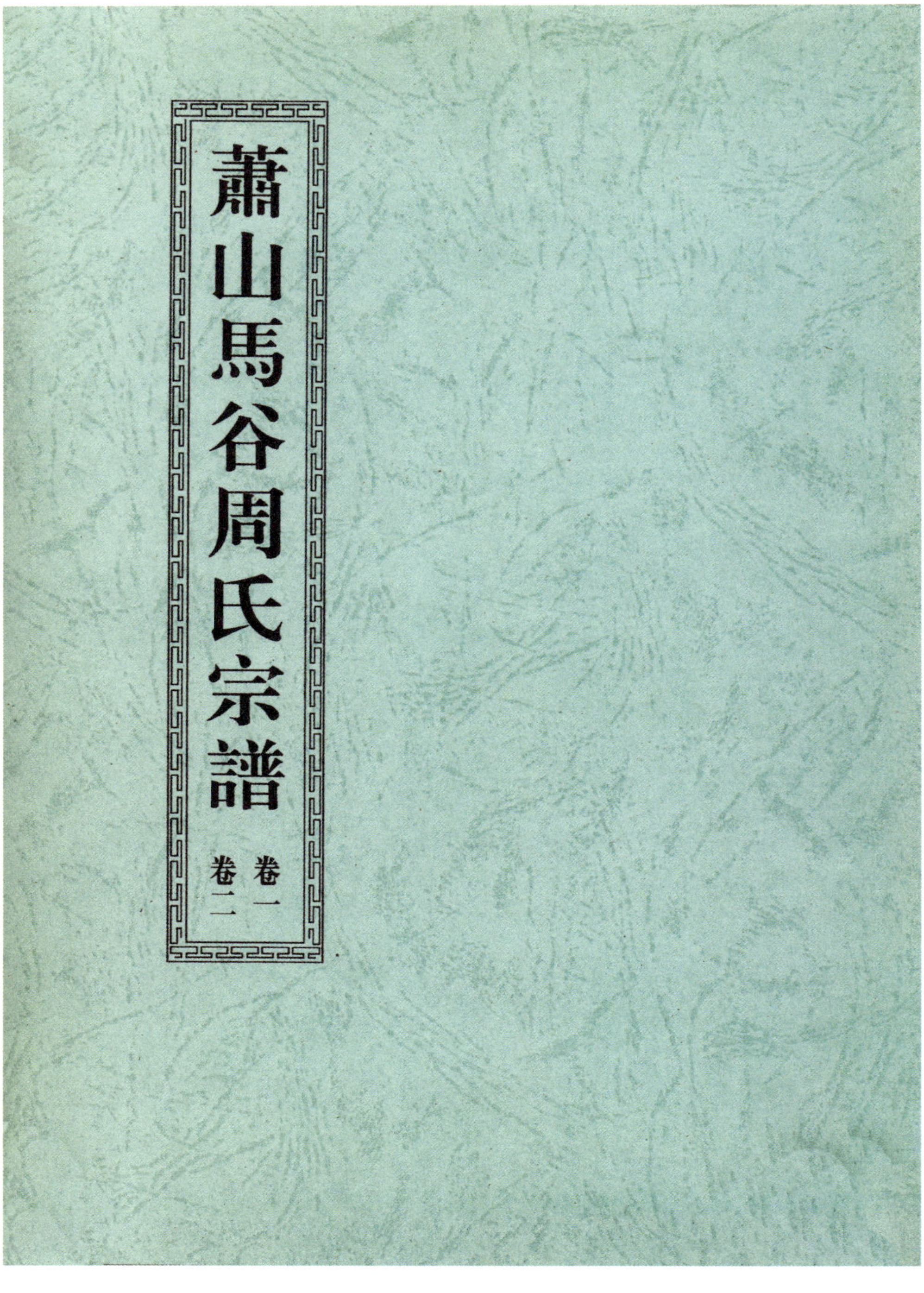
蕭山馬谷周氏宗譜
卷一
卷二

民國癸酉年重修

濮谿宗派

愛蓮堂珍藏

重修宗譜序

家之有譜無異國之有史史也者所以别賢奸而正名分也譜也者所以分昭穆而敘彝倫也我周自濂溪公分派以來脈本岐陽支連暨邑忠厚傳家詩書啓後故來蘇一派有進士青崖公瓜田一派有翰林長發公性崇謙公自周家湖遷居馬谷尊爲馬谷之始祖歷數傳至宣叅公生三子遂分爲老三房以後子孫日繁遷徙日多雖非顯親揚名亦是書香一瓣使不修輯家乘安能敦宗睦族長幼有序耶予族譜肇自乾隆辛卯年宇斌公創輯越四十五年嘉慶乙亥宇阡公重修又三十一年道光乙巳禮彬公

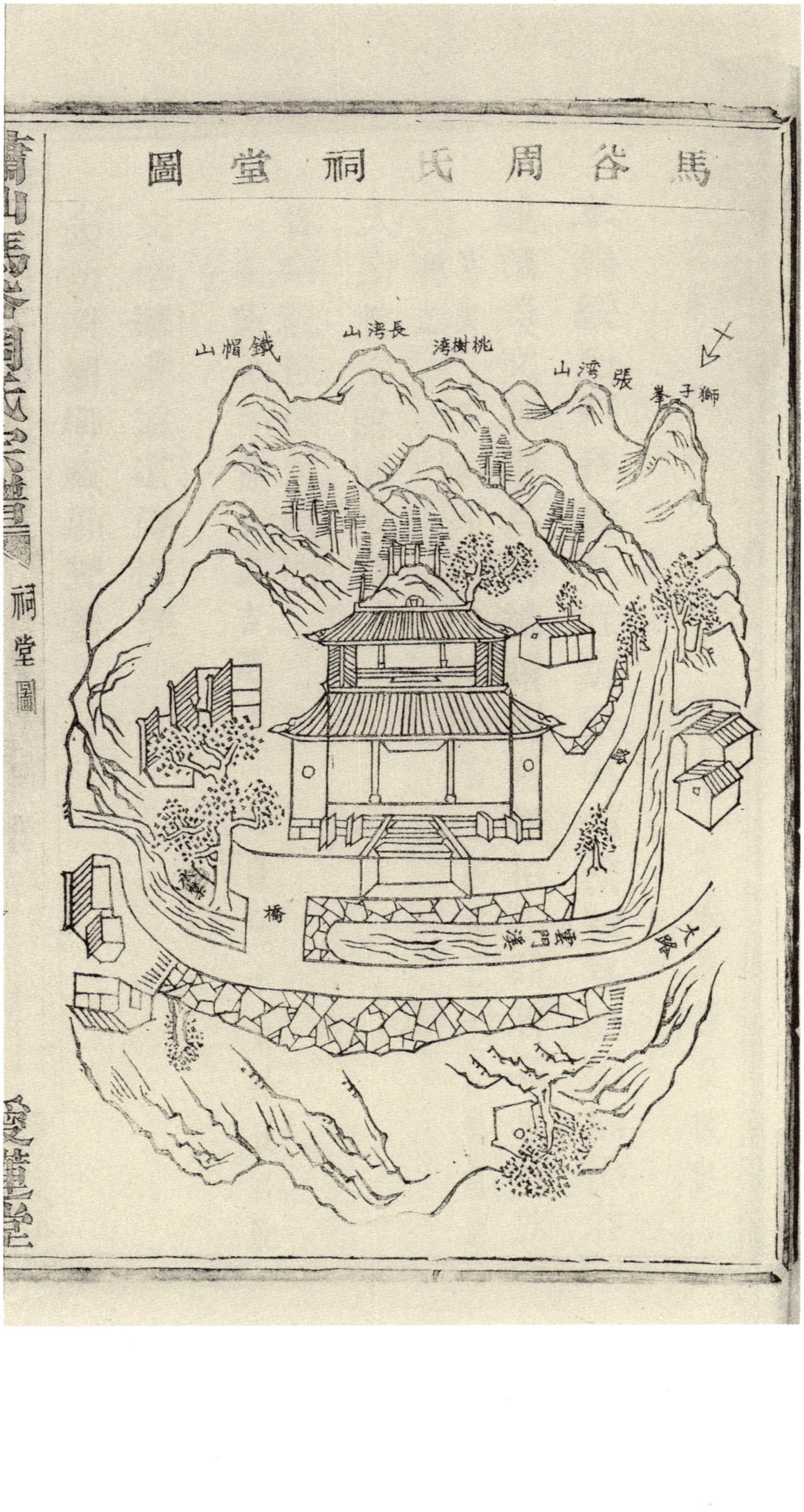
馬谷周氏祠堂圖
鐵帽山
長湾山
桃樹湾
張湾山
獅子峯
橋
大路
祠堂圖
愛蓮堂

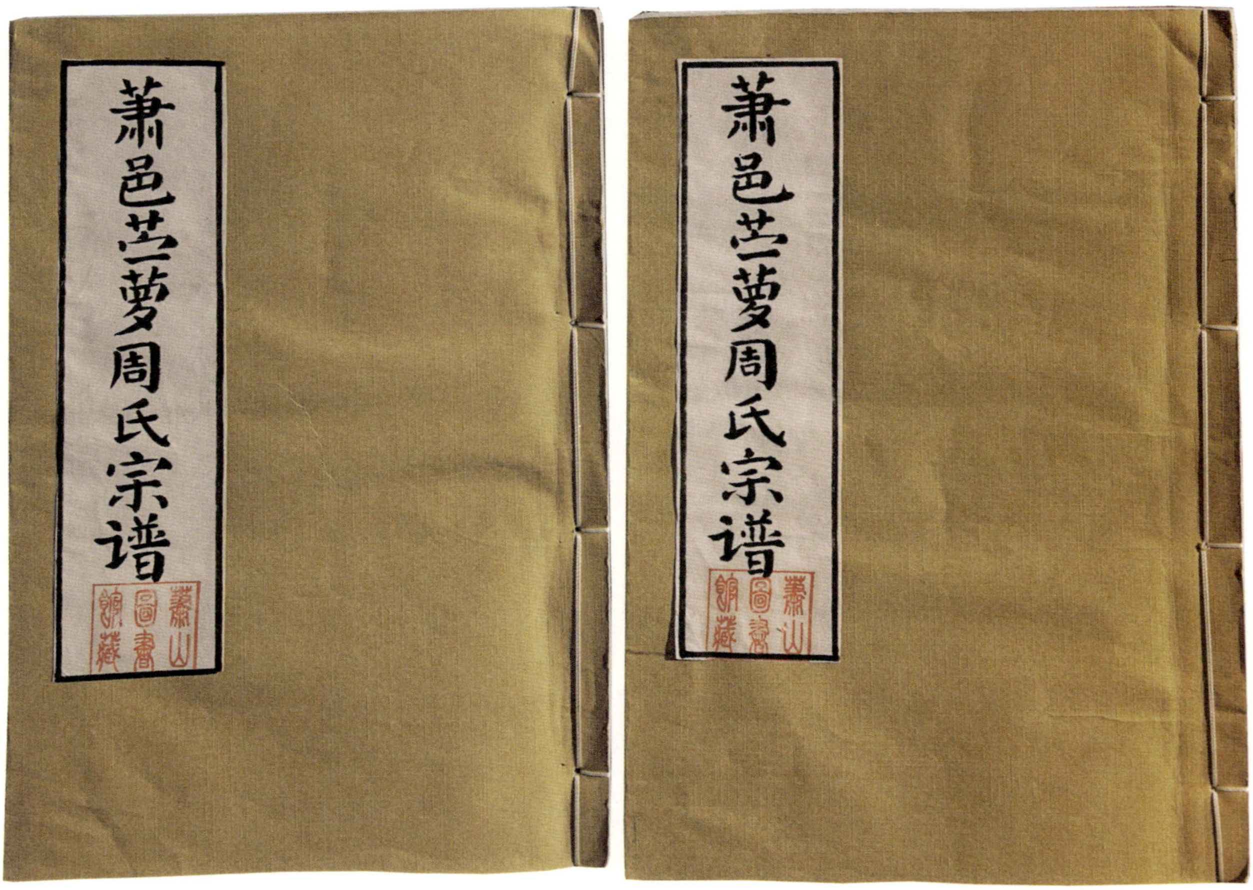

谱名：萧邑苎萝周氏宗谱　堂号：爱莲堂　尺寸：28.6cm×17.4cm　装帧：线装　册数：不详
收藏单位：杭州市萧山图书馆，存2册

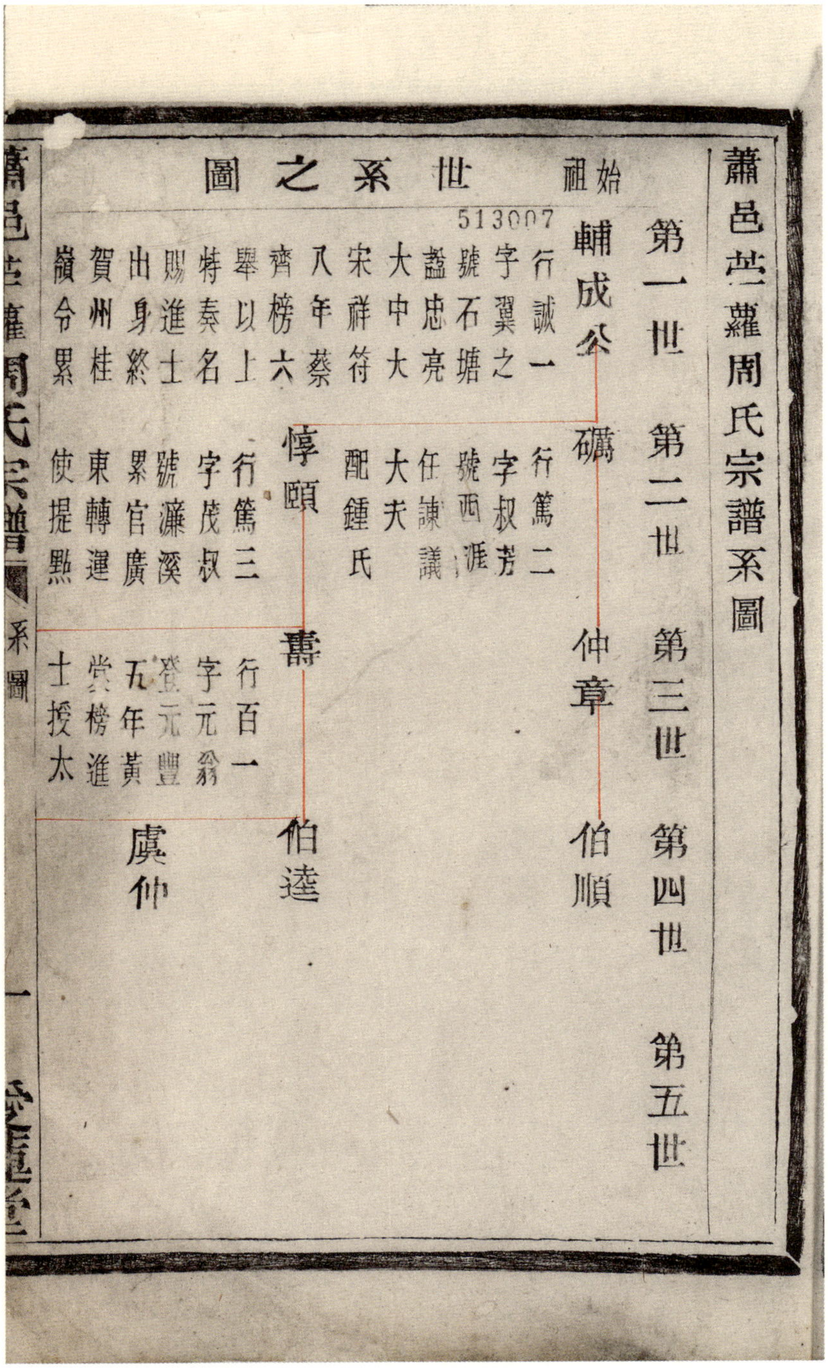

蕭邑苧蘿周氏宗譜系圖

世系之圖

513007

第一世　第二世　第三世　第四世　第五世

始祖 輔成公
行誠一字翼之號石塘謚忠亮大中大夫宋祥符八年蔡齊榜六舉以上特奏名賜進士出身終賀州桂嶺令累

礪
行篤二字叔芳號西淮任諫議大夫配鍾氏

仲章

惇頤
行篤三字茂叔號濂溪累官廣東轉運使提點

伯順

壽
行百一字元翁登元豐五年黄裳榜進士授太

伯達

虞仲

蕭邑苧蘿周氏宗譜　系圖　一　[illegible]堂

谱名：萧山临浦周家湖周氏宗谱　堂号：爱莲堂　尺寸：28.5cm×18.5cm　装帧：线装　修谱时间：2010年续修　册数：全14册　收藏单位：杭州市萧山图书馆；杭州市萧山区档案馆；杭州市萧山区人民政府地方志办公室

蕭山臨浦周家湖周氏宗譜 一
卷一
目錄
歷代譜序
淵源氏族小引
濂溪公德政
元公著作
列傳（上）

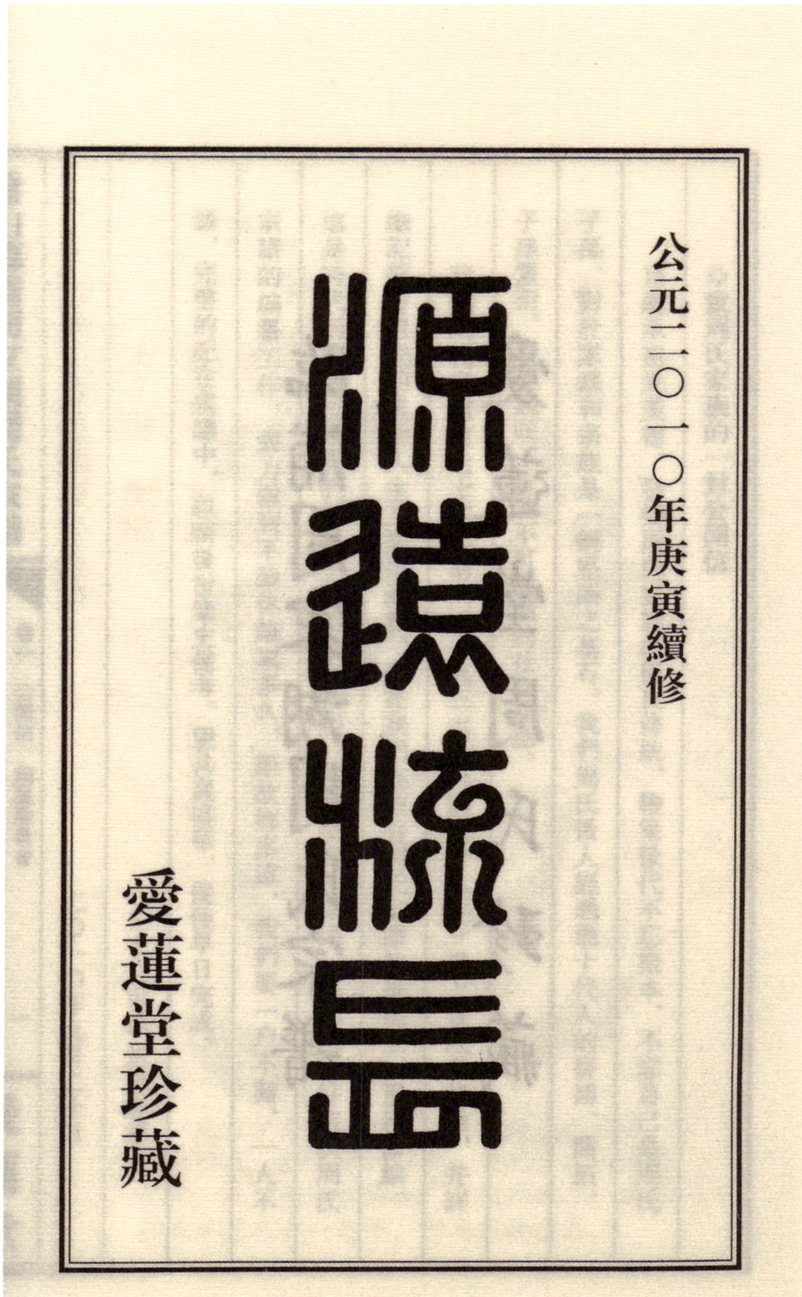

公元二〇一〇年庚寅續修

源遠流長

愛蓮堂珍藏

孫繁衍四遷，近者本縣，遠者若東陽、嵊縣（今嵊州）、姑蘇（今蘇州）吳江、山陰（今紹興）等地，而周靖之五世孫文喬公（伯九公長子）遷居蕭山之周家湖，文實公（伯九公三子）遷居蕭山之來蘇者，子孫蕃衍尤甚。因元公有名篇《愛蓮説》傳世，後裔雖分支別派，多以『愛蓮』為堂號也。

周家湖周氏始祖，乃文喬公也，元代兵亂，偕子孫徙居，依周家湖而居。據明成化庚寅六年（一四七〇）《文淵公續譜序》，『家以世德相承，篤於孝友，安分耕桑，讀書好禮，循循雅節……故內克齊家，而外能化俗』，以致『業日廣，族日大』。明初文學家宋濂撰《來蘇譜叙》亦記，入明後『周氏子孫科甲相望，孝義奕葉，殆未有艾』。然周家湖周氏自文喬公遷蕭後開族立譜，距今最近者為民國二

谱名：萧山临浦周家湖周氏支谱　堂号：爱莲堂　尺寸：28.5cm × 18.5cm　装帧：线装　修谱时间：2010年　册数：全1册　收藏单位：杭州市萧山图书馆；杭州市萧山区档案馆

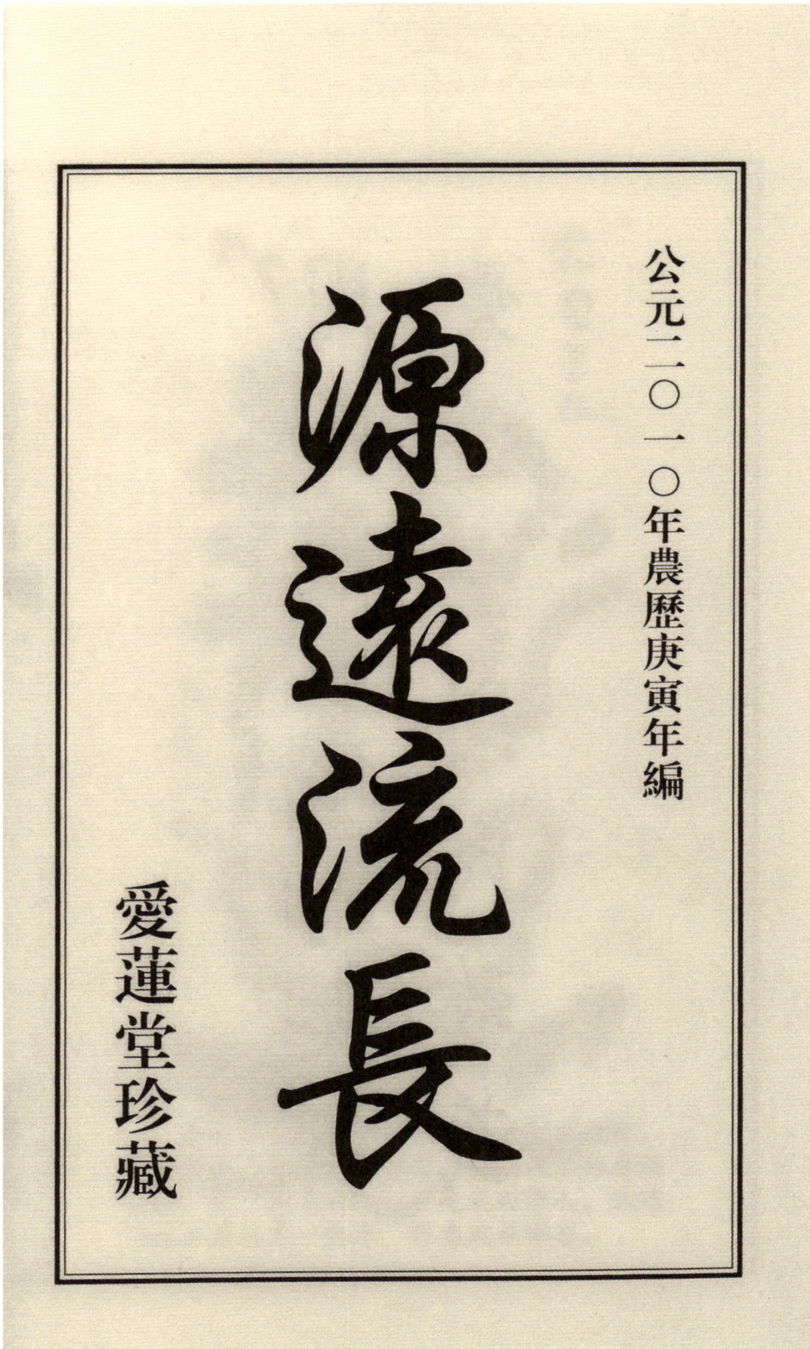

公元二〇一〇年農歷庚寅年編

源遠流長

愛蓮堂珍藏

蕭山臨浦周家湖周氏支譜　公元二〇一〇年庚寅编　愛蓮堂

川，復有文喬、文郁二公，遷居蕭邑周家湖，成南門派始祖。噫！皇天佑人，歷劫彌堅，竹苞松茂，歲寒不凋。今南門支派，欣欣然已蔓及吳江、爛溪、楊柳堰、梅花潭等三十餘地，真可謂枝繁葉茂，人丁興旺矣。

溯自庚申以來，四海清平，國泰民安。興寺廟，修宗譜，又比比如也。今周家湖村周氏支譜能緬祖德，繩武賢踪，不僅嗣息之延續，亦爲文脉之彰揚。故樂而爲序，并祈揖揖蟄蟄，振振繩繩云爾。

庚寅玄月德清陳景超於抱春堂

陳景超筆名肖成一九四五年生，德清人。大學畢業，文學碩士，《德清縣志》編輯。著有《衡廬集》十集，《抱春堂集》二集，約數百餘萬言。

卷一

愛蓮堂

周氏支譜創編人員

左：沛林　中：明道　右：意忠

本族房長：受康

主　編：明道

副　編：意忠

助　編：沛林

杭州萧山馆藏家谱图录

下册

杭州市萧山区人民政府地方志办公室
杭州市萧山区档案馆　编
杭州市萧山区文化广电新闻出版局

國家圖書館出版社

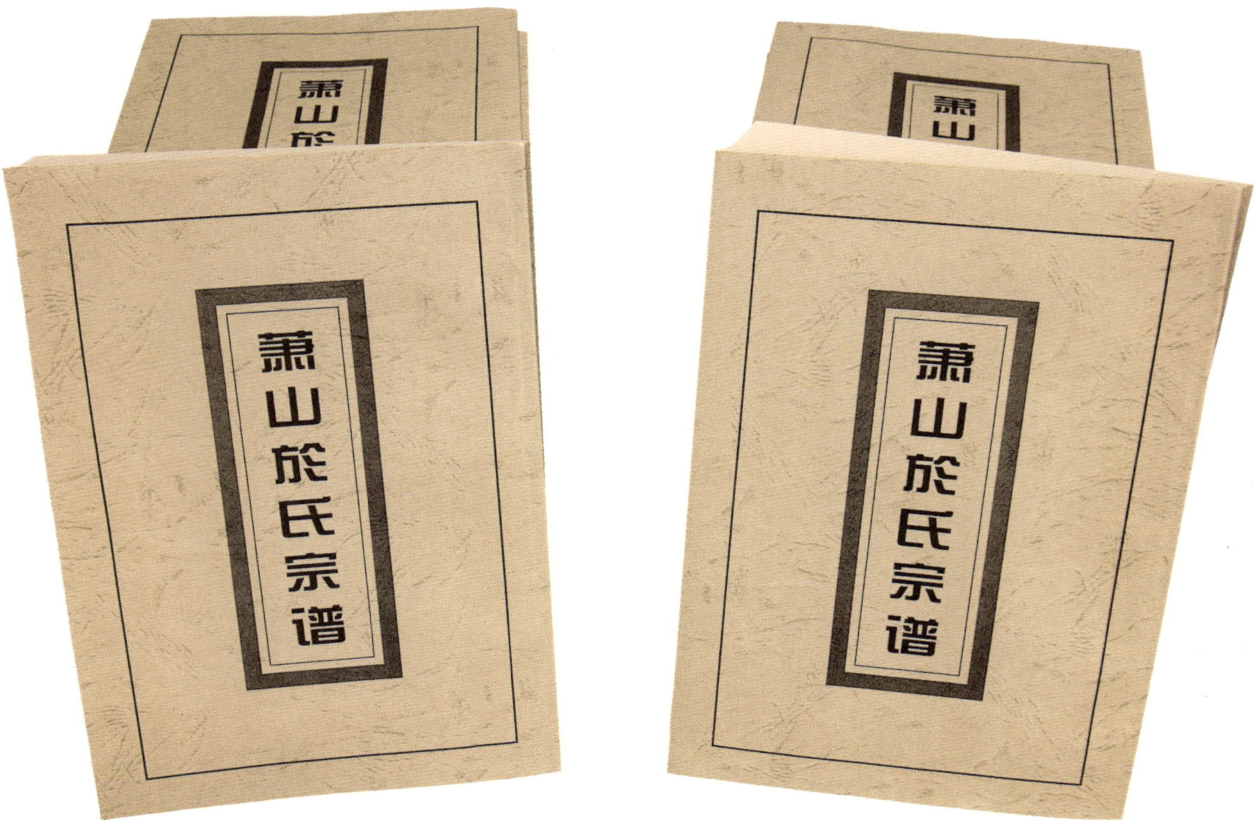

谱名：萧山於氏宗谱　堂号：敦叙堂　尺寸：29.5cm×21cm　装帧：平装　修谱时间：民国八年（1919）续修　册数：全21册　收藏单位：杭州市萧山区档案馆

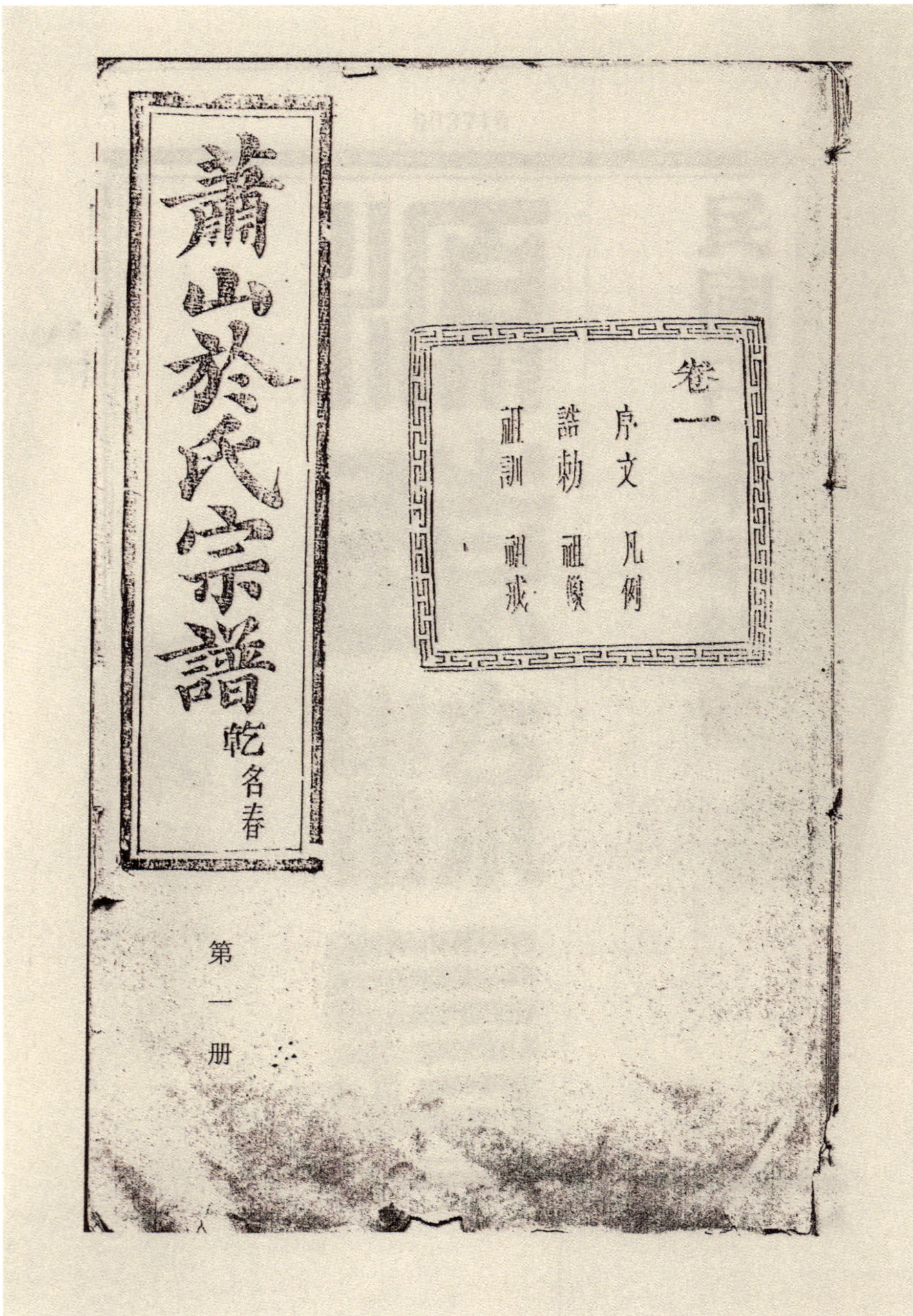
蕭山於氏宗譜
乾
名春
卷一
序文 凡例
誥勅 祖像
祖訓 祖戒
第一册

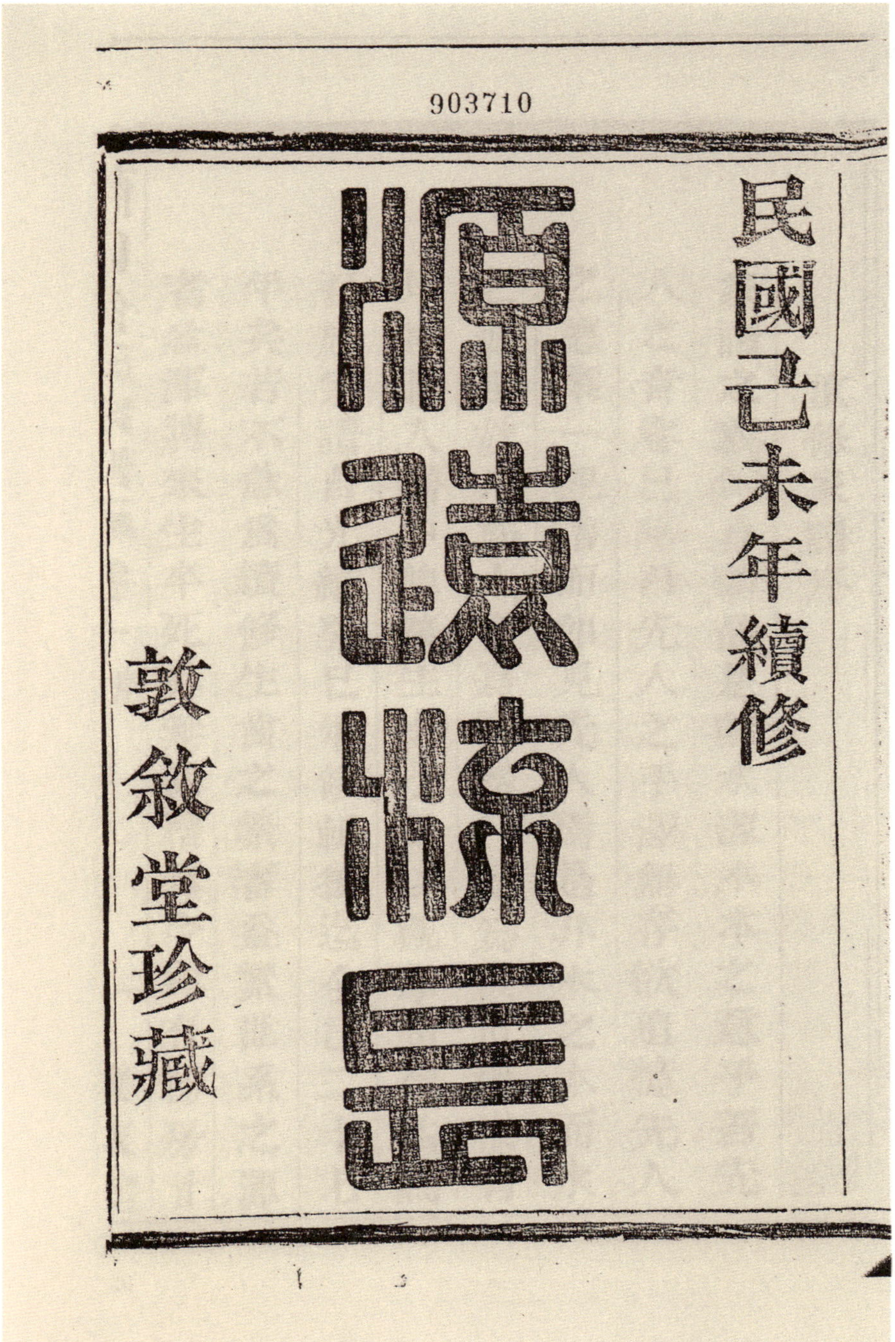

903710

民國己未年續修

源遠流長

敦敘堂珍藏

谱名：萧山於氏宗谱　堂号：馀庆堂　尺寸：30.9cm×21.1cm　装帧：线装　修谱时间：2012年重修　册数：全5册　收藏单位：杭州市萧山区档案馆

載，於氏家族源遠流長。，黃帝裔孫於則是於姓的始祖。則公後裔岳公，受封京兆侯，遷居西安。岳公後裔善公，號國平，西安原治人，元至正八年（一三四八年）中進士，任杭州府推官，後任蕭山縣尹，六年後任諸暨縣尹，之後『兵燹不歸，遂家蕭山』之長山（今樓塔

蕭山於氏宗譜　卷一　重修於氏宗譜序　零一九

二零一二（壬辰）年重修　零二零　敘慶堂

岩上村一帶），為蕭山於氏第一世。

善公次子槐公，字秋元，六百四十五年前居桃北緝竿（現浦陽於家浦村），為於家浦村第一世、蕭山第二世。槐公到於家浦村後，半耕半漁，勤奮勵家，艱苦奮鬥，勤於農桑。繁衍子孫至今已傳二十五世，蕭山二十九世。

谱名：萧邑竹桥胡氏宗谱　堂号：孝思堂　尺寸：33.6cm×22cm　装帧：线装　修谱时间：2008年重修　册数：全13册　收藏单位：杭州市萧山图书馆

蕭邑竹橋胡氏宗譜
卷一
序傳

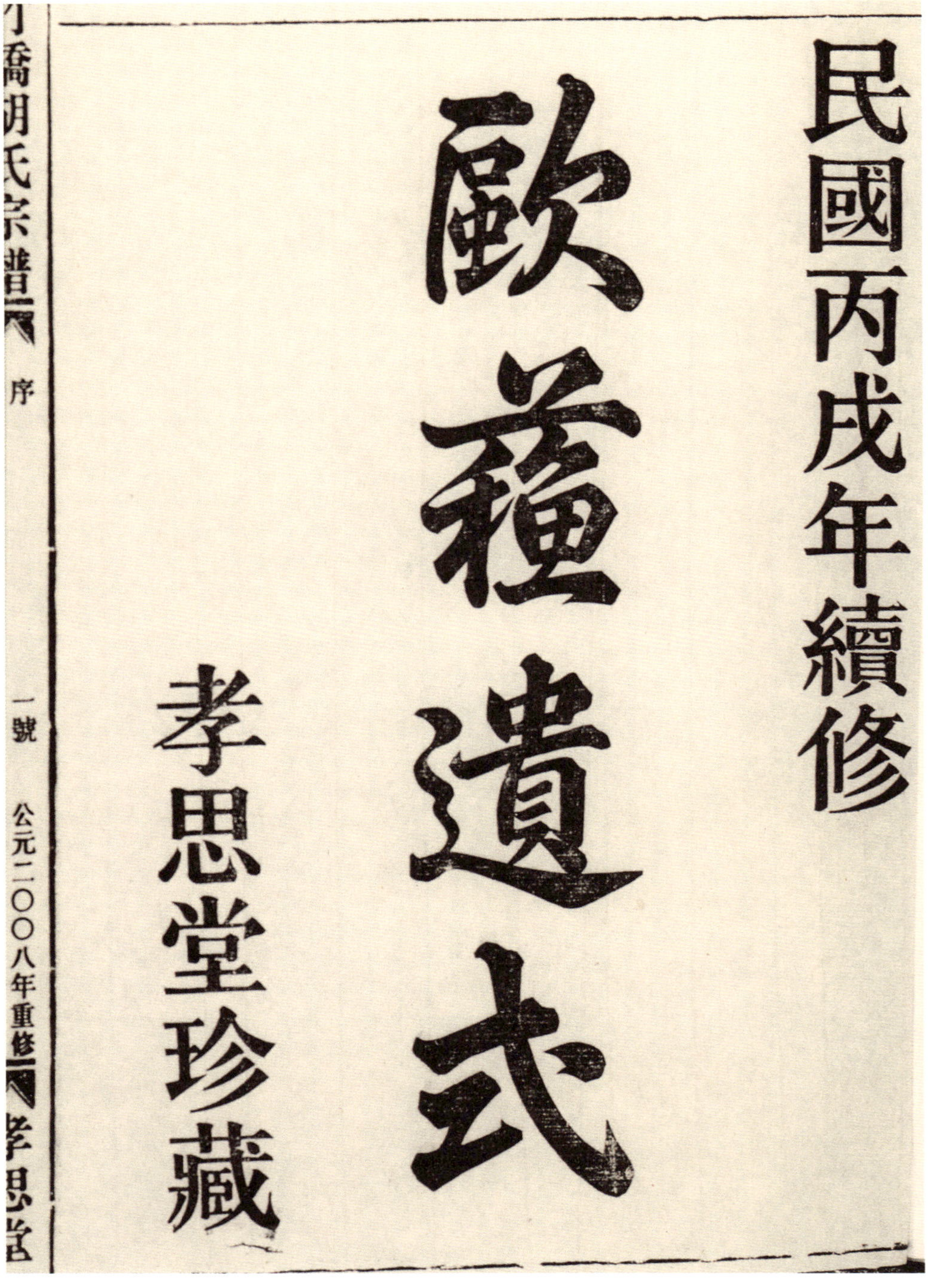

民國丙戌年續修

歐種遺式

孝思堂珍藏

橋胡氏宗譜 序 一號 公元二〇〇八年重修 孝思堂

重修胡氏宗譜序

吾胡氏 中華之佼佼者也 代有簪纓 人盡幹蠱 功盖華夏 譽馳神州 當吾祖隱圃公於洪武間由暨陽徙蕭之竹橋庄 舉步維艱 困苦創業 歷經六百余載 繁衍二十余代 丁口二千余人 族既繁昌 樂業安居 自吾七世祖貴七公創纂宗譜 歷經十一修皆詳載吾族之生卒婚嫁 嗣續繼承 惟一九四六年丙戌之譜修輯以來 世情多變 風雲詭譎 至今六十二年未能續譜 族內耆英議之皆憂於形色 丁亥重陽 耆老集聚 喜祠已重修 憂譜之難續 公推余爲修譜主事 設修譜小組 邀耀祖 子和 子樵 介明作編修 族中耆老爲顧問 於十月十四日祭

胡氏宗祠

谱名：萧山杜湖赵氏宗谱　堂号：会宗堂　尺寸：36.5cm × 24cm　装帧：线装　修谱时间：2007年　册数：全6册　收藏单位：杭州市萧山图书馆；杭州市萧山区档案馆

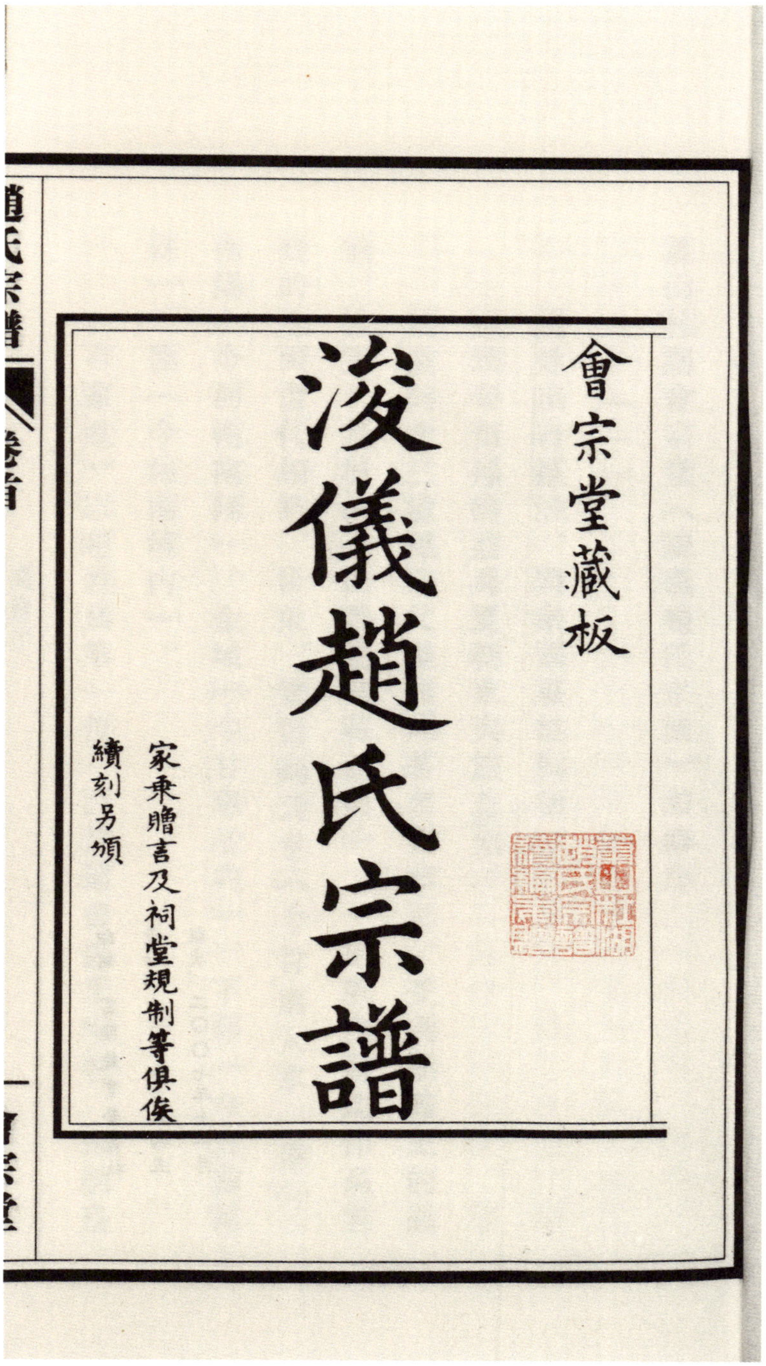
会宗堂藏板

浚儀趙氏宗譜

家乘贈言及祠堂規制等俱俟
續刻另頒

帝姓趙，這樣做是爲了表示對皇帝的尊敬。

【二】

北宋開國皇帝趙匡胤【九二七－九七六年】爲天水趙氏第六世，生于洛陽【今屬河南】，初爲後周殿前都點檢、歸德節度使，陳橋兵變後爲帝。

蕭山杜湖村趙氏的始遷祖與漲，是宋太祖趙匡胤第二子燕王德昭的後代，屬天水趙氏第十六世、趙匡胤第十世裔孫。當時，戰爭的硝烟暫時遠逝，高宗趙構偏安杭州，做了皇帝。這位京西北路招撫使與漲自富陽『游至蕭山，樂土地沃饒，遂置別業【別墅】于夏孝鄉，自吴山【當是漁山】遷居焉。』

蕭山杜湖趙氏宗祠

從左起前排：金加(副主任)、連志(副主任)、賢興(副主任)、慶榮(主任)、水興(副主任)、良富(副主任)、傳來(副主任)；後排：利康(委員)、偉榮(委員)、立群(委員)、利榮(秘書長)、水壽(委員)、林高(委員)、慶祥(委員)、金忠(委員)、來根(委員)、愛榮(委員)

谱名：天乐藏山钟氏宗谱　堂号：懋修堂　尺寸：28cm × 17.3cm　装帧：线装　修谱时间：民国三十五年（1946）续修　册数：不详　收藏单位：杭州市萧山图书馆，2册（存卷二、八）

谱名：屏山钟氏宗谱　堂号：琴书堂　尺寸：29cm × 20.8cm　装帧：精装　修谱时间：2008年重修　册数：全8册　收藏单位：杭州市萧山图书馆；杭州市萧山区档案馆

屏山钟氏钟家坞历史图说

今日钟家坞

钟家坞，旧称钟坞，始于南宋。因“钟”氏家族村建在屏山之“坞”，故名。“屏山钟氏钟家坞村”之称亦由此而来。

屏山今称太平山，下图为座落在太平山南麓的钟家坞村新貌。

钟家坞在南宋时属绍兴府山阴县天乐乡磬浦里，现属杭州市萧山区进化镇三浦行政村，已有 840 年历史。人口从南宋乾道乙酉年（1165）三世祖江公一户人家，发展到现在（居本村）140 多户人家。

随着人口的增长，村庄也因山坞狭小而不断往坞外延伸扩展，在村口大树下以南，新盖起了一幢幢村宅和厂房，栉比鳞次，新颖别致（如上图），古村落早已旧貌换新颜……

今日之钟家坞，人丁兴旺，生机勃勃，欣欣向荣！

5

钟家坞钟氏宗祠

钟家坞钟氏宗祠初建于明朝，祠址位于“青龙之首”（今大树池），址基僻小，庙貌窄陋。清康熙年间，族长思荣公以风水攸关遂移造于里池之北（即现祠），将旧基开作外池（今大树池）。此举策划筹款历20年；建造从1688年开始动工，先造后厅，再建前厅，后盖侧屋，再是建造神堂，进主安灵，耗时10年，1698年全面竣工。现存戏台建于同治三年（1864）。祠堂前厅为民国癸亥年（1923）重修。

图为清康熙年间始建的五间两进钟氏宗祠，已有三百多年历史

图为祠堂前厅、戏台、侧屋和内天井（后厅已失原貌如下页）

10

2008 年钟家坞第 15 次修谱，谱名为《屏山钟氏宗谱（2008 年重修版）》

图为本次修谱编修委员会成员在编委会主任伯伟（中）召集下开会研究修谱工作

图为本次修谱发起人、编委会成员在修谱定稿会议结束后合影

前排左起　朱文　荣昌　旭旺　钟越（朱海）　伯伟　钱凤香　培江

后排左起　张财　向阳　有木　宏伟　钟建　建国　江华

13

谱名：萧邑下门俞氏宗谱　堂号：诒燕堂　尺寸：33cm×22cm　装帧：线装　修谱时间：2004年重修　册数：全8册　收藏单位：杭州市萧山图书馆；杭州市萧山区档案馆

蕭邑下門俞氏宗譜
一

四日，成立理事會。是日，天朗氣清，始祖孟仁公后裔各村落代表于詒燕堂舊址濟濟一堂，緬懷先祖、研討俞氏歷史、續譜良計，在鞭炮陣陣，電視録像之熱烈氣氛中奠定續譜基礎。由次塢歷史文化研究會、村領導、企業家、俞氏裔孫、新聞媒體等關注支持，下門續譜理事會同仁不辭勞瘁，盡心盡職之工作，費時兩載，終于水到渠成，宗譜面世。是譜也，内容豐富，涉獵廣泛，追根溯源、村容村貌、世經人緯，支派諱字，生卒婚娶，古今人物等均昭然不紊，叙述其詳。宗譜文稿古今融合，珠璣璀璨之古文録之，與時俱進之新篇載之。

俞氏歷史，衆人關注之焦點，譜中詳矣。俞氏乃春秋周武王次子邗叔后裔，后去邑從于自東海于公始于姓。唐末，孟仁公自浦江徙蕭路下院定居爲俞氏始祖。延至十世，觀興公自后俞贅居堰口爲上中下三門之祖。十三世，真二公三子文三公(一三八六—一四四五年)爲下門俞氏祖，今裔孫一千七百六十人，含外地八百五十三人，居之四海，美國、日本及國内京津滬、上海、黑龍江、雲南、貴陽、江西、福建、西安、南京、臺灣及本省杭州、嘉興、臨安、紹興等地，堪稱人氣鼎

二零零四年十一月冬續修蕭山下門俞氏宗譜常務理事會、執事骨干合影

前排左起	俞如松	俞以生	俞紹明	俞紹松	俞如生
二排左起	俞水成(大)	俞馬法	俞鳳其	俞焕標	俞志橋
三排左起	俞桂芳	俞乃文	俞培興	俞明賢	俞海洋(小)
	俞關金	俞關仁	俞紹雲		
四排左起	俞張興	俞偉成	俞加榮	俞子迪	

谱名：萧邑白燕俞氏宗谱　堂号：诒燕堂　尺寸：29.8cm×21.1cm　装帧：平装　修谱时间：2005年续修　册数：全4册　收藏单位：杭州市萧山区档案馆

至汉神爵中（公元前六十年），有东海治狱于公，于氏始也，子孙弥昌。历数朝至五季之乱，三一公守祖姓于，三二公改余姓，迁龙游，三三公改俞姓，迁越治，分派维三，溯源则一。名公巨卿，羽仪庙廊，辉煌家乘，接踵而出，代不乏人。今之俞犹古之邗也，其家故有大明堂，东海于公后裔未分时所建业也。五季时改为分荆堂，则于氏、余氏及俞氏三姓始分时所更号也。由浦江迁萧，由萧徙暨，次坞俞氏历十余世，至明天顺英宗复辟，石亨、徐有贞杀忠肃后，仇于氏在朝者，故次坞一族遂于越治三三公一派同姓俞。

公元二〇〇一年五月，有三十二世孙尚明、三十三世孙先进等发起成立次坞历史文化研究会，致力于撰写《次坞俞氏》一书，经研究会常任理事先进、尚明、义梦、汉忠、定灿、国苗、伯寅，办公室关来、纪洪等同志经二年多艰辛操作，在乡贤的指导、族人的支持下，三十万字的《次坞俞氏》一书终于问世，这是一本史、谱结合的次坞俞氏发展的历史资料书，它上承先祖的光辉业绩，下启后世裔孙的奋发进取之志，开拓创新、与时俱进。

古云：三世不修谱，不孝也！公元一九三三年，次坞续修宗谱以来，距今已七十年，因此研究会撰写《次坞俞氏》一书和续修次坞俞氏宗谱作为二大文

004

诒燕堂白燕村续谱理事会成员合影

理事会主任：俞吾培(29世)（后排右一）

理　　事：前排左一俞善根(29世)，右一俞文樵(29世)

后排左一俞吾根(30世)，中俞仕麟(28世)

谱名：萧邑甑山坞俞氏宗谱　堂号：诒燕堂　尺寸：26.4cm × 19.2cm　装帧：平装　修谱时间：2004年重修　册数：全4册　收藏单位：杭州市萧山图书馆

故修谱已迫在眉睫。本届修谱从诒燕堂俞氏宗谱十余村中分离出来，以村成卷，尚属首次。由次坞历史文化研究会寻觅到富阳渔山后裔收藏的诒燕堂全套宗谱，充实修谱资料，真乃喜出望外。

甑山坞俞氏宗谱记载俞氏源流及繁衍，甑山坞历史及今貌，古今人物、建筑介绍，一世至三十二世系图，均详载分明，内容丰富，气象万千，蔚为大观，颇具历史价值。

俞氏历史，甑山坞历史，众所注目，宗谱作详细阐述。甑山坞俞氏历史，自公元九〇六年后，孟仁公从浦江徙萧路下院定居为俞氏始祖。延至十世，厚俞观兴公来赘堰口为上中下三门之祖。十七世，至九公、至二十公从上门移居甑山坞为俞氏祖，至今已四百余年。现有甑山坞俞氏人口四百四十五人，居外地（含福建、贵阳、银川、淄博、沪杭、嘉兴、安吉、临安、余杭、萧邑各地等）六百四十三人，合计一千零八十八人。宗谱记载古今族人讳字、生卒、婚嫁、成就、迁徙等罗列无遗，世系齿序，明如指掌，有条不紊。

自古至今，俞氏人才辈出，为俞氏增添光辉耳。宗谱记载旨在缅怀先祖，激励后裔奋进。

甑山庙外景

谱名：殿英里俞氏通谱　堂号：敬爱堂（外），惇裕堂（里）　尺寸：26.2cm × 19.3cm　装帧：精装　修谱时间：2004年重修　册数：全1册　收藏单位：杭州市萧山图书馆；杭州市萧山区档案馆

次坞俞氏始祖

孟仁公

次坞俞氏一族的始祖实为孟仁公。因其迎葬先祖父英（字茂德），迎养父肖卿公（字干祖）于此，故后世尊奉英为一世祖，肖卿公为二世祖，孟仁公为三世祖。

孟仁公生三子：长子四府君讳预、字定之，居次岭之西，为西派祖；次子五府君讳顺、字承之，居次岭之东，为次峰东派祖；三子六府君讳灏、字凝之，仍回浦江原籍，为前于六宅祖。

·8·

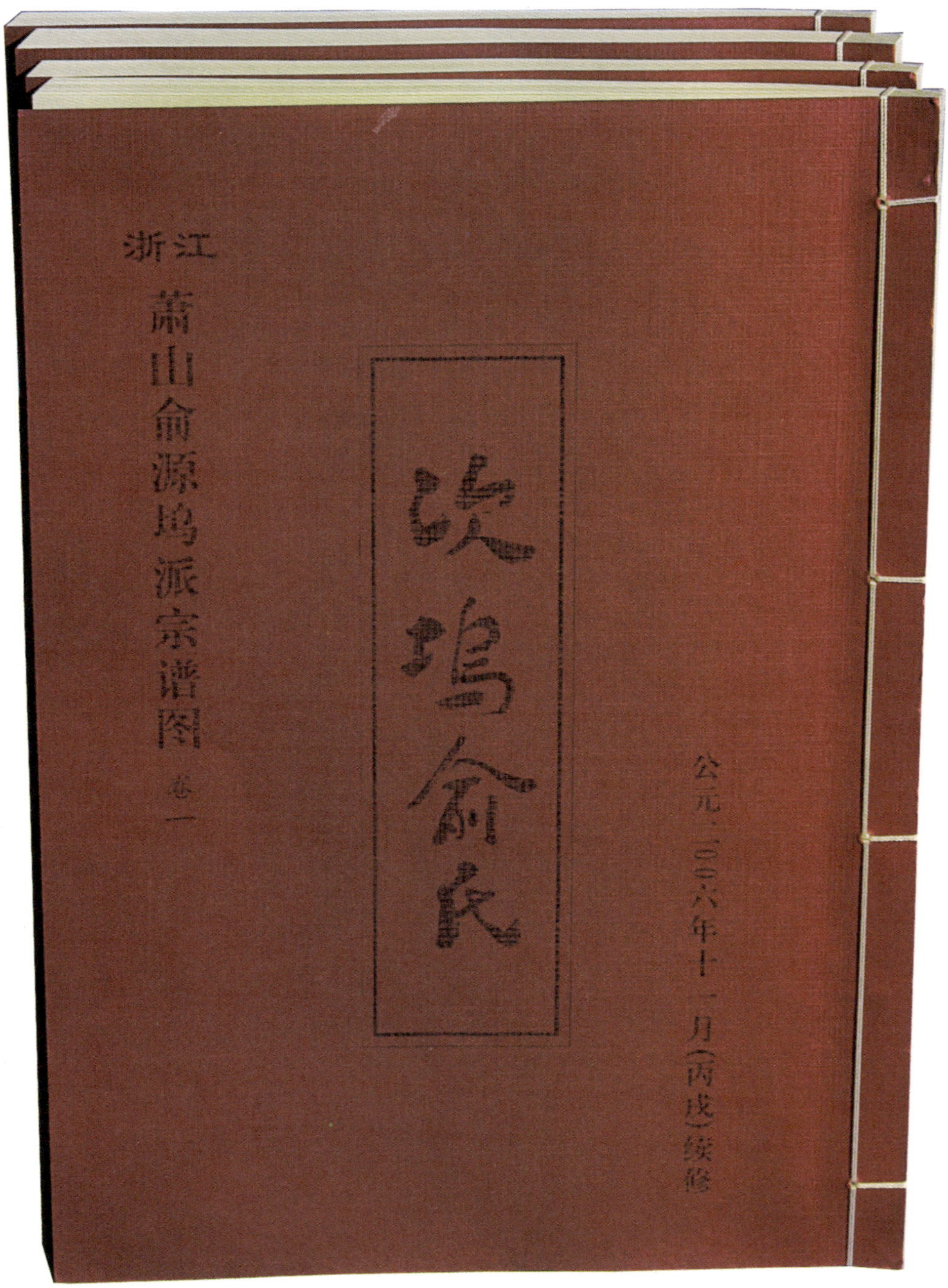

谱名：次坞俞氏——浙江萧山俞源坞派宗谱图　堂号：古邘堂　尺寸：29.2cm×20.7cm　装帧：线装　修谱时间：2006年续修　收藏单位：杭州市萧山图书馆，存4册；杭州市萧山区档案馆，存4册

次坞俞氏现居住分布在诸、萧、富三县市的村落

四府君派

诸暨市

直埠作坊、萍溪。枫桥钟瑛、紫微、孝义。阮市乌程。紫阆建国村。次坞择坞村。

萧山区

河上白燕、下门、甄山坞、泉水坞、楼园，浦阳前山头，许贤俞家坞。楼塔岩上、溪里周、水阁、岩门、雪湾、桥头。河上愧花树下、樟树下。云石响石桥、夏家溪、临浦梅里。

富阳市

礼源倪家滩、菖蒲坑、高桥镇颜公坞。渔山乡黎明、五一。横坑、下干、东村坞、铁坎。

绍兴县

夏履桥

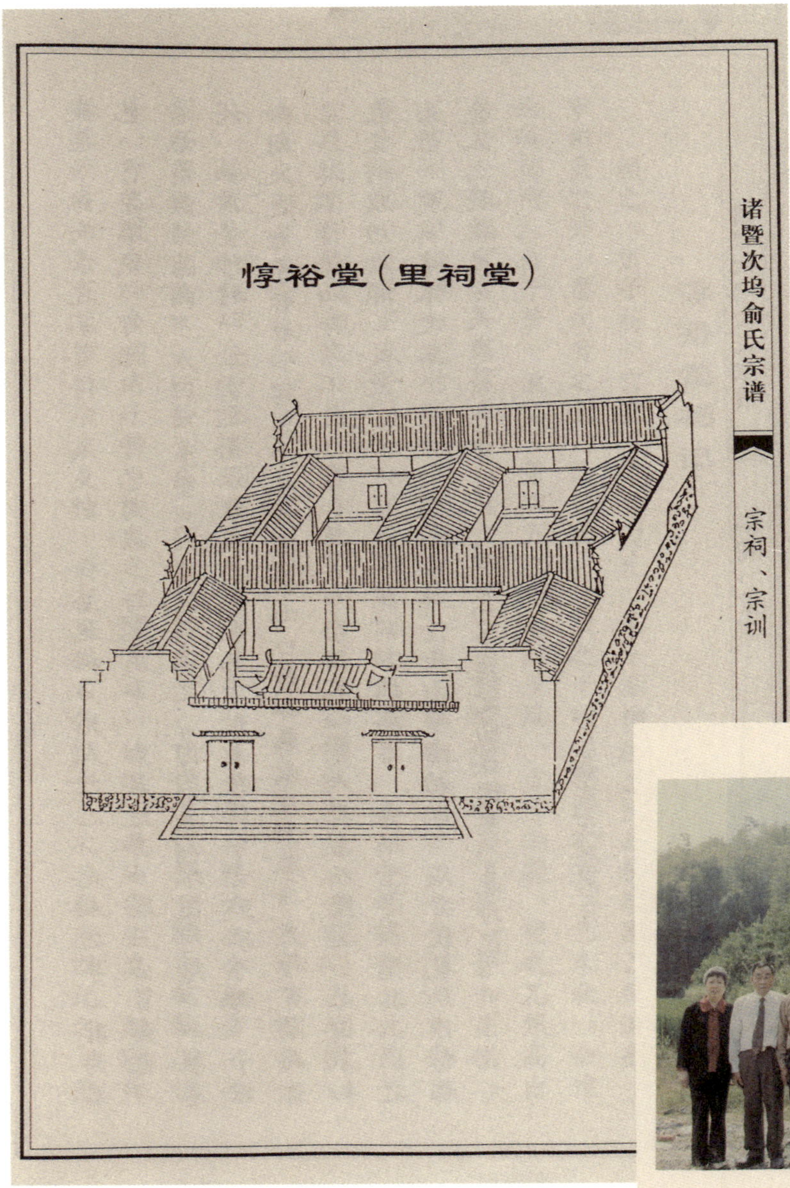

惇裕堂（里祠堂）

诸暨次坞俞氏宗谱

宗祠、宗训

续谱理事会成员，自左之右，程水月、灿昌、广富、高芳、月明、大红、铭南、关中、根华、才云、炳成。

谱名：永思其昌——萧山桃源俞氏记略　堂号：永思堂　尺寸：29.2cm × 20.8cm　装帧：平装
修谱时间：2010年重修　册数：全1册　收藏单位：杭州市萧山图书馆

渊源

桃源俞氏尊黄帝时俞跗为得姓始祖，郡望在河间郡。南宋时由浙江吴兴县（今湖州）迁婺州（今金华），再由婺州迁居萧山径游浦阳江畔，定居江西俞村。增四府君为江西俞村俞氏始祖。至第七世时俞氏繁衍成村。

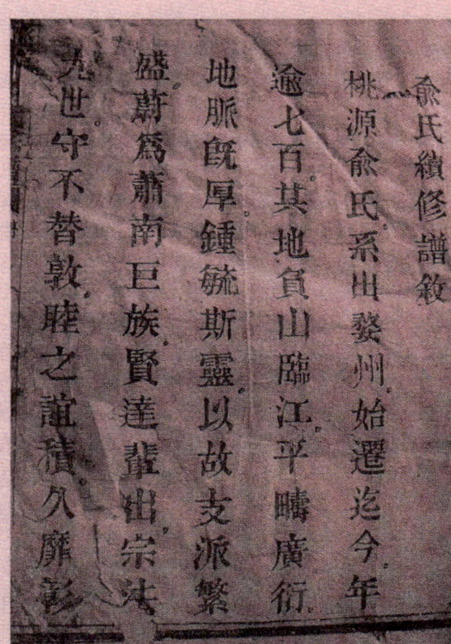

俞氏續修譜敘

桃源俞氏系出婺州始遷迄今年逾七百其地負山臨江平疇廣衍地脈既厚鍾毓斯靈以故支派繁盛蔚爲蕭南巨族賢達輩出宗法九世守不替敦睦之誼積久彌彰

（《萧山桃源俞氏宗谱》序言）

1

宗祠

桃源俞氏祠堂有三个，分别是上祠堂、中祠堂、下祠堂。上祠堂（民户祠堂）、下祠堂（下山俞祠堂）毁于日本侵华时期。另有上庄的魁五公祠，亦毁。现存祠堂为江西俞村总祠堂，称俞氏家庙，堂名永思堂，始建于明朝成化年间（约1470年），属明清建筑，已有600多年历史。2005年被杭州市园林文物局列为文物保护点。2009年江西俞村三委发起重修。

（浦阳镇江西俞村永思堂）

13

谱名：萧山航坞山北施氏宗谱　堂号：余庆堂　尺寸：33cm×22cm　装帧：线装　修谱时间：2009年重修　册数：全16册　收藏单位：杭州市萧山图书馆；杭州市萧山区档案馆

公元二〇〇九年己丑重修

航塢山北施氏宗譜

餘慶堂珍藏

四修宗譜序

施氏自宋度宗時有萬一公者始自會稽豐山遷居縣龕山之北即俗所稱山北施也舊有譜創始於三俊公其孫文炤等續修之道光丁亥裔孫志清燦丙泰等又增輯焉亦越咸豐乙卯其族房長汝和等復率宗人而補輯之及咸豐辛酉髮逆竄蕭族姓類多他避自甲子恢復迄今凡五載里居族處漸復如初而生齒接續未加採補同治己巳文信等又鳩族衆而重輯之既成文信問序於欽欽慨然曰源遠者流必長本茂者枝必大自古縉紳世胄之遺富顯豪華之族往往赫濯之名甲乎鄉里聲稱之盛達乎邑都媚婭賴其光施父老傳其韻事豈不快一時耳目也哉一旦勢易時移滄桑頓改或一至再至者焉問之則爲墟矣或再過三過者焉問之則爲墟矣何則族運之盛衰積累厚薄之故也吾蕭自遽遭兵燹纍纍京觀慘何勝言其間貧富興衰今非昨是大都如斯而施氏猶巋然爲蕭山巨族余始而喜繼而疑終乃得覽其譜傳所詳載祖功宗德類多忠孝節廉樂善好施之舉乃知其所由來者漸也易曰積善之家必有餘慶蓋謂仁孝忠厚之留貽宗祖創之於前子孫繼之於後用能綿綿延延和集一堂而本支百世今文信等服疇食德慨然有志重修俾存亡生没

外景

谱名：萧山长潭姜氏宗谱　堂号：赐履堂　尺寸：31cm×20.9cm　装帧：线装　修谱时间：2011年　册数：全7册　收藏单位：杭州市萧山区档案馆

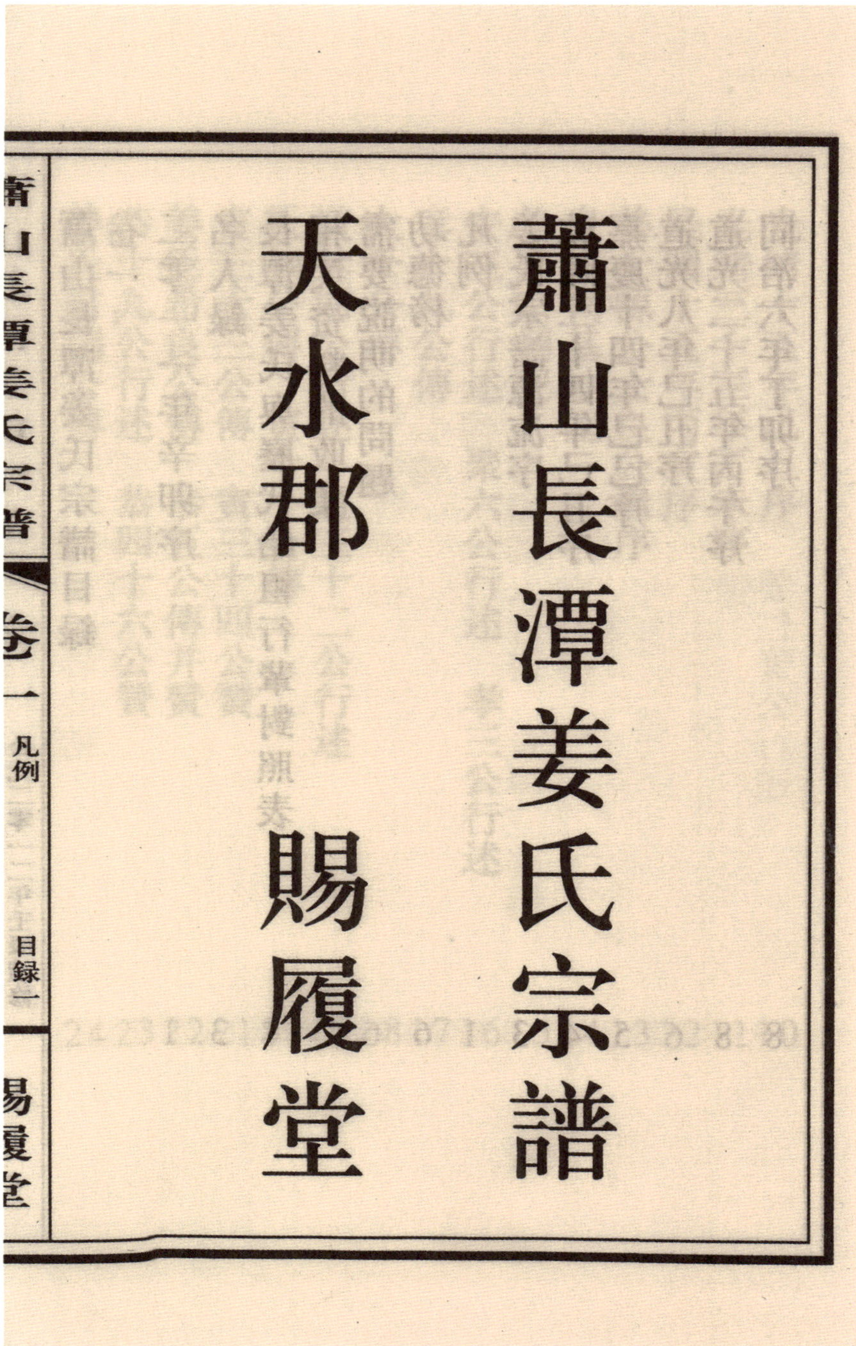

蕭山長潭姜氏宗譜

天水郡　賜履堂

蕭山長潭姜氏宗譜　卷一　凡例　目録　賜履堂

給性存公長子堯道爲妻，從此性存公、堯道公父子遂以硯爲田、以館爲家，定居富春大地，繁衍生息綿延，性存公爲富春姜氏始祖。

明洪武年間，性存公七世孫丁彬之子安三公，與子聚六公思賢，聚十公思齊設帳於蕭山縣長潭鄉尖山下，見山川之秀、風景之美，更遷於尖山下村。聚十公在長期經營中見余杭苕溪水曲環繞，環境優美，就定居在苕溪河邊。安三公爲蕭山長潭姜氏始祖。

公元一九四八年（民國三十七年戊子）第九次重修宗譜至今已有六十余年，族中賢達多次發動倡議，特別是廿一世裔孫建雲决心很大，號召族内人士有錢出錢、有力出力，一定要把蕭山長潭姜氏宗譜續修完成，决不能讓這部血脉相傳的宗族史和文化史在我們這代人手中失傳。

附件：

谱名：萧山洪氏宗谱　堂号：三瑞堂　尺寸：30cm×18.5cm　装帧：线装　修谱时间：2009年续修　册数：全28册　收藏单位：杭州市萧山图书馆

公元二零零九年（乙丑）第八次續修

源遠流長

三瑞堂珍藏

洪氏宗譜序

戴村石馬頭洪氏，爲蕭山南鄉望族，根深葉茂，代有人才。洪氏尊東漢豫章北平都尉恪公爲始祖。唐朝時，洪氏三十七世斌卿公以肅州節度使駐節瓜州（即古敦煌郡，今屬甘肅），洪氏遂在瓜州發族。後遷至江西鄱陽湖。南宋建炎三年（一一二九），洪氏四十三世孫皓公，字光弼，以禮部尚書出使金國，被扣留了十五年，不屈。他『抱印符卧起』，大節凜然，回來後，任徽猷閣直學士，朝廷賜宅在杭州葛嶺。洪氏四十九世孫攀龍公，字秋江，號晋齋，元朝時由葛嶺遷居道塘弄（今屬蕭山城

新洪氏家廟照片

建祠修譜人員合影　十五

建祠修譜人員合影

左起　国芳　百校　树江　水金　宗贤　吾芳　汉民　先木　金根

谱名：暨阳浣东袁氏曙七公系晨十二公派河上宗谱　堂号：萃涣堂　尺寸：28.8cm×20.9cm　装帧：精装　修谱时间：2007年　册数：全3册　收藏单位：杭州市萧山区档案馆

暨陽一世始祖。

時至1784年克先太婆繼喪夫而失屋，爲避再醮之厄，携幼挈稚，篳路藍縷，餐風露宿，以三寸金蓮，惇本卹幼，落籍蕭山河上店，肇基發族。河上店是諸蕭富三縣交界處的較大集鎮，其地山青水秀，民風淳樸。當地山多田少，山農大多以造竹紙爲業，但需糴糧養家，袁氏祖有鑒於此，乃擇定糧食土紙的購銷爲業，經四、五代人的艱苦經營，理念追求，韌性堅持漸成鄉里聞名的大商户。可國事艱難多變，清道光十五年(1840)鴉片戰争爆發，自此外患頻逞，内亂時起，1862年太平天國垂敗，蘇浙兩省受害殊深；1937年蘆溝橋事變后，日寇大舉侵犯，滬杭先后陷敵，1940年1月蕭山縣城淪陷。日軍不時竄擾當時蕭山縣政府臨時駐地河上店，燒殺搶劫長達五年之久，生靈涂炭之景，驚險凄慘之情，令人刻骨銘心。在團結抗日，振興國族的精神鼓舞下，族中裔孫姻親，年青者奔赴前方投軍殺敵，或至后方求學謀生，婦幼避居鄉間僻壤，從事手工卷烟等業；壯年則堅守祖業，配合抗日政府，採取『寇擾我避，敵走我出』之策略，堅持供應民糧，服務居民。在這艱難時期，袁氏子弟姻親，無一人附僞

谱名：萧山长潭顾氏宗谱　堂号：承厚堂　尺寸：28.9cm × 18.9cm　装帧：线装　修谱时间：2013年重修　册数：全15册　收藏单位：杭州市萧山区档案馆；杭州市萧山图书馆

蕭山長潭顧氏宗譜
卷一
谱序
文献
后记

雲初玉牒

承厚堂珍藏

公元二零一三年重修

萧山长潭顾氏宗谱序

飞鸟还林，叶落归根，自然万物在迁徙与繁衍中忘不了回家之路。人之于谱更亦然，让族人自知根之谜，吾之惑，作为顾氏子孙，修家谱、传家史、兴家族，责无旁贷。

向上追溯，顾姓历史久远，最早一支形成于夏末商初，夏朝昆吾氏之后被封于顾国（今河南范县），后世以国为姓，是为北顾；另一支形成于西汉初期，越王勾践后裔顾余氏之后留会稽（现浙江绍兴），以封号为姓，是为南顾。南顾在三国至唐代，为江东四大姓氏之一。唐以后，顾氏不断向南北各地播迁，至今已遍布全国各地。

我萧山长潭顾氏尊三国吴丞相雍公（一六八——二四三）为太祖，历今五十二世，一千八百余年，雍公为吴郡吴县（今江苏人）；之后子孙迁吴郡近越郡（绍兴），从会稽迁武陵，武陵迁常熟，至宋室南渡之际，第二十五世炳公由常熟迁至萧山许贤洪村，历今二十八世，八百余年，被尊为萧山顾氏始祖。其孙节干迁至长潭，节干之子福入赘山下徐，生五子，为寿一、寿二、寿三、寿四、寿五，迁至溪西，以溪为名，取名顾家溪。开枝发叶，枝繁叶茂，至今长潭顾氏以云石四个村为主，遍布浙江杭州、安吉、诸暨、绍兴、临安及安徽，最远至新疆，子嗣四千余人。

综观顾氏族史，世有耕读传家之民风，人杰辈出。有东晋大画家顾恺之、明末清初大思想家顾炎武、现代史学家顾颉刚、物理学家顾震潮等等。迁萧顾氏也名人辈出，明洪武年间进士、大理评事顾观；清道光乙巳科进士，历任江苏如皋县、萧县知县、江南乡试同考官、文林郎加三级、晋授奉直大夫璜溪；清同治丁卯科武举人元惇；清光绪甲午科举人、直隶省藩库大使耀乙等。在抗日战争期间，民族存亡之际，我长潭顾氏不忘报效祖国，应征自动投军五十一人，殉职殉难者八人。顾氏先辈灿若星河，实乃裔孙之

蕭邑顧氏宗譜　卷一　一　承厚堂

新祠正面图

谱名：萧山倪氏宗谱　堂号：世德堂　尺寸：28.9cm × 17.8cm　装帧：线装　修谱时间：民国七年（1918）续修　册数：全4册　收藏单位：杭州市萧山图书馆

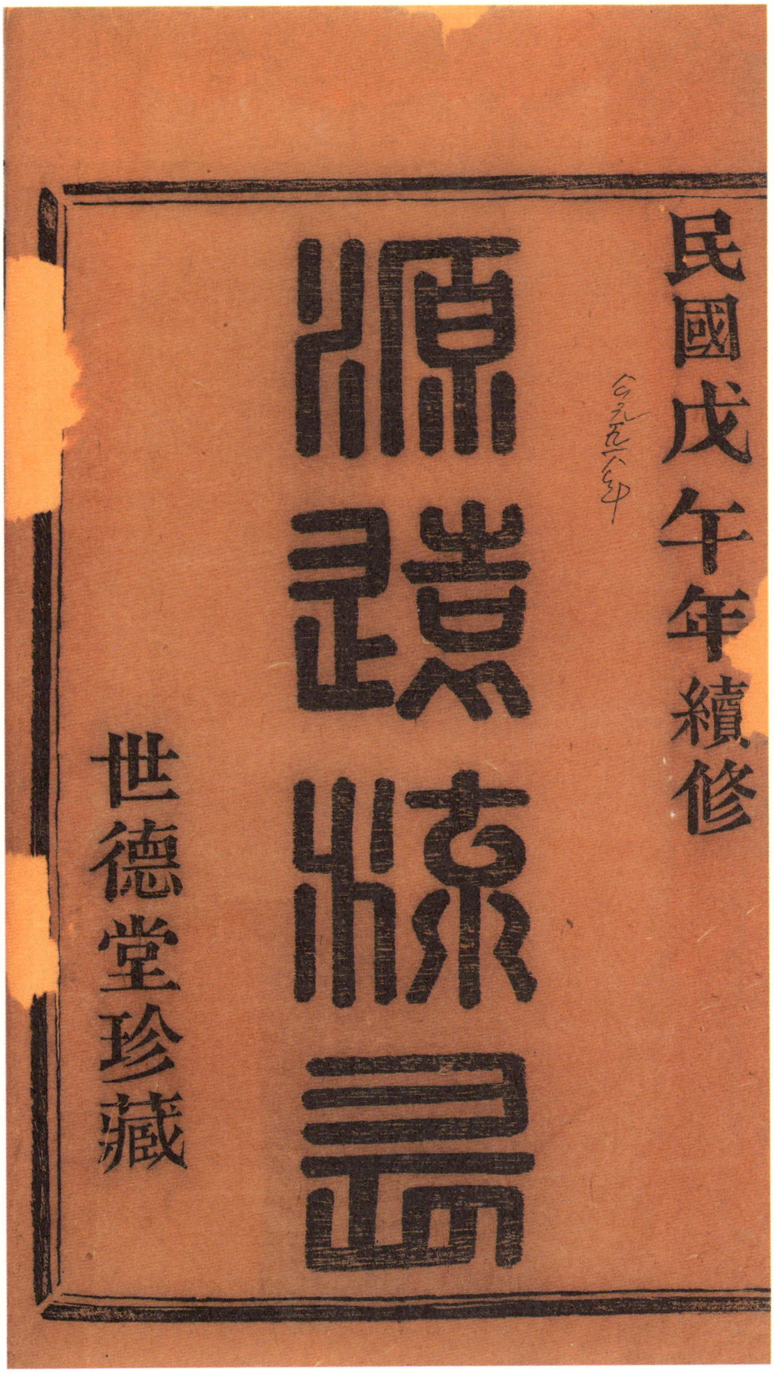

民國戊午年續修

源遠流長

世德堂珍藏

千五公由紫閬遷蕭山桃源橫山之後居焉遂稱曰山後倪今謹尊公爲始遷之祖崇一本也自此而後至四世浩字祖下子孫雖各地分遷而源歸一本此譜聯之

一譜系圖自漢寛公始知其水源木本之遠譜行傳自宋千五公始知其支分派別詳之

一譜宜立傳凡道德名儒忠臣孝子高士仁人碩德者彥節婦貞女各請巨筆據實以書毋得借影以博鄉譽

一子孫有遷居他處立業成家者宜詳載之以勵將來

谱名：萧山倪氏宗谱　堂号：世德堂　尺寸：30cm×18.5cm　装帧：线装　修谱时间：2010年续修　册数：全4册　收藏单位：杭州市萧山图书馆

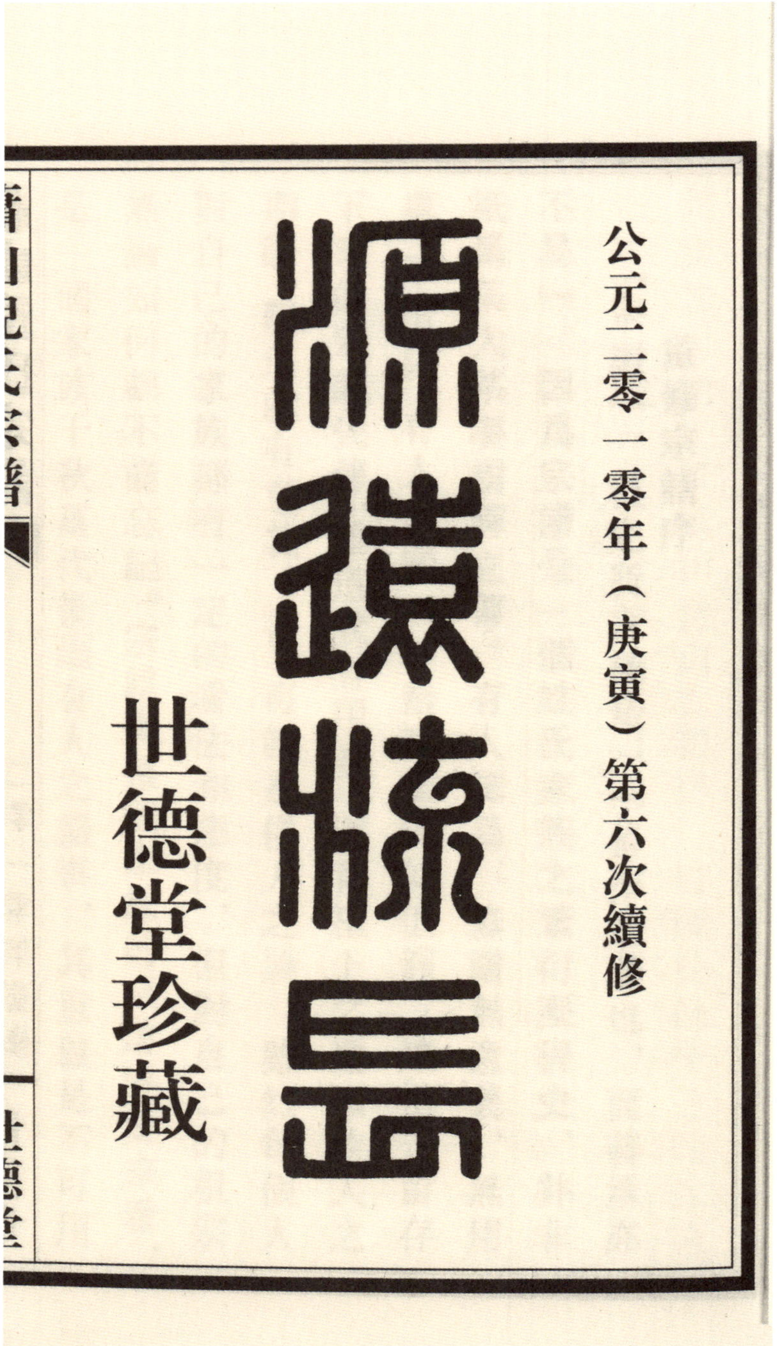

公元二零一零年（庚寅）第六次續修

源遠流長

世德堂珍藏

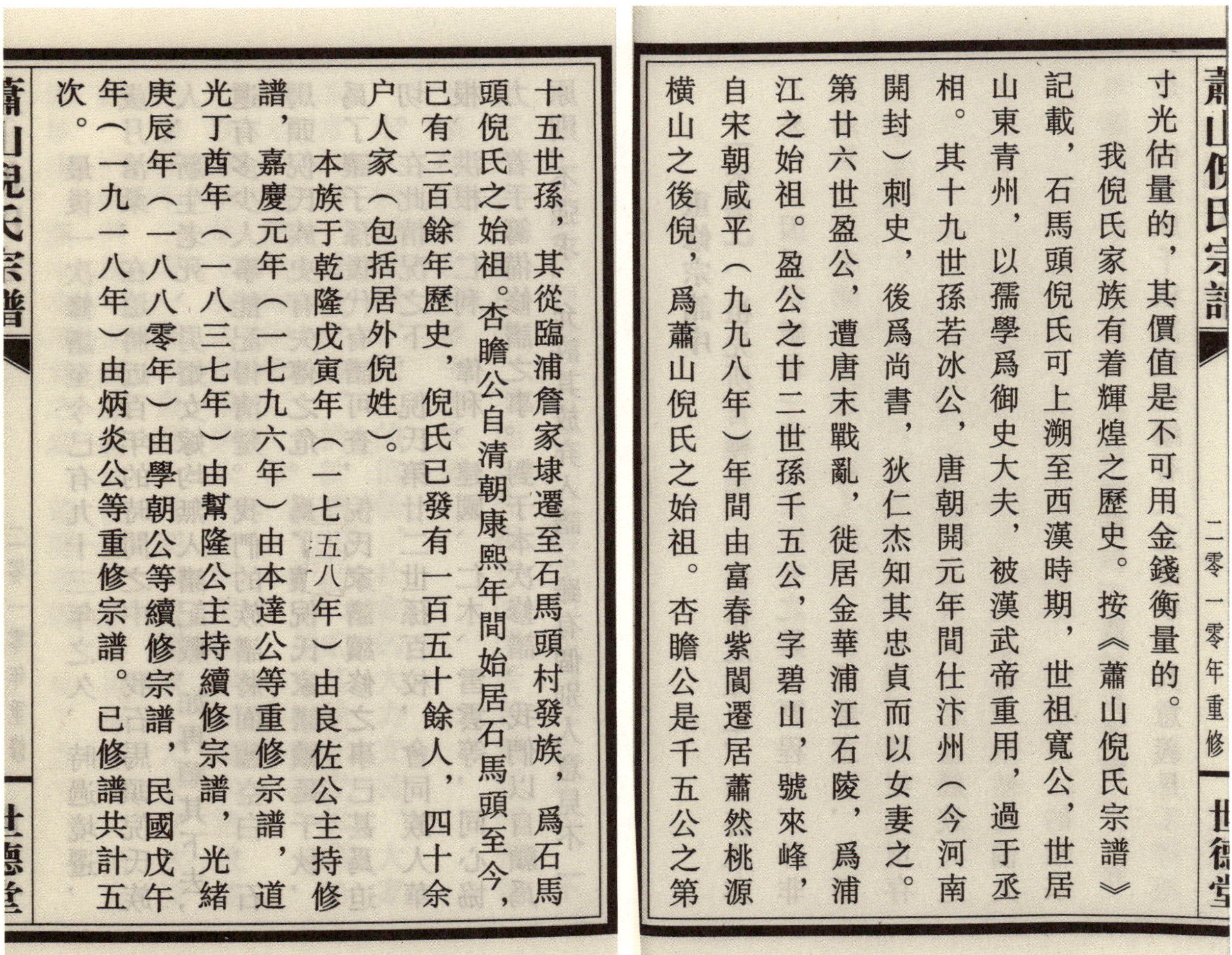

蕭山倪氏宗譜　二零一零年重修　世德堂

寸光估量的，其價值是不可用金錢衡量的。

我倪氏家族有着輝煌之歷史。按《蕭山倪氏宗譜》記載，石馬頭倪氏可上溯至西漢時期，世祖寬公，世居山東青州，以孺學爲御史大夫，被漢武帝重用，過于丞相。其十九世孫若冰公，唐朝開元年間仕汴州（今河南開封）刺史，後爲尚書，狄仁杰知其忠貞而以女妻之。第廿六世盈公，遭唐末戰亂，徙居金華浦江石陵，爲浦江之始祖。盈公之廿二世孫千五公，字碧山，號來峰，自宋朝咸平（九九八年）年間由富春紫閬遷居蕭然桃源横山之後倪，爲蕭山倪氏之始祖。杏瞻公是千五公之第十五世孫，其從臨浦詹家埭遷至石馬頭村發族，爲石馬頭倪氏之始祖。杏瞻公自清朝康熙年間始居石馬頭至今，已有三百餘年歷史，倪氏已發有一百五十餘人，四十余户人家（包括居外倪姓）。

本族于乾隆戊寅年（一七五八年）由良佐公主持修譜，嘉慶元年（一七九六年）由本達公等重修宗譜，道光丁酉年（一八三七年）由幫隆公主持續修宗譜，光緒庚辰年（一八八零年）由學朝公等續修宗譜，民國戊午年（一九一八年）由炳炎公等重修宗譜。已修譜共計五次。

蕭山倪氏宗譜　世德堂

二零一零年修谱组成员合影

前排：洪水金(左)　百校(右)
後排(左起)：華根　偉利　雪雲　建國

倪氏宗祠（桃源後倪）

重建於：同治辛未年二月（1871年）

谱名：萧邑桃源后倪倪氏宗谱　堂号：锄经堂　尺寸：30.1cm × 21.2cm　装帧：线装　修谱时间：2010年　册数：全6册　收藏单位：杭州市萧山区档案馆

蕭邑桃源後倪倪氏宗譜
卷一
總論（上）

後倪鋤經堂既是桃源倪氏始祖，千五太公的祖祠。也是後倪倪氏創始人，肆十一公的祖祠。

朝一公的繼子倪進孫，排行第爲勤五公，後來他把幾代子孫中的一部分人送回後倪，在祖宅東半邊繁衍生息，史稱竹蓬倪，漸漸發展成桃源倪氏的又一房派：竹蓬房。隨着年久月長，竹蓬房中又有人遷至後倪村西，和從新壙遷來的倪氏族人發展成了一個新的村落：上倪。

在倪氏宗譜中竹蓬房在清代嘉慶以前是與後倪各房同牒共譜的，嘉慶年後自立己譜。可惜竹蓬房宗譜在文革動亂年代橫遭損没，至今未見踪影，使竹蓬房這一段歷史失去了文傳依據，實爲痛惜。

桃源倪氏二十三世裔孫

谱名：萧山桃源倪氏宗谱　堂号：仁德堂　尺寸：31cm×21.5cm　装帧：线装　修谱时间：2012年重修　册数：全6册　收藏单位：杭州市萧山区档案馆

二零一二年重修

蕭山桃源倪氏宗譜

壬辰春

仁德堂珍藏

後生，致使儒教甚盛，河汴間稱咏不已。

若水公七世孫盈公（寬公二十六世孫），字持之，為避戰亂，于唐宣宗年間，南遷浦江石陵。盈公為東營分支南遷倪氏之興祖。其後，子孫又分遷浦江金沙、邵陵、安和、富陽杳口、湖州德清、福建建寧。其中浦江金沙倪氏傳至盈公十一世孫時，又遷諸暨十二都煤塌，後遷富春紫閬。

盈公二十二世孫源公（寬公四十七世）行千五，字碧山，於南宋咸淳年間，由富春紫閬遷蕭山桃源橫山之後（今浦南後倪）居住，千五公當為蕭山桃源倪氏之始祖。

千五公五世孫朝二公（寬公五十一世孫）諱江，於明永樂中期（公元一四一零年左右）遷本都五圖橫塘西新莊居住，與贅居橫塘東之同宗隆三公幼子仲二

横塘西"仁德堂"重修宗譜理事會合影

前排左起：筱红 槐荣 吾根

后排左起：静维 关传 正华 建初 虎根

庚寅年仲秋

谱名：富春倪氏宗谱　堂号：锄经堂　尺寸：25.5cm × 17.8cm　装帧：线装　修谱时间：民国三十六年（1947）重修　册数：全2册　收藏单位：杭州市萧山区档案馆

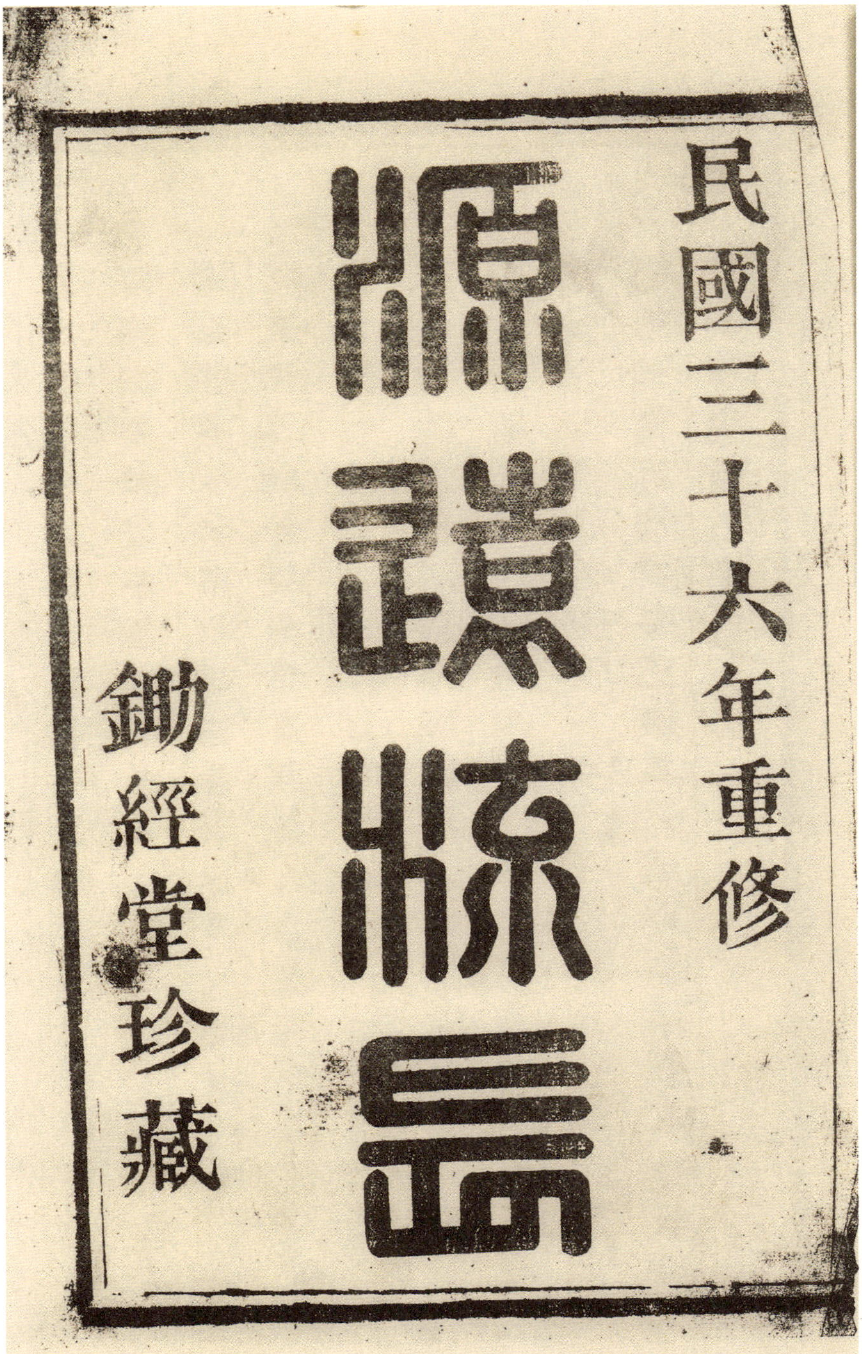

民國三十六年重修

源遠流長

鋤經堂珍藏

咸以譜爲重器以冀整飭人倫於末世也如倪氏系出小邾予自漢唐以來賢臣碩士膺顯爵而登仕版者前序言之已詳無庸贅語爲耶按八世祖斌二公自皇元至正年間由金華龍門而徙居蕭邑磧堰里之新壩是爲新壩之始祖清嘉慶二十年十四世祖如恩公之妻孟氏遷於寺隴嶺追溯本族故磧傳流清雍正九年移建東祠十世祖履忠公新建西祠雍正十三年創輯宗譜繼而至於嘉慶同治二次重修迄今已八十載矣追民國廿六年蘆溝起衅日寇擾境之後新壩村市焚燬殆盡族中人流離奔走遷移莫定疆里不明宗譜之事

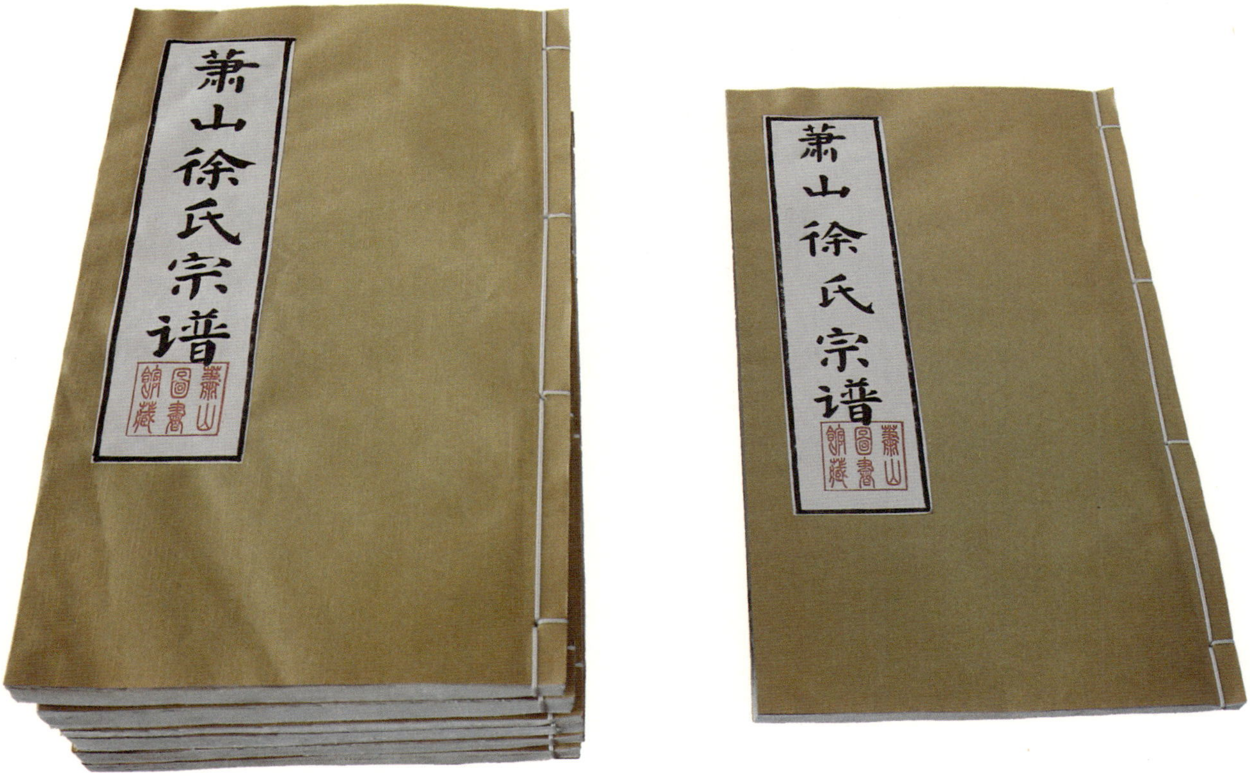

谱名：萧山徐氏宗谱　堂号：承德堂　尺寸：28.5cm × 17cm　装帧：线装　修谱时间：清光绪二十四年（1898）重辑　册数：全22册　收藏单位：杭州市萧山图书馆

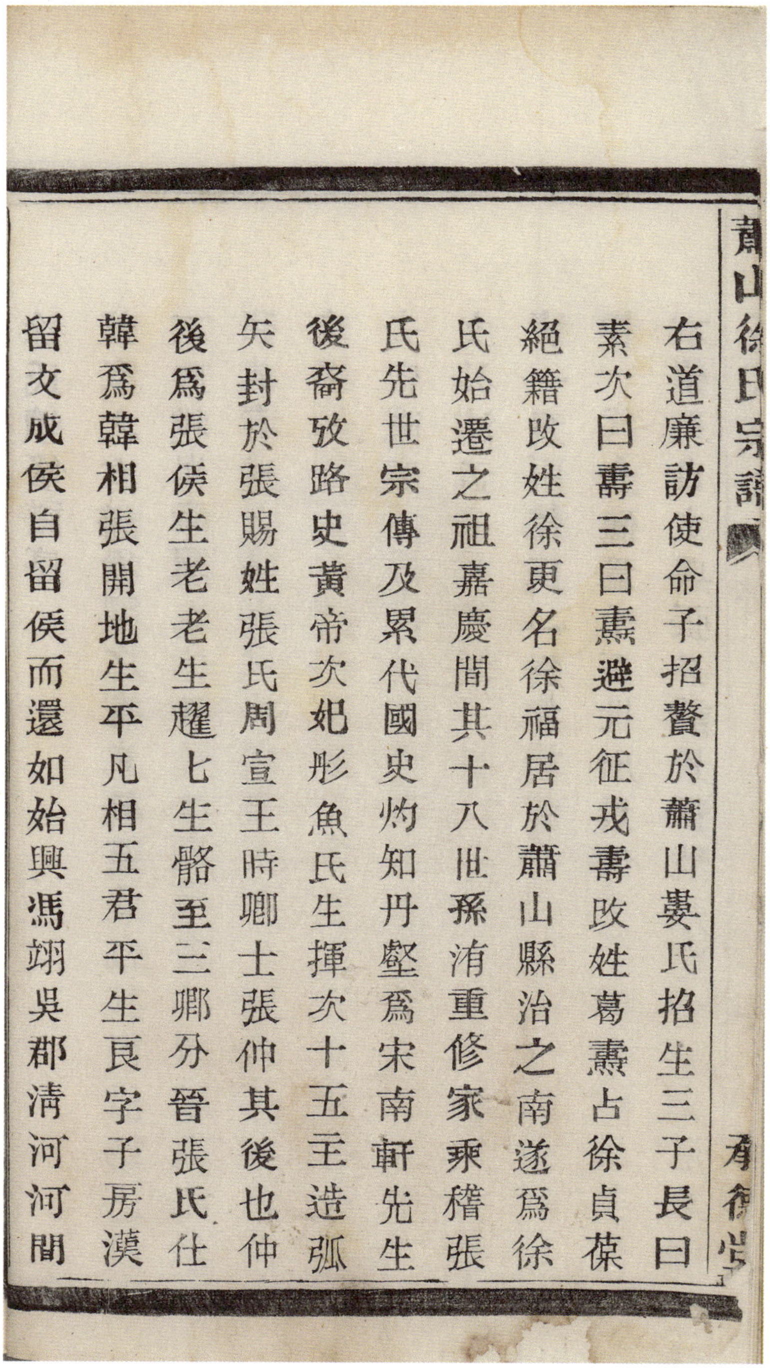

蕭山徐氏宗譜

右道廉訪使命子招贅於蕭山婁氏招生三子長曰素次曰壽三曰燾避元征戎壽改姓葛燾占徐貞葆絕籍改姓徐更名徐福居於蕭山縣治之南遂爲徐氏始遷之祖嘉慶間其十八世孫洧重修家乘稽張氏先世宗傳及累代國史灼知丹壑爲宋南軒先生後裔攷路史黃帝次妃彤魚氏生揮次十五王造弧矢封於張賜姓張氏周宣王時卿士張仲其後也仲後爲張侯生老老生趯七生骼至三卿分晉張氏仕韓爲韓相張開地生平凡相五君平生良字子房漢留文成侯自留侯而還如始興馮翊吳郡清河河間

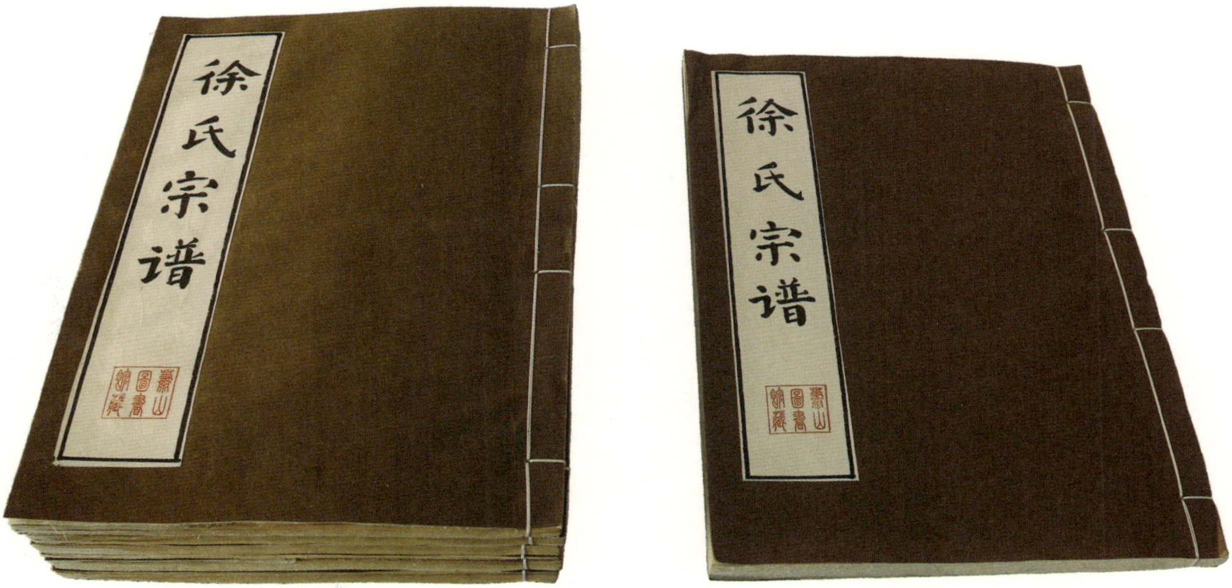

谱名：徐氏宗谱　堂号：奉思堂　尺寸：序36.7×25.8；书34.7×24.2　装帧：线装　修谱时间：清咸丰八年（1858）　册数：不详　收藏单位：杭州市萧山图书馆，7册，共17卷，缺卷二、三至七、十、十一、十三至十七

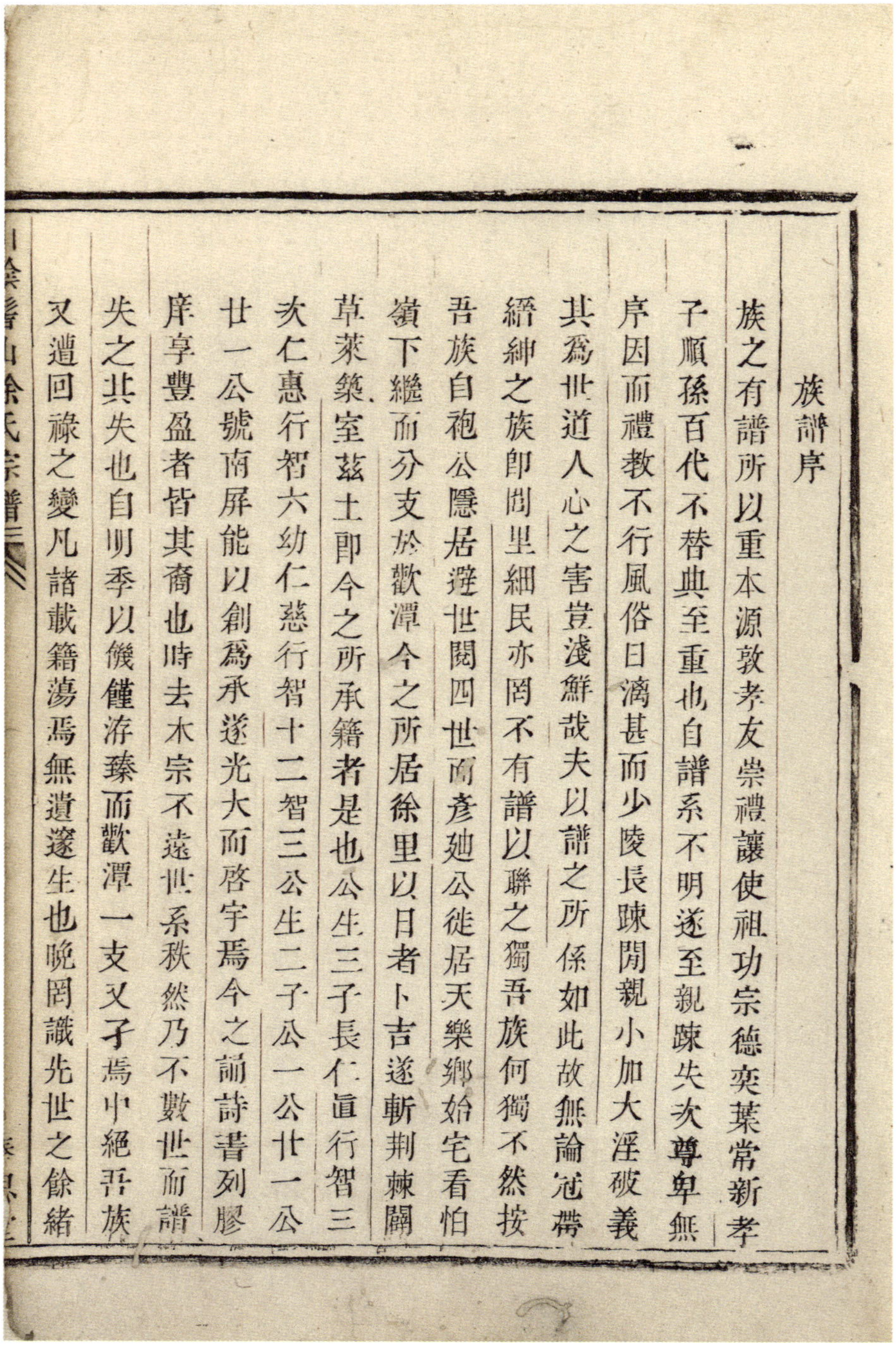

族譜序

族之有譜所以重本源敦孝友崇禮讓使祖功宗德奕葉常新孝子順孫百代不替典至重也自譜系不明遂至親疎失次尊卑無序因而禮教不行風俗日漓甚而少陵長踈閒親小加大淫破義其爲世道人心之害豈淺鮮哉夫以譜之所係如此故無論冠帶縉紳之族即閭里細民亦罔不有譜以聯之獨吾族何獨不然按吾族自袍公隱居避世閱四世而彥廸公徙居天樂鄉始宅看怕嶺下繼而分支於歡潭今之所居徐里以日者卜吉遂斬荊棘闢草萊築室茲土即今之所承籍者是也公生三子長仁宣行智三次仁惠行智六幼仁慈行智十二智三公生二子公一公廿一公廿一公號南屏能以創爲承遂光大而啓宇爲今之詠詩書列膠庠享豐盈者皆其裔也時去本宗不遠世系秩然乃不數世而譜失之其失也自明季以饑饉洊臻而歡潭一支又孑焉中絕吾族又遭回祿之變凡諸載籍蕩焉無遺邃生也晚罔識先世之餘緒

蕭山徐氏宗譜

谱名：浙江萧山南沙徐氏敬义堂传谱　堂号：敬义堂　尺寸：29.3cm×21.6cm　装帧：精装　修谱时间：2007年　册数：全1册　收藏单位：杭州市萧山区人民政府地方志办公室；杭州市萧山区档案馆

谱名：萧山鲍坞徐氏宗谱　堂号：源远堂　尺寸：28.4cm×24cm　装帧：线装　修谱时间：2008年重修　册数：全13册　收藏单位：杭州市萧山区档案馆

蕭山鮑隖徐氏宗譜
卷之一

二〇〇八年戊子重修

歐蘇遺式

源遠堂珍藏

鮑塢徐氏家譜續修序

有近八十年未修的鮑塢徐氏宗譜確定要續修了，這可是鮑塢徐氏家族的一件大事、盛事。

鮑塢徐氏自小七公大堅入贅蕭邑鮑氏，鮑塢徐氏子孫繁衍，人丁興旺，至今已二十余世。而徐氏譜牒歷代相傳、照穆不紊，這次續修已是第十次了。族人推薦我爲此次修譜撰寫一篇序文，自然十分樂意，可自知才疏學淺，惟恐不能勝任，因此久拖不敢動筆。離開鮑塢村在外游子四十余年，鮑塢村的一山一水，一草一木歷歷在目，對徐氏家族的發展始終懷有一種特殊的情愫，因爲這里是我的出生血地，血脉親情永世不會忘懷，所以最重的擔子我必將負責完成。我雖然參與過蕭山縣志市志有關部份的編纂，也曾主編過其他志書

鮑塢徐氏宗譜第十次續修委員會全體人員合影

自右至左第一排：燕平　妙娟　鐵嵐
二　：金海　傳許　長林　燦榮　子泉
關海　午康　觀紅　張銓　張賢
三　：耀鵬　勁松　琳杰　必成　國棟
大鈞　國安　永生
四　：淼龍　雪偉　紀松

谱名：萧山郭氏宗谱　堂号：敬爱堂　尺寸：28.2cm × 18.2cm　装帧：线装　修谱时间：2012年重修　册数：全19册　收藏单位：杭州市萧山区档案馆

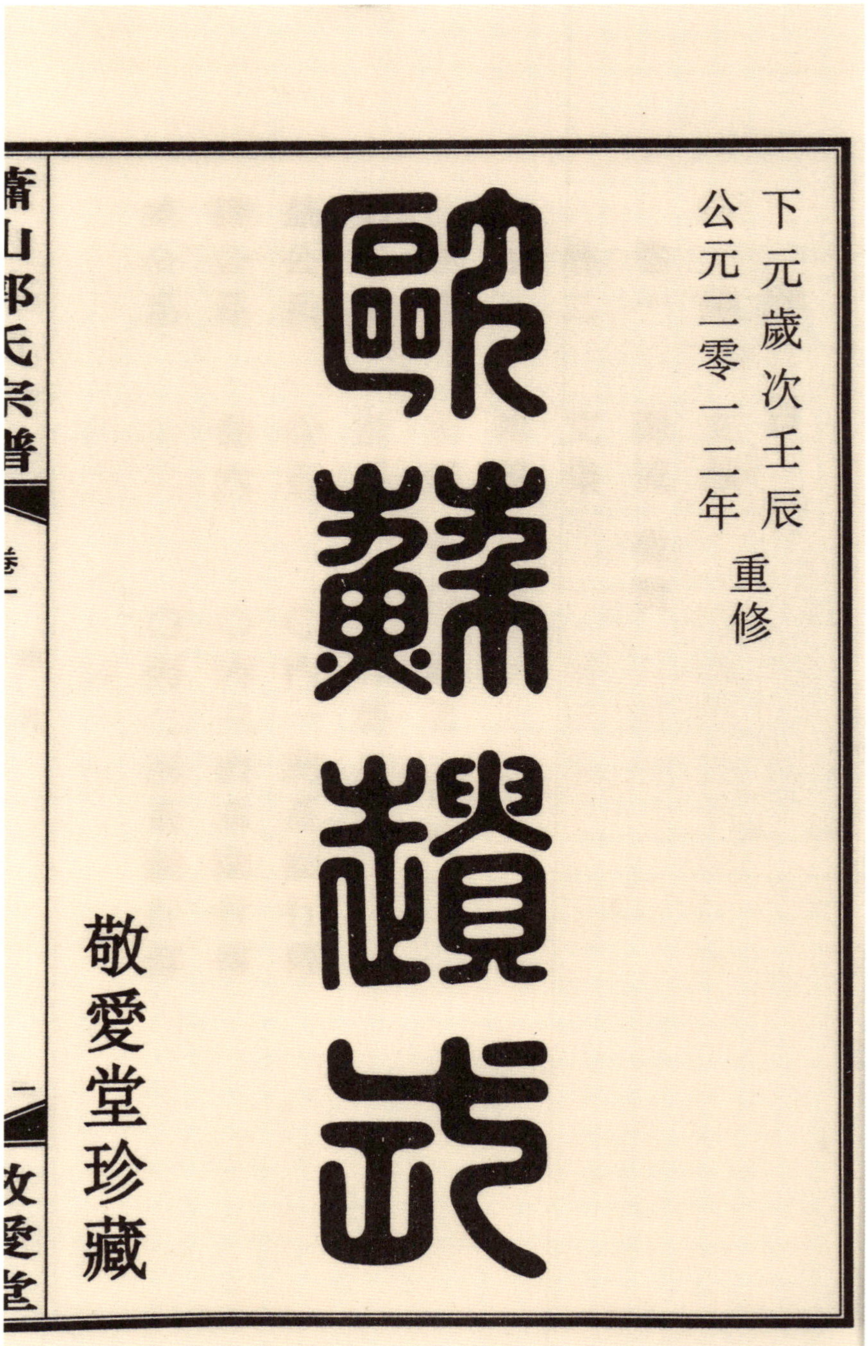

下元歲次壬辰

公元二零一二年　重修

歐蘇遺式

敬愛堂珍藏

蕭山郭氏宗譜　卷一　一　敬愛堂

重修郭氏宗祠序碑記

石硤郭氏始祖是諸暨花山馬隖的第五世孫、名完，號九二，行曾十一，千四公子也，自諸暨贅居蕭山九都卜氏後，遂定居八都石硤村，是爲吾族始遷之祖。生於宋孝宗淳熙十四年（公元一一八七年）六月初八，卒於 宋理宗淳佑六年（公元一二四六年）十一月初三，壽六十，配卜氏。傳至第五世分爲丙一（外遷閩家塘，岩上，河上橋），丙三（祥字房）丙二和丙四（夏家園）。後丙二又分爲輔一，彰二，彰四，真二（外遷郭家埭）共四房，至今有八百多

谱名：海宁岩门高氏宗谱　堂号：报本堂　尺寸：29.8cm×21.2cm　装帧：线装　修谱时间：2011年重修　册数：全21册　收藏单位：杭州市萧山图书馆；杭州市萧山区档案馆

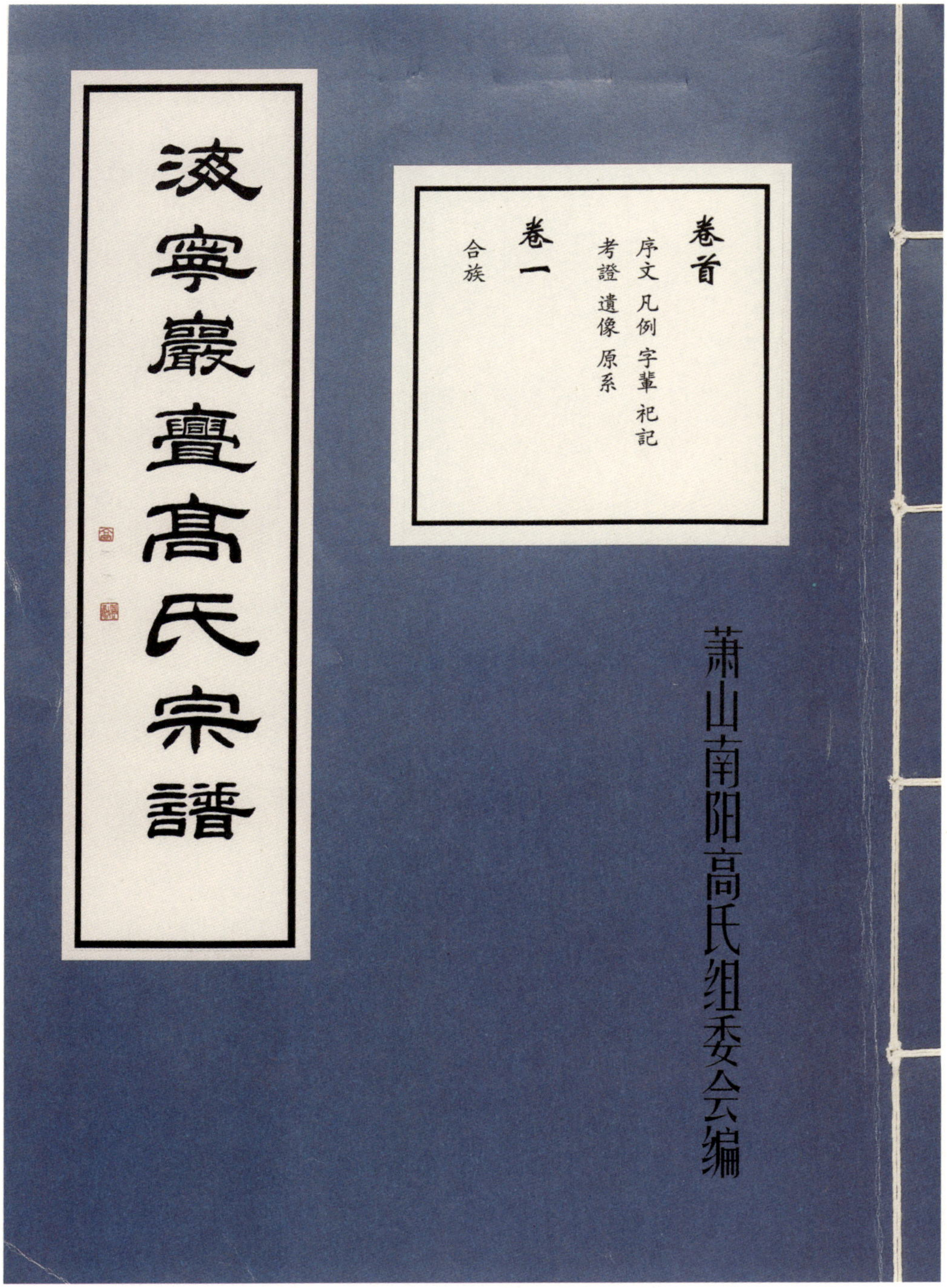
浹寧巖豐高氏宗譜
卷首
序文 凡例 字輩 祀記
考證 遺像 原系
卷一
合族
萧山南阳高氏组委会编

巖亹高氏始修譜序（原序）

靖康之难我文端化自汴扈跸到临安创南渡宗谱再传而菊硐公与子道隆公卜居岩门山当是时有居钱塘者有居临安者有居山阴者有居温州者独岩门世隐不仕以隐德称六传到直轩公避潮患徙仁和黄山里又三传逮狎蘭公因沙涨复归岩门夫文端为南渡之祖而菊硐又巖门之祖派别支分各祖其祖世系乃有条而不紊顾自宋季迄今三百余年谱牒阙如余深思焉会弟景淳有志修辑余与之考宗支昭穆稽生卒讳字阅岁而书成名曰岩门高氏始修谱藏诸宗祏用昭示我后人

十一世孙景祥顿首拜撰

海宁岩门高氏宗谱　巖亹高氏始修譜序（原序）　卷首　七　报本堂

谱名：罗墓黄氏家谱　堂号：德馨堂　尺寸：28.5cm × 18.5cm　装帧：线装　修谱时间：2011年重修　册数：全17册　收藏单位：杭州市萧山图书馆，20册（卷一至三重复）；杭州市萧山区档案馆，17册

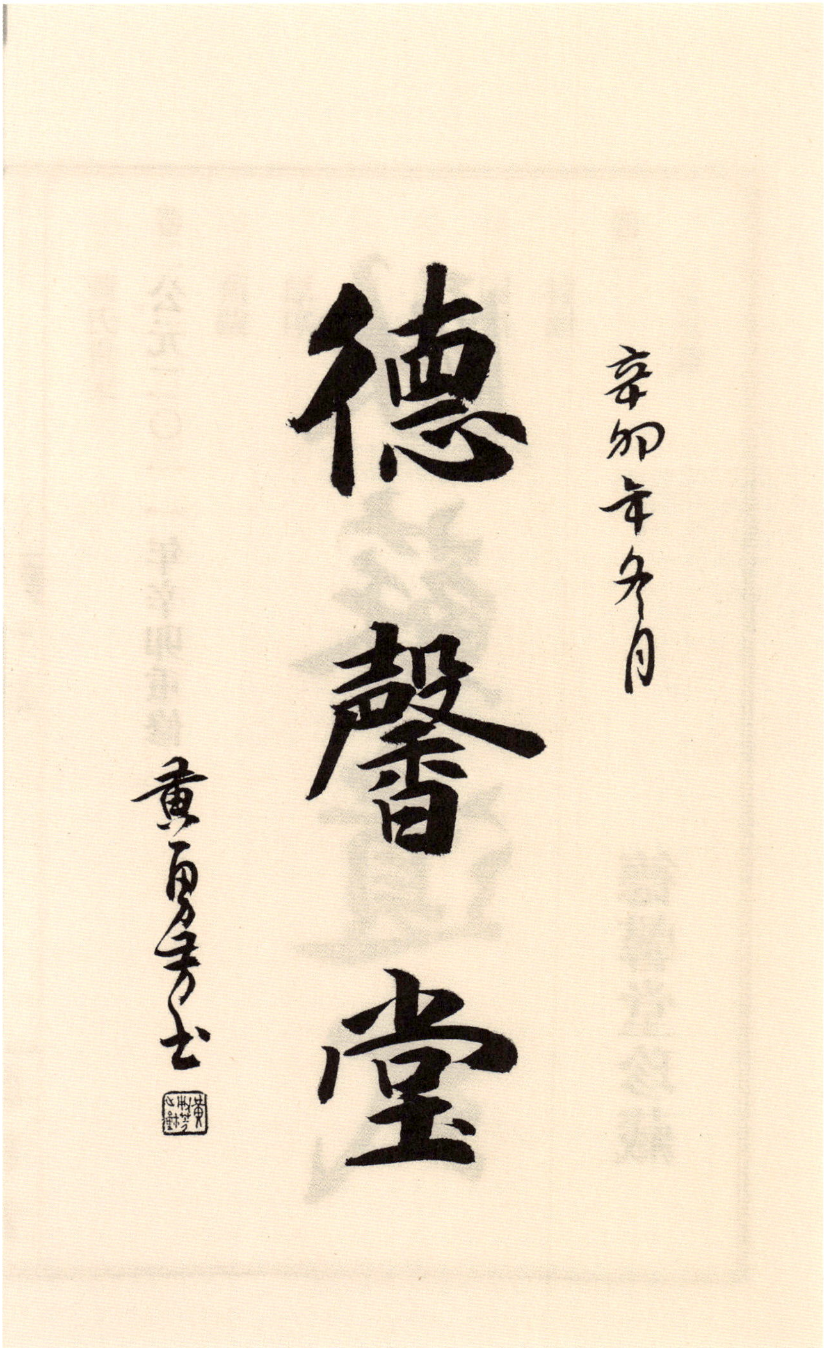
德馨堂
辛卯年冬月

葉茂。我黃氏祖尊東漢江夏（今湖北）神童文強香公為世祖，史稱『江夏黃氏』，并由江夏遷金華、由金華遷浦江，由浦江遷諸暨（暨陽）。南宋紹興年間，任兩浙提舉公黃槻，因愛埭上清山秀水，由諸暨遷蕭山埭上而卜居焉，槻公即為蕭山埭上黃黃氏始遷祖。埭上黃在今石岩史家橋、新莊、老屋一帶。古稱埭上或稱竹塘。

羅墓坂黃氏源系埭上，是埭上黃文五公十三世孫，排行高四，諱仕能公，于明朝嘉靖年間遷來羅墓坂，與原居孫氏結婚。仕能公生三子，長為朝章次為朝佐幼為朝端。我羅墓坂黃氏自仕能公遷居以來，歷經五百餘年，枝繁葉茂。尤其是盛鴻公于民國元年，率族人修建羅墓坂黃氏家廟德馨堂，從此羅墓黃氏一族發揚光大。古人云族建家廟，必修家譜。而從族

蕭山來蘇羅墓黃氏宗譜　卷一　家廟平面圖　一九　德馨堂

羅墓黃氏家廟（德馨堂）平面復原圖

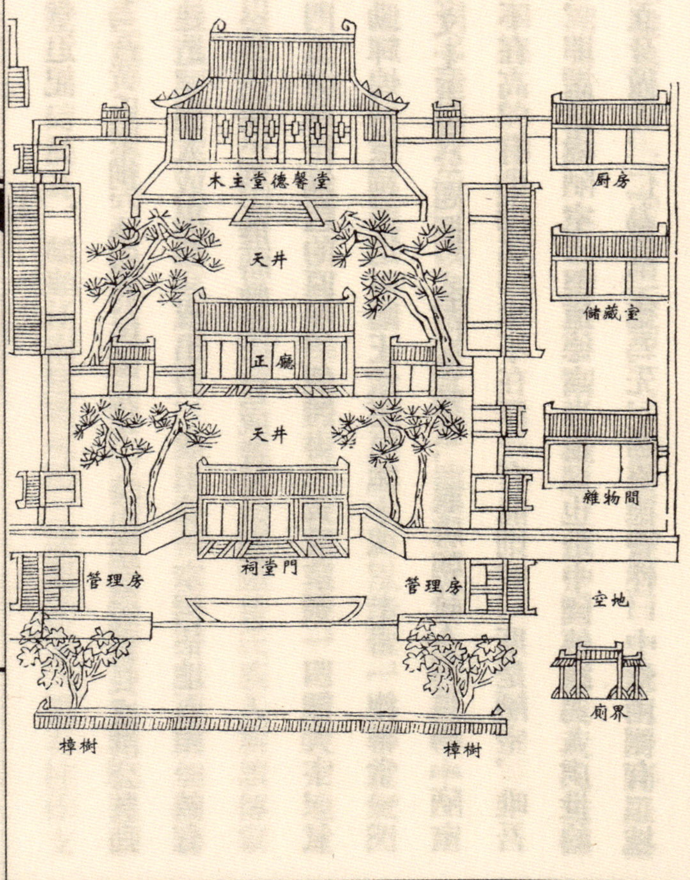

羅墓家譜修編人員合照

前排左起：蘇華　亦康　水法　順法　錫泉

後排左起：堯紅　吾福　堅毅　建中　勇剛　利明

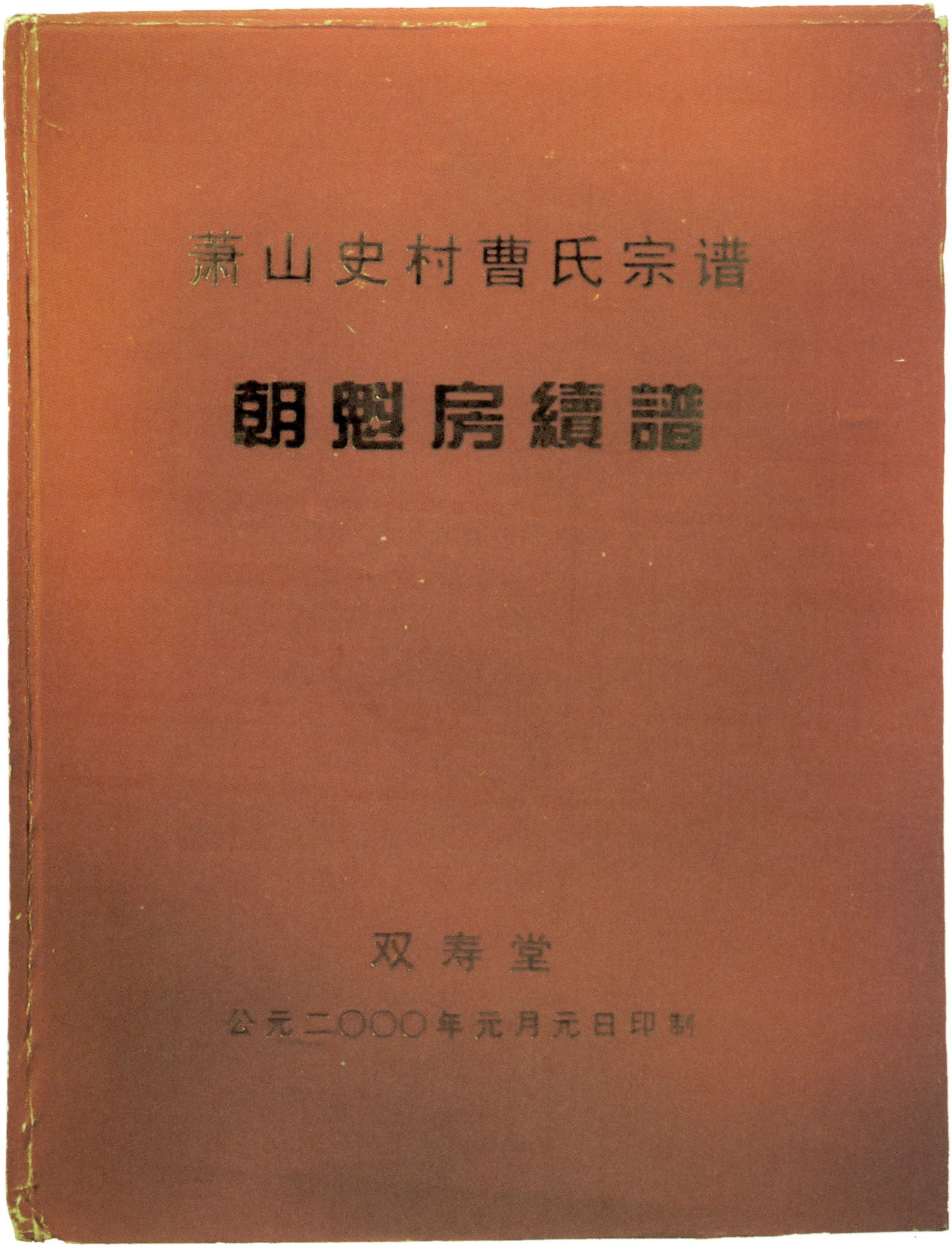

谱名：萧山史村曹氏宗谱——朝魁房续谱　堂号：双寿堂　尺寸：26.8cm × 19.7cm　装帧：精装
修谱时间：2000年　册数：全1册　收藏单位：杭州市萧山图书馆

萧山曹氏朝魁房续修宗谱序

自古谱为族史，阐氏族之源，序祖宗之由来，定子孙之世次，昭穆亲疏近远分支，俾后世子孙谙知家族源脉，亲疏近远房支，共奉尊祖敬宗，敦亲睦族之义。若谱谍数世失修，岁月久远，则宗族之义湮灭，同宗后裔相遇而视作路人，安能望其联洽情谊，弘扬祖德!

吾曹氏远祖为秦汉谯郡，其后一支徙居河北灵寿，北宋太平兴国年间，灵寿曹氏裔孙光庭公考中进士，荣任越州山阴县令，后提升越州通判，病卒安息于越州。其子美韶公仁遂安家于山阴(今绍兴)。其后美韶公次子原杰公(名烝)迁居萧山桃源，是为萧山曹氏第一世。随后，原杰公之孙，第三世世祖学谕公（名夔)由桃源徙居史村。萧山桃源·史村曹氏皆敬奉原杰公为始祖，尊灵寿·山阴曹氏为根本河源。由始祖原杰公迄今，已近千年。沧海桑田，子孙繁衍，除桃源·史村聚族而居者之外，后裔遍布全国各地，乃至世界各国，堪称“日不落家庭”。莘莘裔孙，工农

7

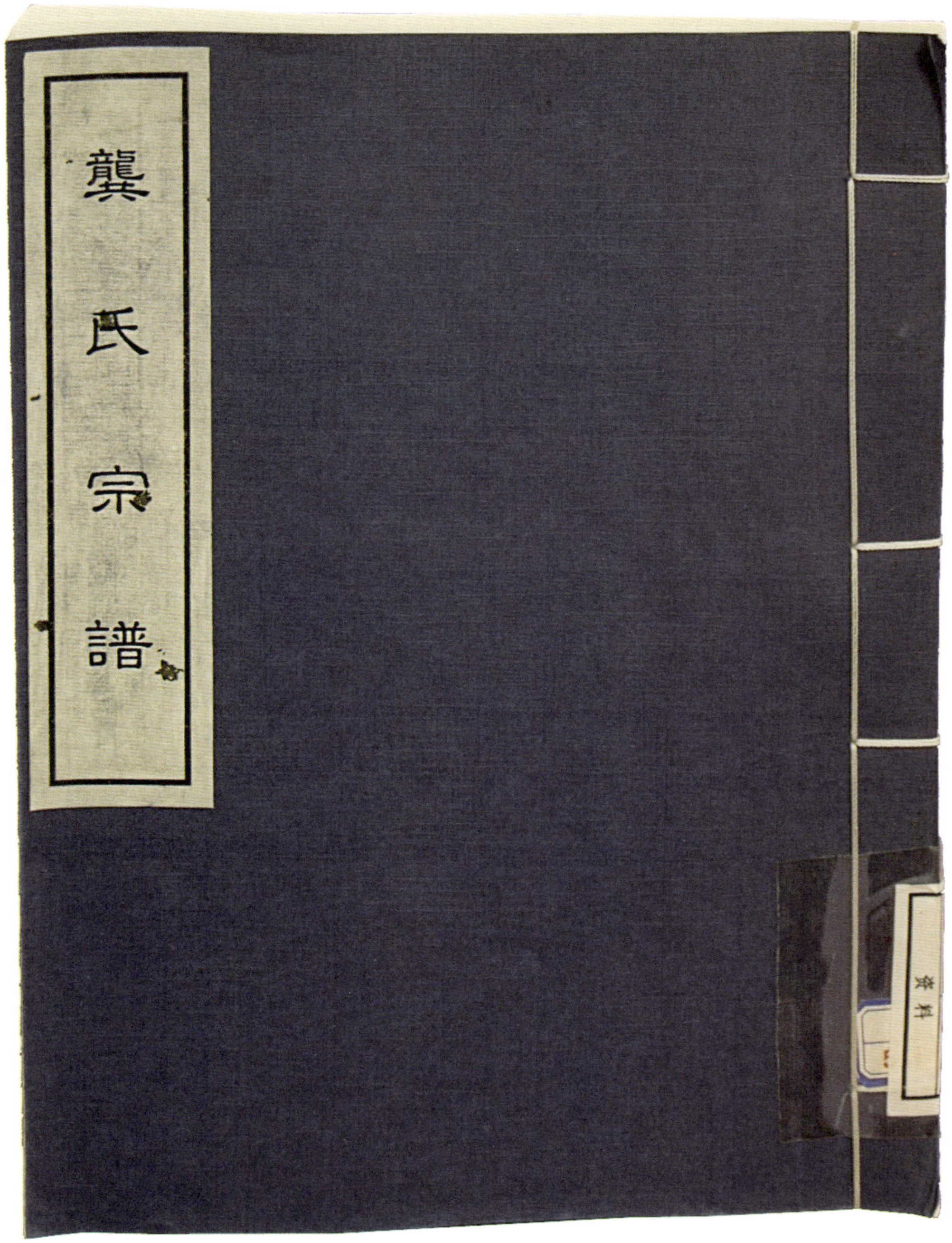

谱名：龚氏宗谱　尺寸：29cm×21cm　装帧：线装　修谱时间：2000年　册数：全1册　收藏单位：杭州市萧山区档案馆

庚辰年春鐫

萧山传本

龔氏宗譜

中研坊藏版

周浮橋厥后周浮橋子孙繁衍墨散
異埊或派至乙分一支寧波西门分龔
家坂分一支萧邑航塢山分一支古虞
西门分上下两𦍌各派子孫森森人
文郁郁詩书奕祺礼乐傳家信乎
浙江朱族義烏黄縣越城分支也
右録第四十二世

裔孫庠生名馨字慈素

谱名：萧山戚氏宗谱　堂号：诗教堂　尺寸：28.8cm×18.3cm　装帧：线装　修谱时间：2007年续修　册数：全8册　收藏单位：杭州市萧山图书馆；杭州市萧山区档案馆；杭州市萧山区人民政府地方志办公室

蕭山戚氏宗譜
卷一
37

公元二〇〇七年续修

源遠流長

詩教堂珍藏

萧山戚氏宗谱

续修启事　二二

三、续修《萧山戚氏宗谱》启事

萧山戚氏是北宋教育家、藏书家戚同文后裔，其孙戚骏升系康王赵构的护卫将军，官至太尉，是萧山戚氏始祖。义桥戚家山下是萧山戚氏发源地。为九修《萧山戚氏宗谱》，请还未与编修组织联系的城厢（原住东门）戚介汀、戚萧含、戚宝泉（原住西门），滨江区长河戚国安、戚国庆、戚国治，钱江长道地，诸暨姚公埠及其他戚氏后裔速与编修委员会戚先生联系。电话（略）

萧山戚氏宗谱编修委员会

注：载二〇〇七年三月十三日《萧山日报》

萧山戚氏宗谱

修编委会全体合影

前排左起：雅楠、康友、惠桥、友根、正福、利兴、吾水、雅樟、钟张友

后排左起：浩霖、正良、文尧、利潮、吾海、利文、益华、水良、长海、加明。

一六

二、萧山戚氏宗谱编修委员会及工作人员合影

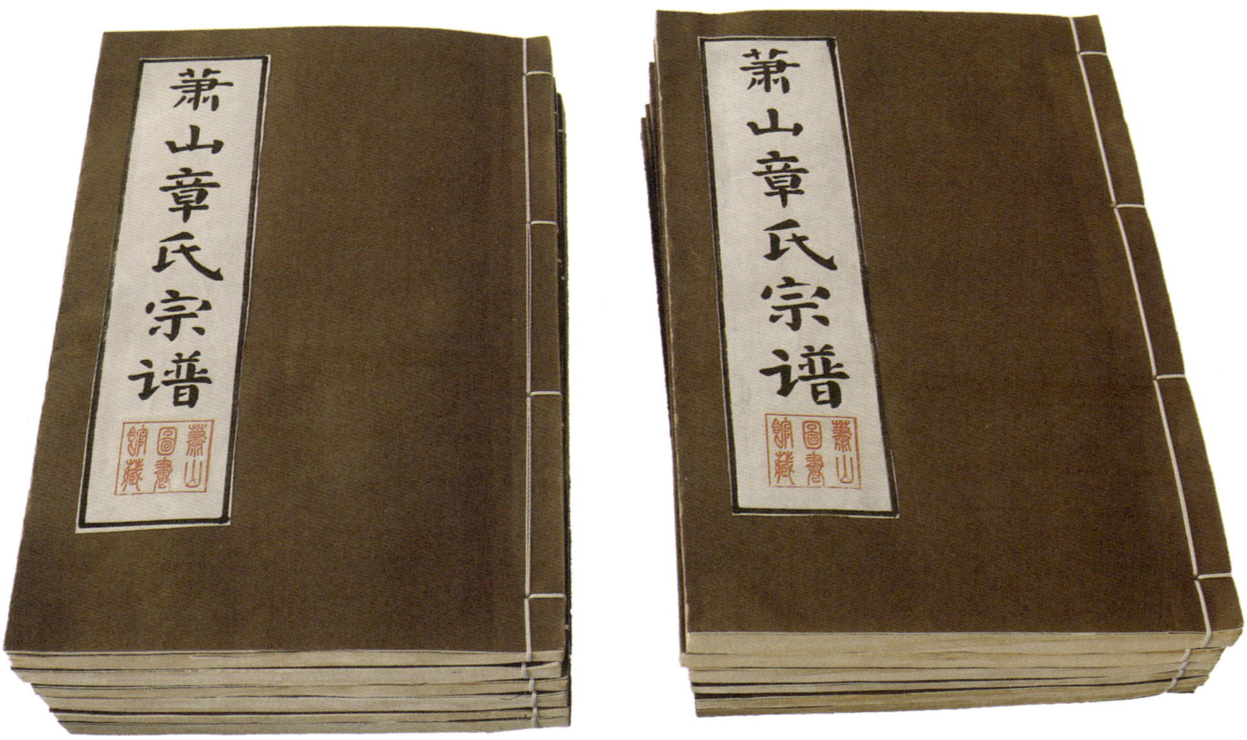

谱名：萧山章氏宗谱　堂号：树德堂　尺寸：28cm × 17.8cm　装帧：线装　修谱时间：民国十九年（1930）修辑　册数：全12册　收藏单位：杭州市萧山图书馆，12册；杭州市萧山区档案馆，1册，存卷一

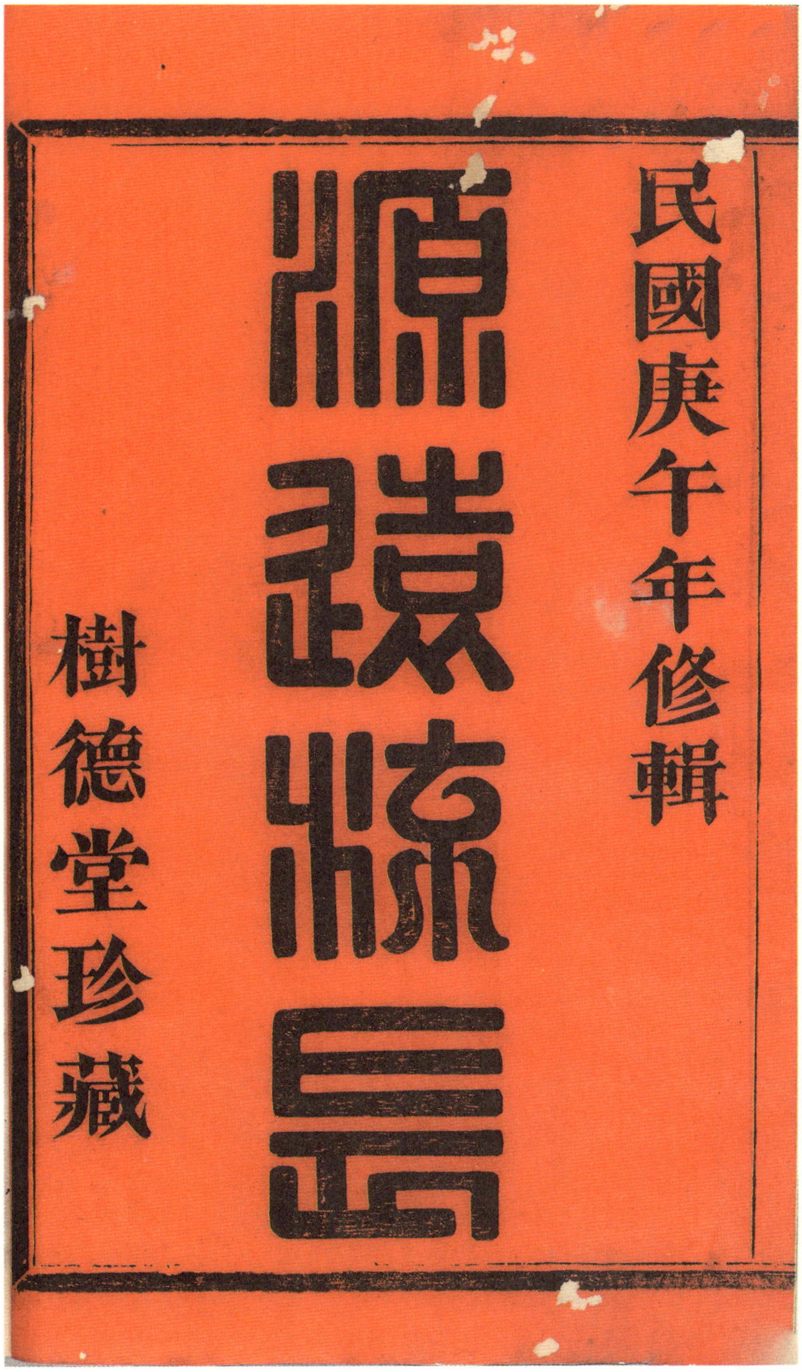

民國庚午年修輯

源遠流長

樹德堂珍藏

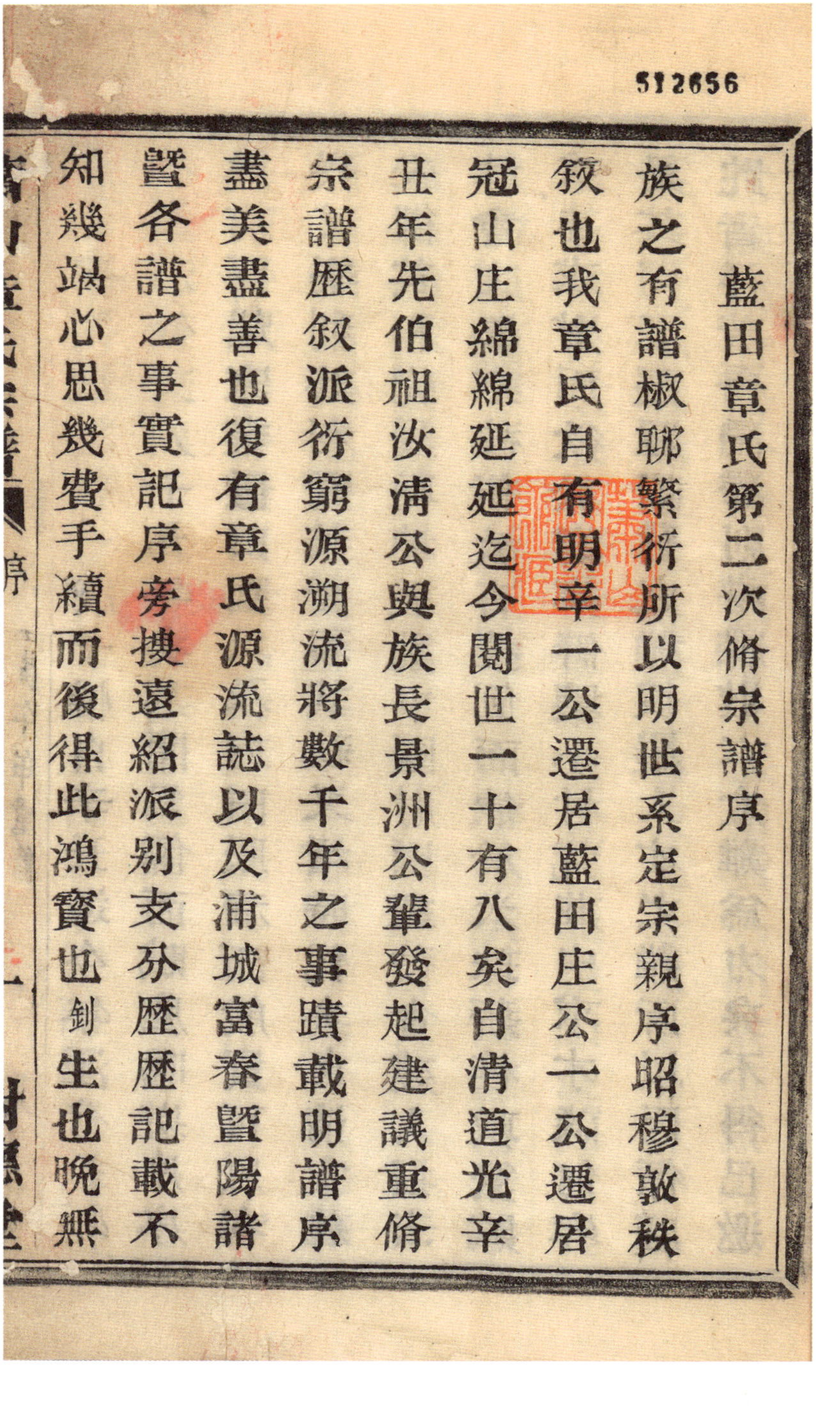

藍田章氏第二次脩宗譜序

族之有譜椒聊繁衍所以明世系定宗親序昭穆敦秩敘也我章氏自有明辛一公遷居藍田庄公一公遷居冠山庄綿綿延延迄今閱世一十有八矣自清道光辛丑年先伯祖汝清公與族長景洲公鞏發起建議重脩宗譜歷叙派衍窮源溯流將數千年之事蹟載明譜序盡美盡善也復有章氏源流誌以及浦城富春暨陽諸暨各譜之事實記序旁搜遠紹派別支分歷歷記載不知幾竭心思幾費手續而後得此鴻寶也釗生也晚無

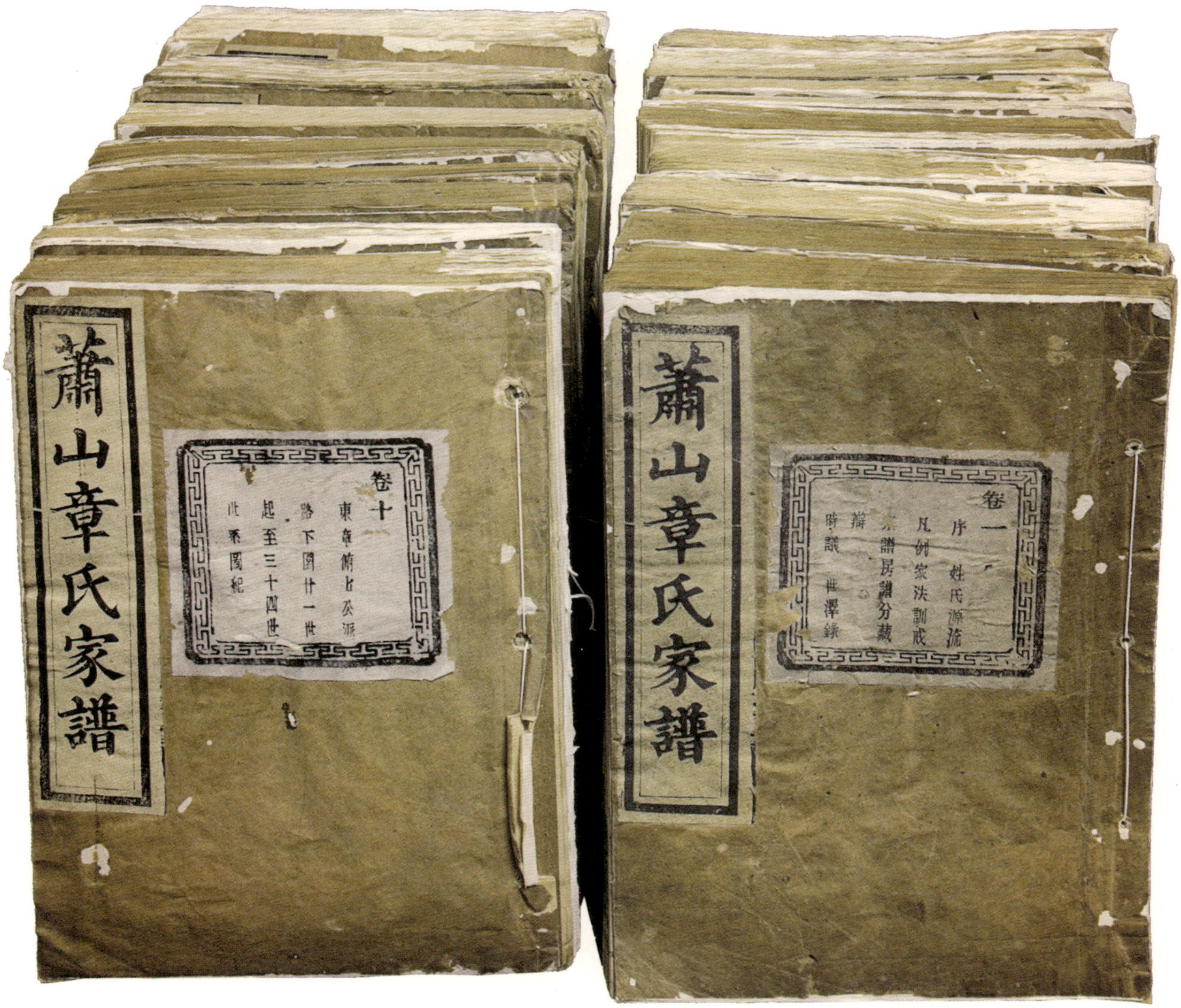

谱名：萧山章氏家谱　堂号：永思堂　尺寸：27cm × 18.5cm　装帧：线装　修谱时间：民国三十六年（1947）　册数：不详　收藏单位：杭州市萧山区档案馆，18册，缺卷八

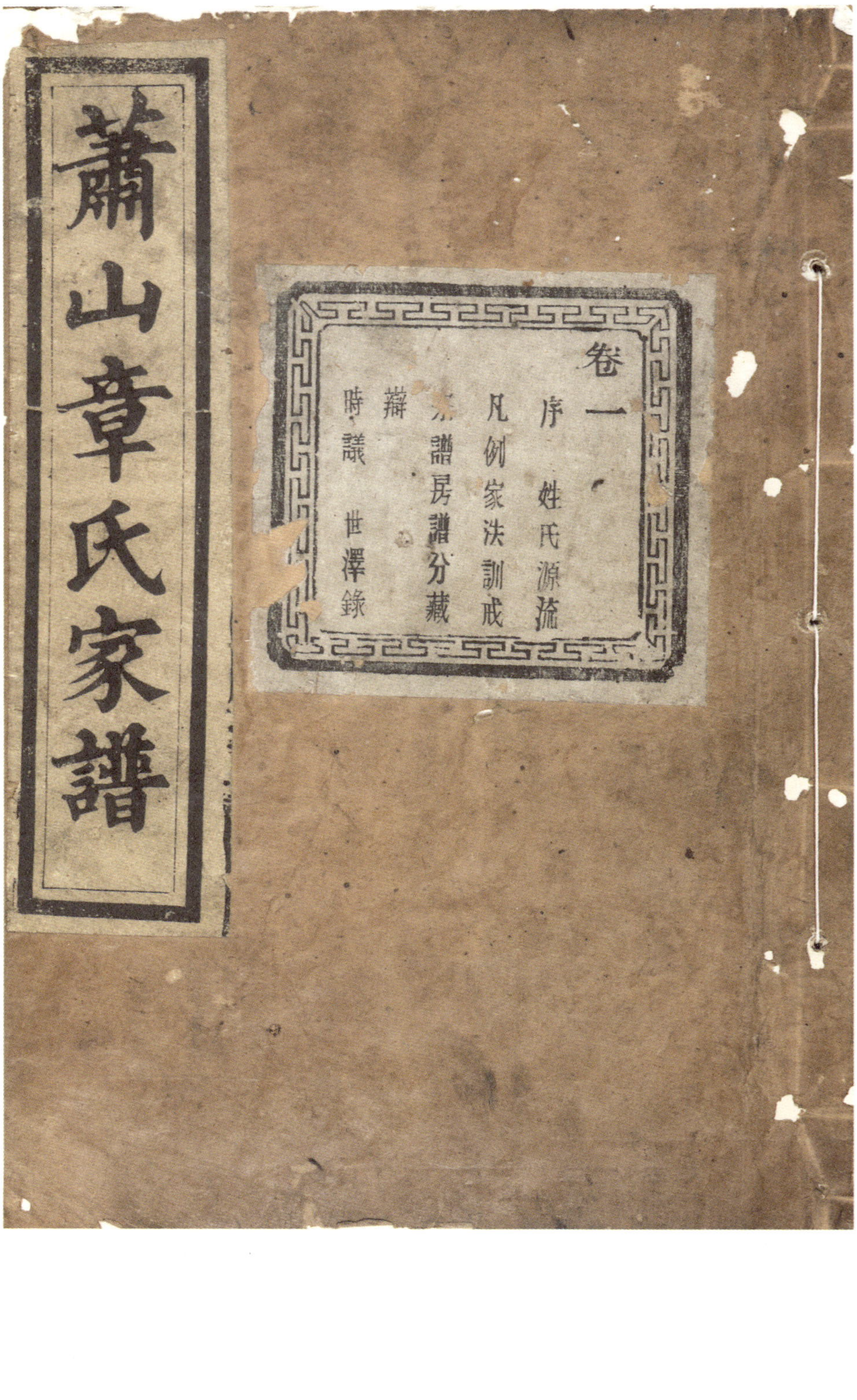
蕭山章氏家譜
卷一
序 姓氏源流
凡例 家法 訓戒
譜 房譜 分藏
時議 世澤錄

重修家乘序

天地之大也山川人物風土習尙其爲輶軒所不及採太史所不及陳者多矣故朝廷編紀而外郡邑皆有誌而世家大族則倣之而譜作焉譜也者所以繼史而與誌相表裏者也吾族章氏本炎帝太公之後去邑爲章爲太傅練氏之遺由建而越至昭亮公分支蕭邑詡公築室管城嗣是而派別支分散居不一近或數里遠或數十里前雍正甲辰梅溪公曾將宗譜採輯手繕成帖乾隆甲戌商玉公與德含公重加

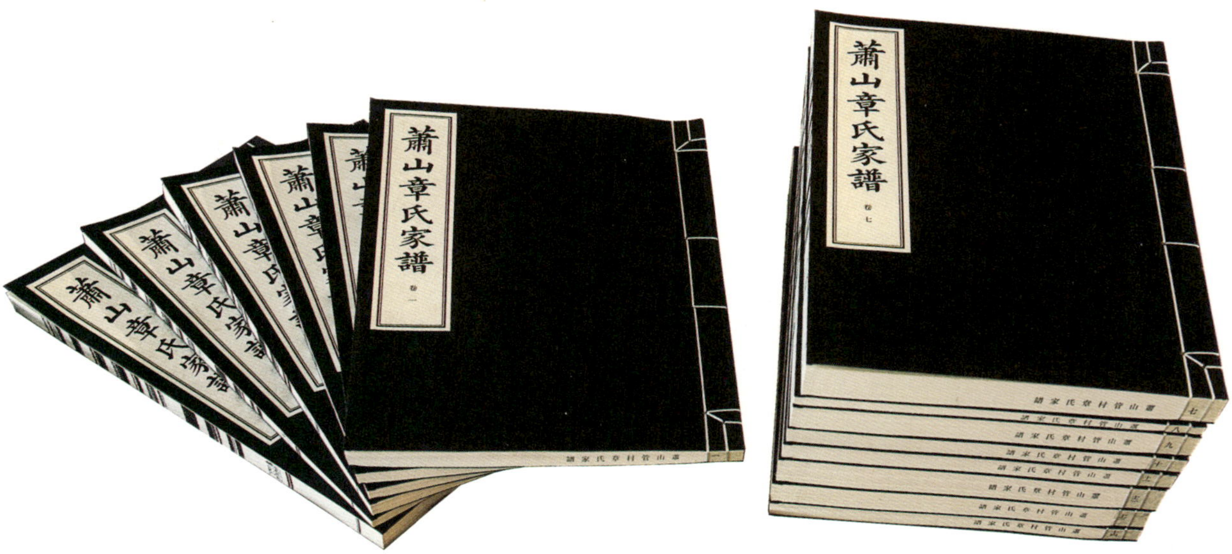

谱名：萧山章氏家谱　堂号：永思堂　尺寸：32.8cm×22.5cm　装帧：线装　修谱时间：2005年重修　册数：全15册　收藏单位：杭州市萧山图书馆；杭州市萧山区档案馆

公元二〇〇五年重修

蕭山管村

章氏家譜

永思堂珍藏

◎重修家乘序

炎黄中華，龍的傳人，五千年華夏人文歷史源自三皇五帝。章氏乃炎帝神農氏之後也，炎帝起烈山育姜水，以姜爲姓。數傳至姜子牙輔周定天下封于齊，支孫穆虎封于鄣後爲齊所合并，去邑爲章定居河間，乃天下章姓之源。續至岩，仕晋領兵守關建功，授兵部尚書，南北朝永嘉元年出守福建泉州。後裔及仕唐康州刺史，自南安遷浦城爲我章氏始世祖。三世仔鈞值五代行亂之時，保閩建功授太傅，宋追封瑯琊王。其妻練氏捨生取義，德保全城，被譽爲『芝城之母』，故冠以『全城』視同章姓之由來。種陰德蔭庇一方生靈，十五子六十八孫貴顯盈門，遂爲天下望族。仕宦四方，棋置星布，吾族乃仔鈞公四子燕國公仁嵩之後也。九世衡宋嘉佑二年狀元及弟官寶文閣待制，封集賢院大學士，在朝不畏權勢，頗具正聲，年邁卒葬錢塘。子允文以蔭德通判杭州，守墓不返浦城，卜富春生三子，次子昭亮之孫詡擇宅官大塢後遷惠民候管氏之故里，管村其名之由來也，管氏亦被尊爲岩將老太。

天下無二章，祖根在浦城，吾章氏家譜遵循始譜之迹，由梅溪公草創至德含公付梓以來，承二十年一續修，四十年一重修的成例，自乾隆乙亥至民國丁亥，數百年來從無間斷，使四十多世系傳變遷彰彰可考，其間浸注了前人幾多心血，是先人遺留之寶貴歷史文化遺産。

一九四九年新中國成立後，由于國制變更，宗法制度隨之消亡。·宗譜作爲封建産物遭到全盤否定，尤其是文革期間，作爲四舊之物的家譜更遭嚴重破壞，偶有幸存者亦殘缺不全。似此以往，再越數年，舊譜飽諸蟲腹，將使先人事迹泯滅無存。然而家譜與國史方志同屬中華民族傳統

公元二〇〇五年

章氏宗祠二〇〇五年重建

二〇〇五年家譜修纂成員左起建明、嚴根、檳栩、鴻濤、志權、百成

谱名：萧山义桥韩氏家谱　堂号：永思堂　尺寸：28.5cm × 18.7cm　装帧：线装　修谱时间：2013年续修　册数：全23册　收藏单位：杭州市萧山图书馆，25册（另2册为《文起堂诗集》）；杭州市萧山区档案馆，25册

二〇一三癸巳仲秋

昌黎舊家

苗世廷一署

公元二零一二年續修家譜序

族之有譜，猶國之有史。追本溯源，尋根問祖，乃我中華民族之美德。況史不立，則歷代源流不辨，譜不修，則一脈世系茫然。和宗族，教孝悌，長幼有序，血濃於水，凡我族子孫，不可一日忘。

吾祖諱遜之公，元大德年間官尉蕭邑，澤沛黎民安定一方。及歿，子秉庭訓，葬新義鄉，遂家焉，乃肇基發族至今已七百餘年。期間，仕農工商，代有傑出。吾族家譜，始創於五世諱文昇公，五世之上，查考無據，遂以官尉爲始遷，是爲一世，譜名蕭山義橋韓氏家譜，堂號永思。歷世修譜皆秉祖訓，述仕宦簪纓，表忠孝節義，無論富貴貧賤，務求翔實。自明代

谱名：萧山河西韩氏宗谱　堂号：昼锦堂　尺寸：28.6cm × 18.6cm　装帧：线装　修谱时间：2013年重修　册数：全14册　收藏单位：杭州市萧山图书馆；杭州市萧山区档案馆

蕭山河西韓氏宗譜
一
卷一
勅文
宗目
歷修序文
格言
祖訓
祭文
祭産

民國乙丑年重修

源遠流長

晝錦堂珍藏

◎修譜總序

傳云上治祖禰尊尊也下治子孫親親也旁治昆弟閤族以食序以昭穆以是知譜之不可不修也明甚粵稽韓氏自叔虞受封食邑韓原遂以命氏著于春秋顯于列國以及晉漢唐宋其間王侯將相文人義士累世不絕史已備載之無庸復贅焉自南宋魏國公琦之孫治公治公之子肖胄公居紹興府山麓至孫同卿公幼女為甯宗后同卿公六代孫廣可公卒葬洋山明初其子鳳林公自府山遷居蕭邑之河西是河西以鳳林公為始祖也其子勤八公勤十公勤十三公分居橋亭義橋彼皆各自有譜居河西守墓者長子勤一公至

谱名：湘南韩氏宗谱　堂号：昼锦堂　尺寸：29.3cm×17.8cm　装帧：线装　修谱时间：民国三十七年（1948）重修　册数：全68册　收藏单位：杭州市萧山图书馆，64册（共68卷，缺卷三十、三十一、六十四、六十五）；杭州市萧山区档案馆，1册（存1册：湘南韩氏——西宅行传）

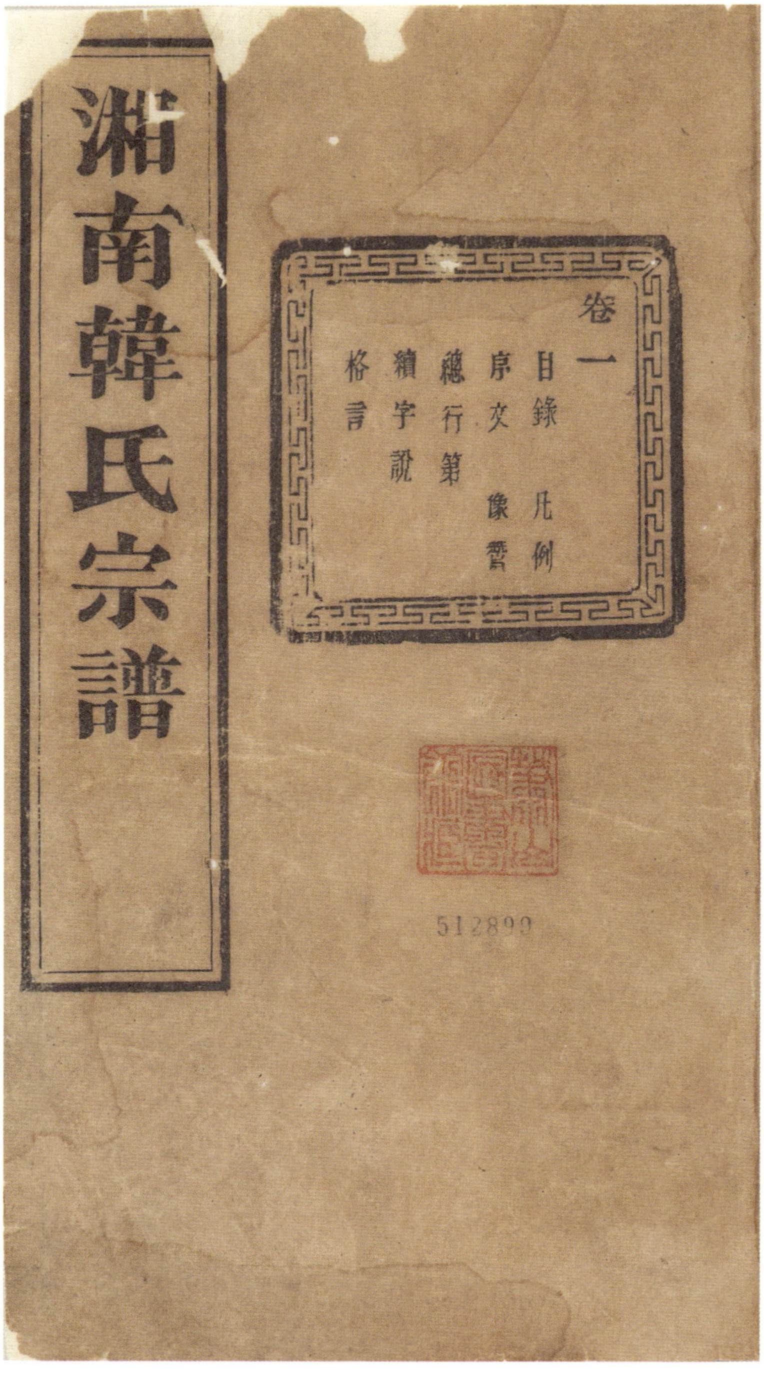
湘南韓氏宗譜
卷一
目錄 凡例
序文 像贊
總行第
續字說
格言
512899

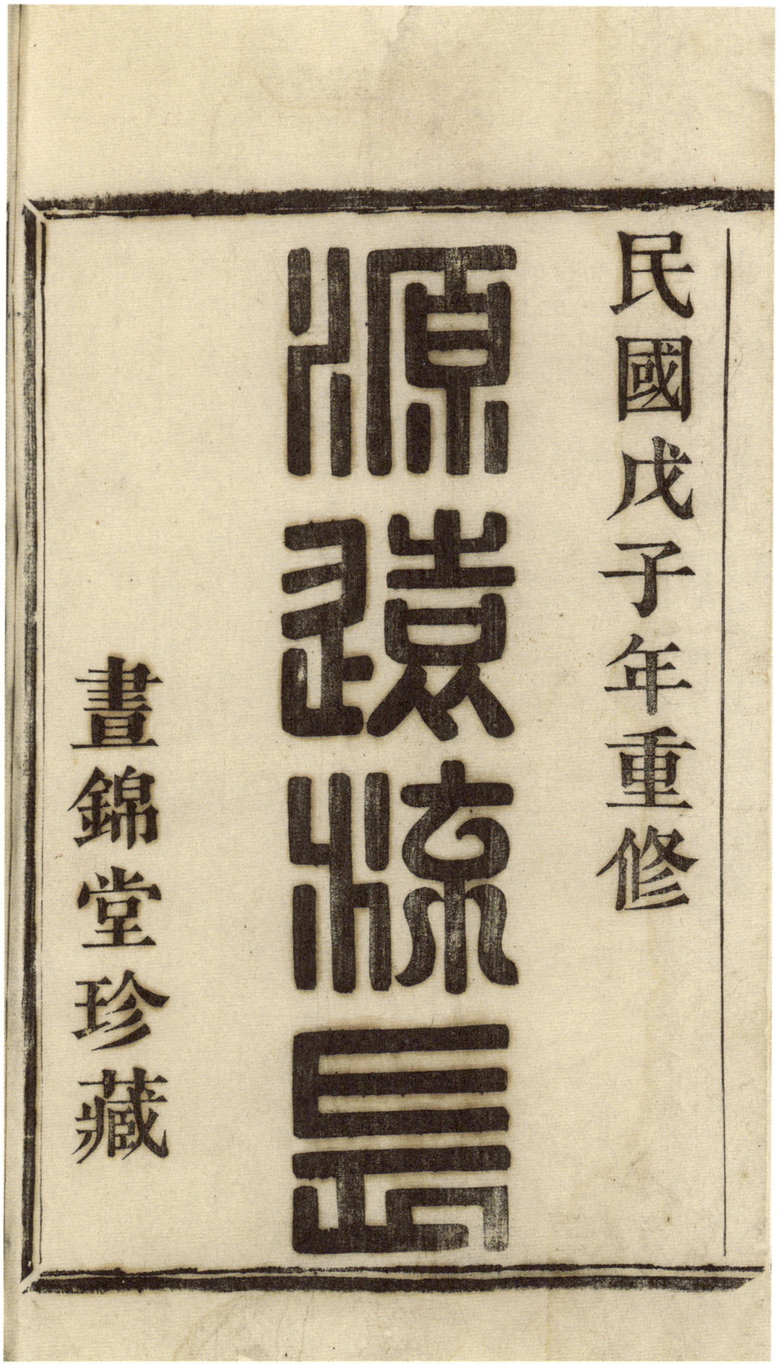
民國戊子年重修

源遠流長

晝錦堂珍藏

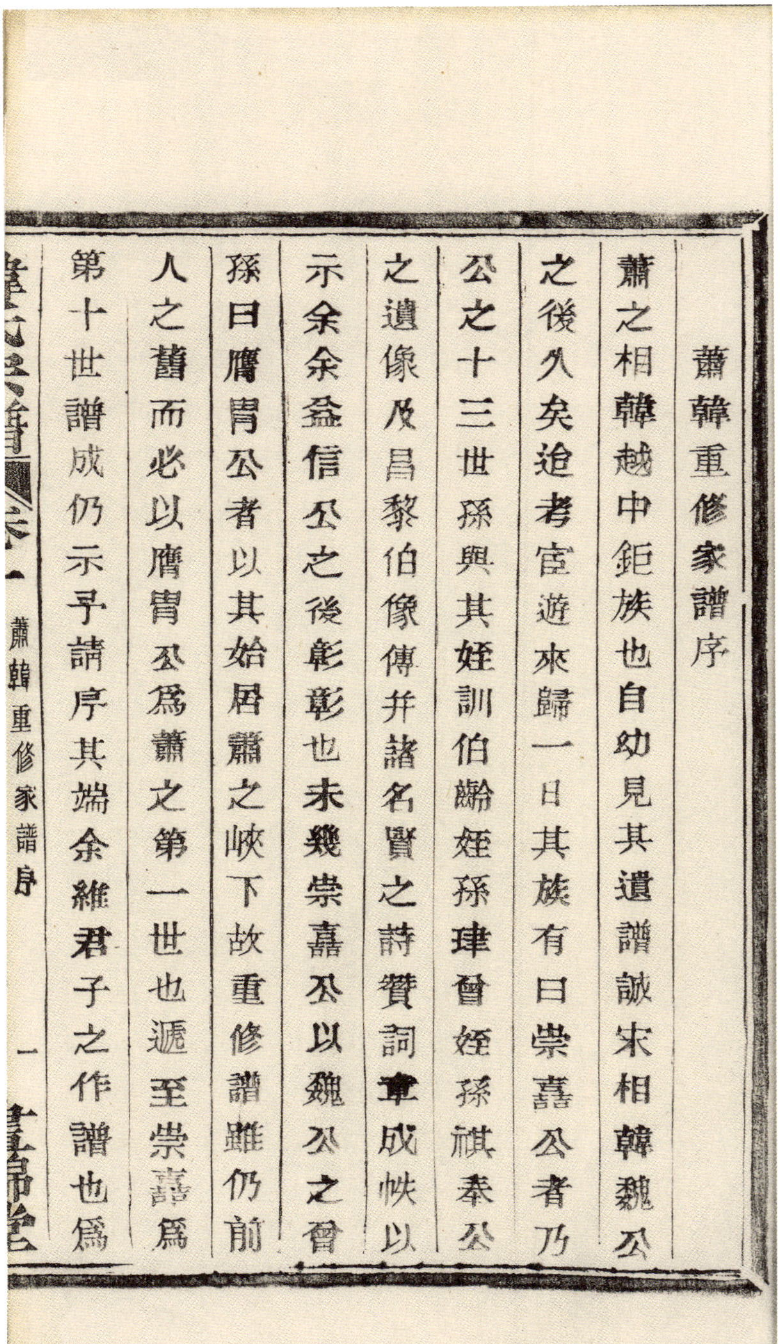

蕭韓重修家譜序

蕭之相韓越中鉅族也自幼見其遺譜誠宋相韓魏公
之後久矣追考宦遊來歸一日其族有曰崇嘉公者乃
公之十三世孫與其姪訓伯齡姪孫肆曾姪孫祺奉公
之遺像及昌黎伯像傳并諸名賢之詩贊詞章成帙以
示余余益信公之後彰彰也未幾崇嘉公以魏公之曾
孫曰膺胄公者以其始居蕭之峽下故重修譜雖仍前
人之舊而必以膺胄公為蕭之第一世也遞至崇嘉為
第十世譜成仍示予請序其端余維君子之作譜也為

蕭韓重修家譜序　一

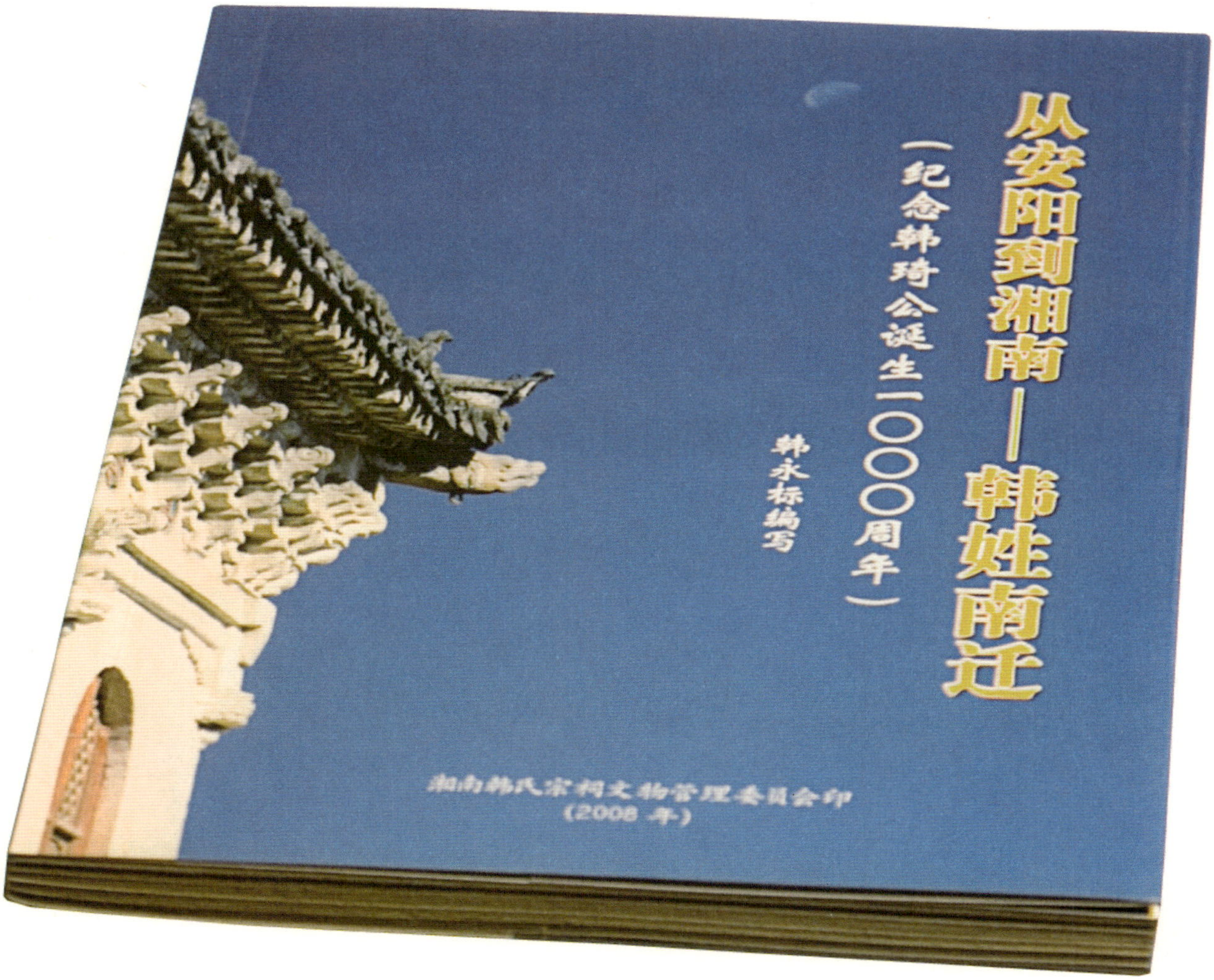

谱名：从安阳到湘南——韩姓南迁　尺寸：21.6cm × 15.6cm　装帧：平装　修谱时间：2008年
册数：全1册　收藏单位：杭州市萧山图书馆；杭州市萧山区档案馆

始祖膺冑公傳略

湘南韓氏始祖膺冑公（一〇九六—一一七六）字勉夫，相州安陽人。曾祖琦，宋仁宗、宋英宗、宋神宗三朝宰相；祖忠彦，宋哲宗宰相；父治，太僕卿，知相州。

公于政和五年（一一一五）中進士，授番禺縣令，有惠政，邑稱韓父。任滿徵起居郎，兼晉王府教授。靖康之變，公與長兄肖冑扈駕南渡，官中書舍人，後權禮部侍郎，兼侍講。紹興三年，任刑部郎中、駕部員外郎，上論刑罰輕重，國祚短長系之，望追法仁祖舊章，凡獄官失入死者，終身罰之，雖經赦宥，永不收叙。上命有司申嚴行下。後遷左司員外郎。次年，從尚書右司員外郎除直秘閣，提點江南東路刑獄公事。紹興十年，以資政殿學士知饒州。三年任滿，饒州士民哀哀如失父母。繼任者洪皓爲立《饒州守韓公德政碑》，云公天性和粹，質直端方，正大光明，表裏如一。與人推誠坦蕩，廉潔無私。爲政寬厚平易，省刑罰而薄徵徭，苞苴不通，惟利害所當興革，則汲汲爲之。遷禮部侍郎，兼端明殿大學士。後直秘閣，知太平州。還，上言州縣小吏，喜怒自私，驅無罪之人，不白長官而系于獄，謂之寄禁。望申嚴按察。詔刑部立法行省，時秦檜當國，倡言和議，而公以和議爲非，累與相忤，以此獲戾，不得升遷。秦檜死，知秀州。任滿，詔韓膺冑名臣之後，宜稍優异，可與在外，宫觀理作。後以端明殿大學士致仕歸峽下，優游山水爲樂。公原與胞兄肖冑同居紹興五雲門，紹興十六年，挈幼子穆定居峽下，自此爲湘南韓氏肇基之始。公于淳熙三年卒于紹興，享年八十一歲，贈金紫光禄大夫，謚莊宣，與兄肖冑同葬紹興日鑄嶺。

丁亥仲春　第二十五世裔孫永標拜撰

湘南韩宗祠旧貌

湘南韩宗祠全景

湘南韩氏宗祠原筹建小组成员合影（2008 年摄）

谱名：山阴天乐葛氏宗谱　堂号：读书堂　尺寸：29.7cm × 21cm　装帧：平装　复印本　修谱时间：民国三十五年（1946）重修　册数：不详　收藏单位：杭州市萧山区档案馆，1册

家乘自序

我族宗譜自姬張分姓爲葛氏至二世道翁公遷居天樂鄉花溪里傳十六世至繩武公等初度創輯先由繕本而付剞劂以後更世一修源遠

序 一

谱名：萧山苧萝葛氏宗谱　堂号：读书堂　尺寸：28.5cm × 18.6cm　装帧：线装　修谱时间：2011年续修　册数：全8册　收藏单位：杭州市萧山区档案馆

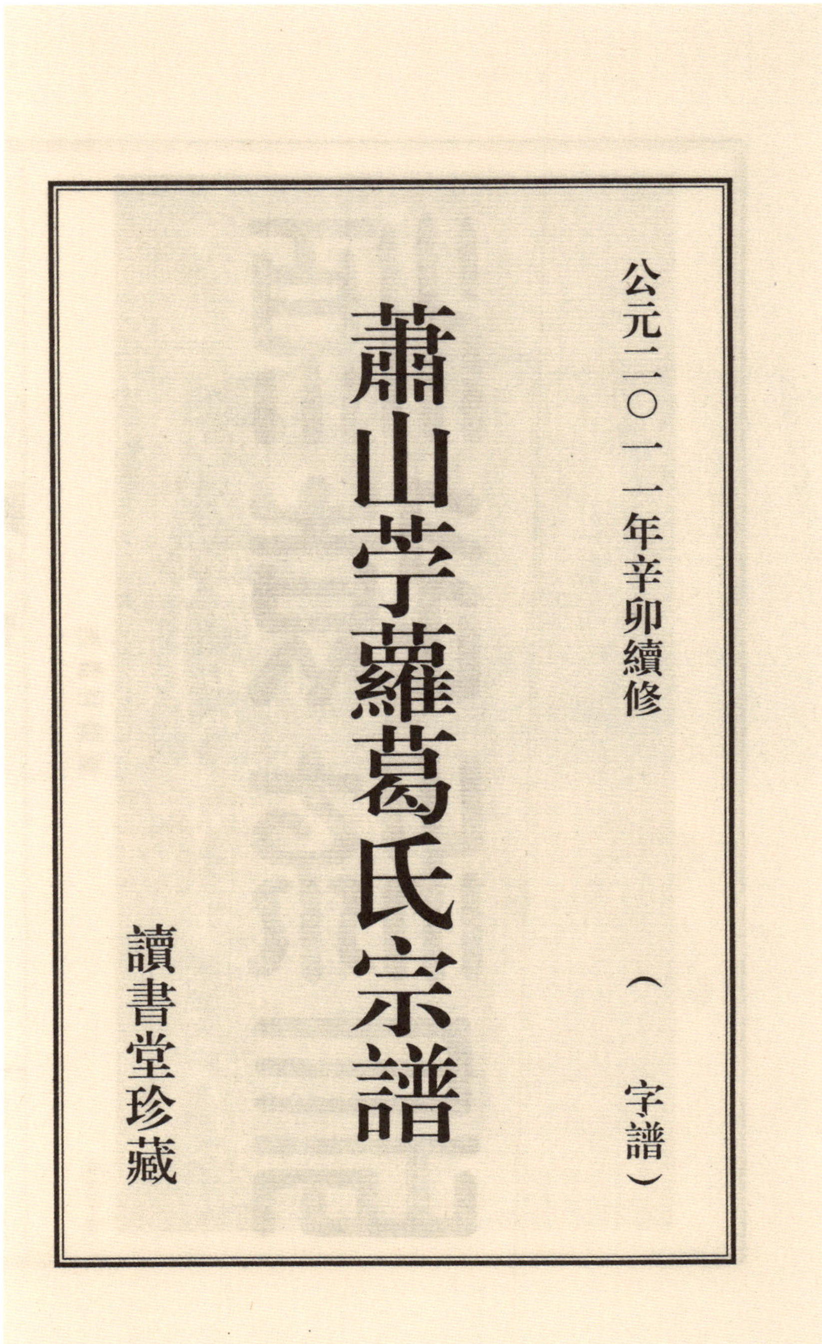

公元二〇一一年辛卯續修　（字譜）

蕭山苧蘿葛氏宗譜

讀書堂珍藏

傳余貴世以張顯自
竹牕公居蕭山生三子公苦兵亂即舅氏而分姓思徐葛張
之義者則知吾祖之本乎張也昭所自也
百始公既離祖而祧葛於苧蘿長次
志翁公道翁公亦分宗而尋勝於天樂守宗祀宅苧蘿者惟
我東西葛公之始祖
百始公之三子
了翁公也生二子守先待後長子
秀實公又創立蘿西别名西葛生二子
重華占西

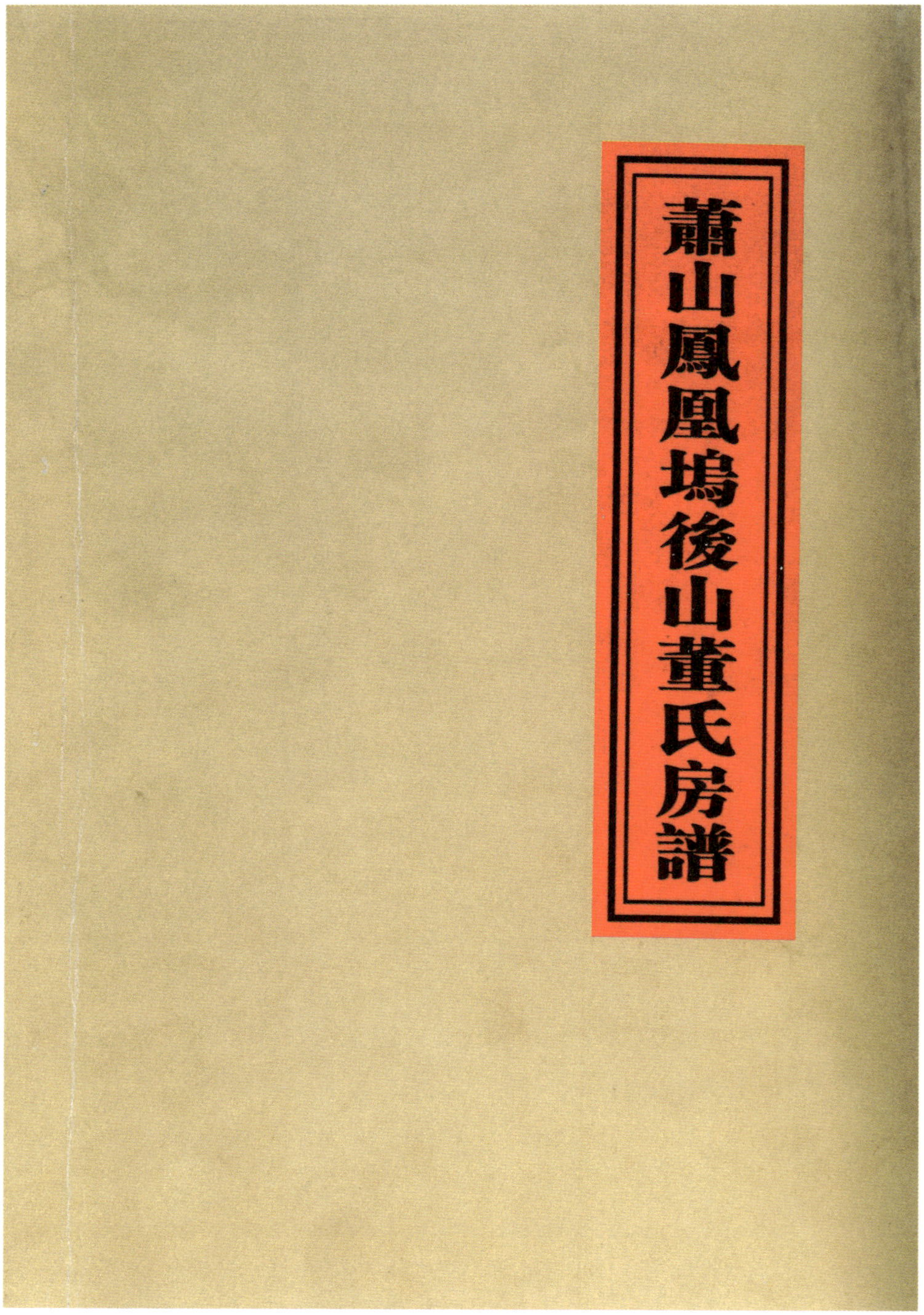

谱名：萧山凤凰坞后山董氏房谱　堂号：正明堂　尺寸：29.2cm × 20.7cm　装帧：平装　修谱时间：2009年　册数：全1册　收藏单位：杭州市萧山图书馆

蕭山鳳凰塢後山董氏房譜

董關良 主修

正明堂

鳳凰塢後山房藏版

蕭山鳳凰塢後山董氏房譜編寫組編著

二〇〇九年十月

（公元 1088 年）四月初十日子时，卒于孝宗甲申年（公元 1164 年）十二月十一日寅时，寿七十有七”。

《萧山董氏谱系源流》（明元统李元善撰）记：“仲舒之四十叶，名正，字公平，以贤良起，为浙江都司事。其子权，籍居萧山之党耆里”。《翳云处士墓志铭》中所记：党耆董氏“其先广川衣冠望族也。三世祖，讳正，字公平者，任浙江都事，适遭宋室之乱，卜居武林（今杭州市），由是附籍萧山而家世焉”。明确地交代了三世祖董正系始祖董仲舒的四十代裔孙，以及籍居萧山党耆的来龙去脉和缘由。党耆，即今戴村上董，因村座落在党耆岭下而得名。旧时属许贤乡，后划归戴村区。据《富阳大源稠溪董氏宗谱》记载：“西汉有仲舒者，明春秋，负王佐之才，试宰江都而转博士，称为儒宗。厥后元公（即董元—编者注，下同）唐咸宁（公元 399 年）间起籍山东，任婺（即今金华）判司。因爱婺之山川，遂创迁吴德县怀兴乡浦墟屯安坑为家焉。传至文亮公为吏部尚书。裔孙讳正，字公平，为浙江行都司事，遂家于武林兴贤巷。至子权，寻涉于萧山之许贤党耆里。”宋时，各省建有左司、右司之分，统称“都司”，相当于一省掌兵的最高长官，即现在的省一级军区司令之职。公元 1126—1129 年间，金兀术渡江南进，九犯中原，宋室被迫南迁，史称“南宋”。在浙江任职的三世祖董正，“适遭宋室之乱，由是卜居武林，附籍萧山”。这段话包含了三点意思：（1）太祖文亮的祖父董元，从公元 399 年起籍居山东。官拜浙江金华判司，因羡金华之山川形胜而创迁

凤凰坞董氏宗祠
（2003年9月重建）

谱名：萧山蒋氏宗谱　堂号：燕翼堂　尺寸：30cm×18cm　装帧：线装　修谱时间：清光绪二十七年（1901）　册数：全17册　收藏单位：杭州市萧山图书馆

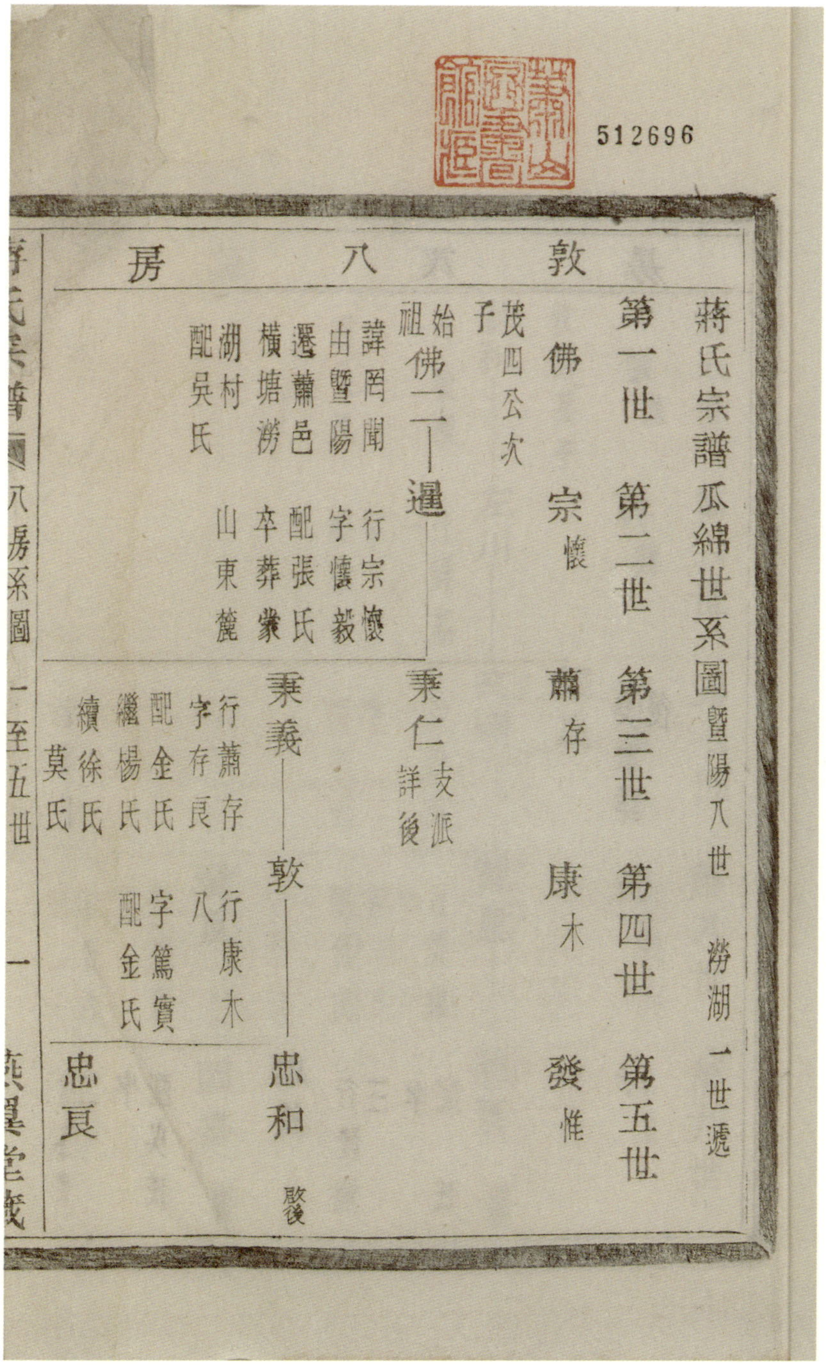
512696

蔣氏宗譜瓜綿世系圖暨陽八世 滂湖一世遷

敦八房

第一世	第二世	第三世	第四世	第五世
佛	宗懷	蕭存	康木	發惟

茂四公次子

始祖佛二—暹 諱罔聞 由暨陽 遷蕭邑 橫塘滂 湖村 配吳氏

行宗懷 字懐毅 配張氏 卒葬蒙 山東麓

兼仁 支派詳後

兼義 行蕭存 字存良 配金氏 繼楊氏 續徐氏 莫氏

敦 行康木 八 字篤實 配金氏

忠和 發

忠良

蔣氏宗譜圖 八房系圖 一至五世 一 燕翼堂藏

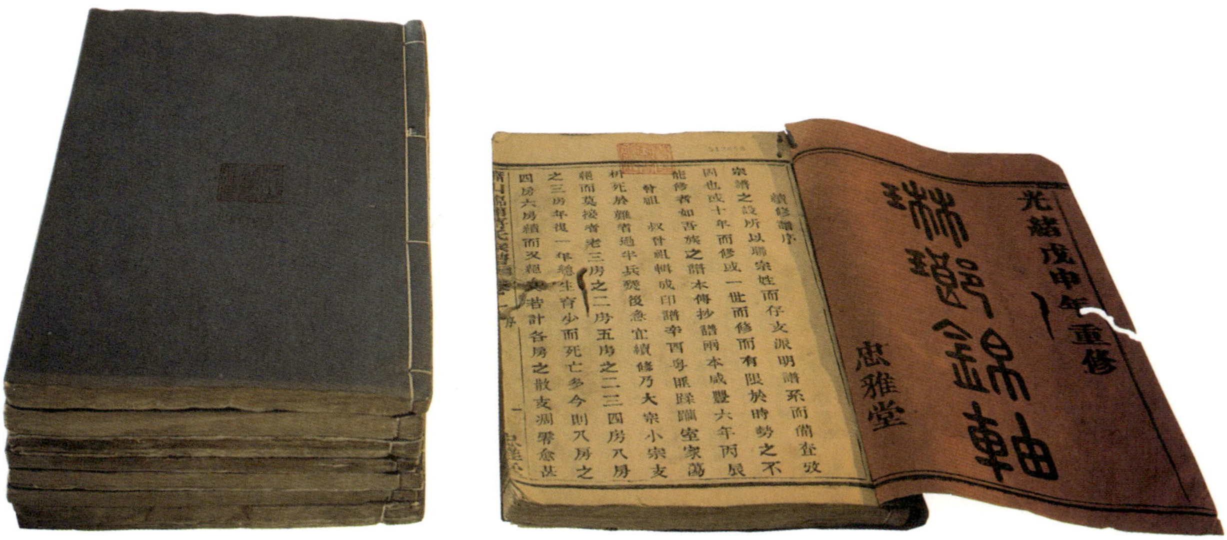

谱名：萧山临浦蒋氏宗谱　堂号：忠雅堂　尺寸：27.5cm × 17.5cm　装帧：线装　修谱时间：清光绪三十四年（1908）重修　册数：全8册　收藏单位：杭州市萧山图书馆

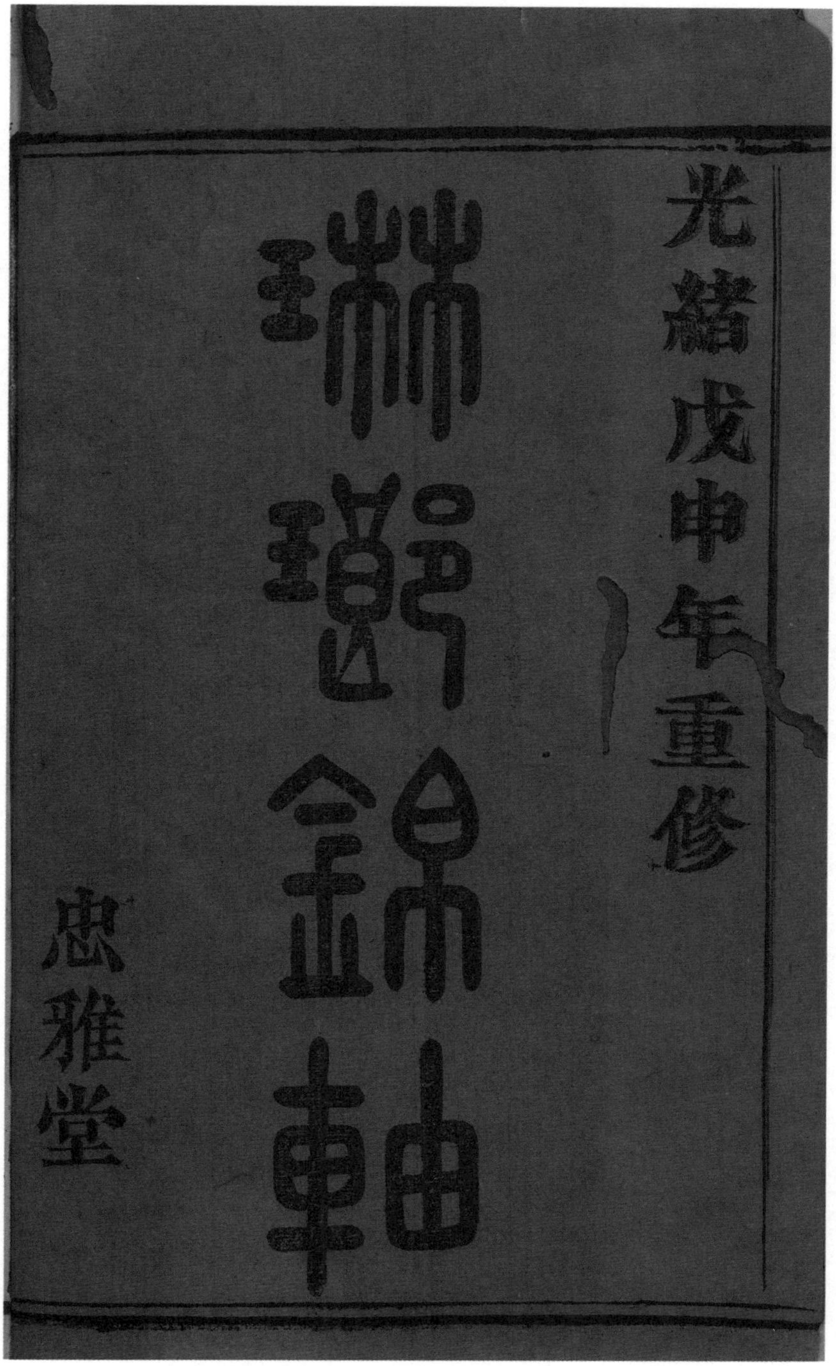

光緒戊申年重修

琳瑯錦軸

忠雅堂

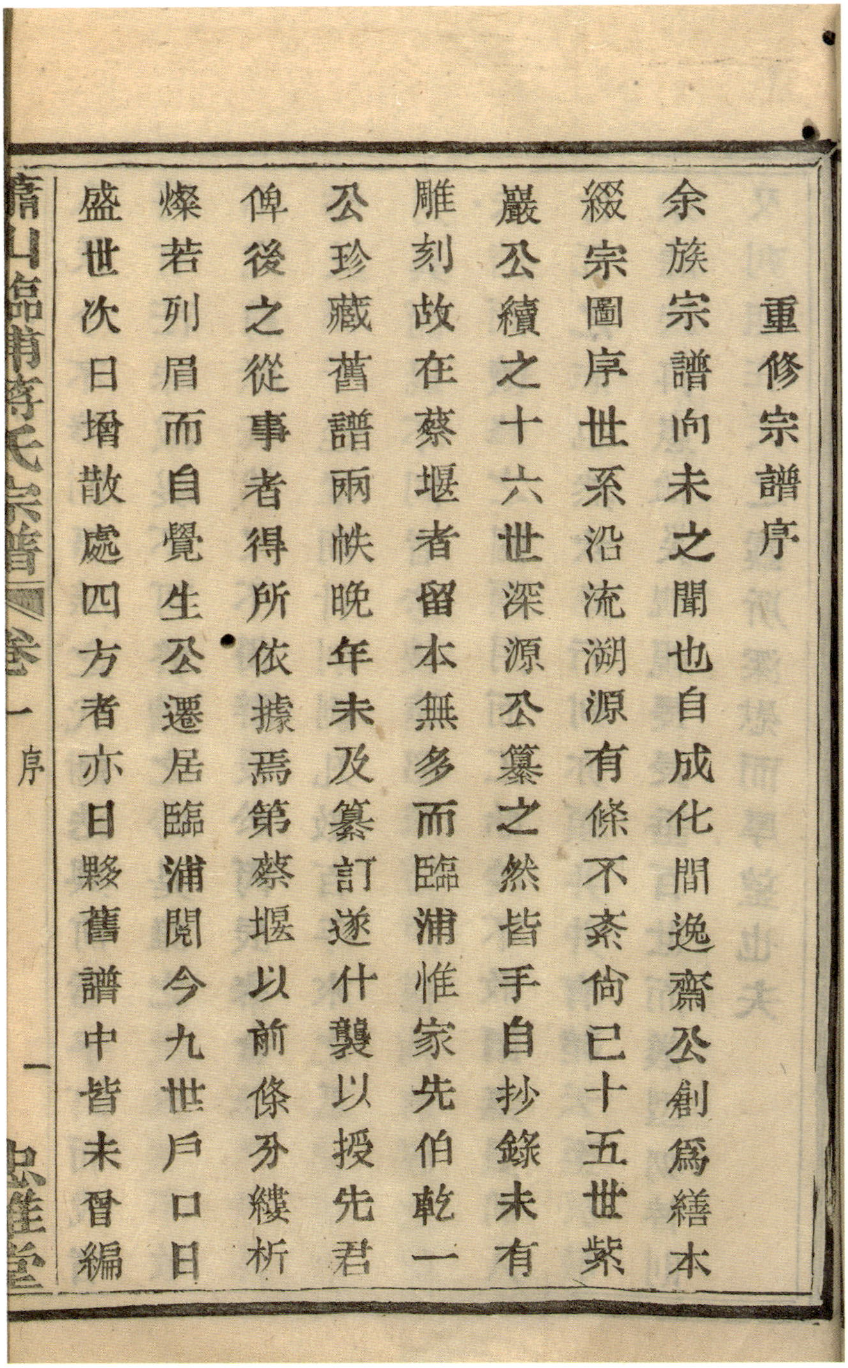

重修宗譜序

余族宗譜向未之聞也自成化間逸齋公創爲繕本綴宗圖序世系沿流溯源有條不紊尚已十五世紫巖公續之十六世深源公纂之然皆手自抄錄未有雕刻故在蔡堰者留本無多而臨浦惟家先伯乾一公珍藏舊譜兩帙晚年未及纂訂遂什襲以授先君俾後之從事者得所依據焉第蔡堰以前條分縷析燦若列眉而自覺生公遷居臨浦閱今九世戶口日盛世次日增散處四方者亦日夥舊譜中皆未晉編

蕭山臨浦蔣氏宗譜 卷一 序 一

谱名：萧山沙河口傅氏宗谱　堂号：永思堂　尺寸：28.6cm × 18.6cm　装帧：线装　修谱时间：2013年　册数：全5册　收藏单位：杭州市萧山区档案馆

公元二〇一三癸巳年新修

歐蘇譜式

永思堂珍藏

蕭山沙河口傅氏宗譜 卷一 永思堂

後來其後代大司馬傅寬遷居紹興，傅玄遷居金華浦江安居。傅玄定居金華浦江後，其子孫又由于戰亂遷居義烏後又到諸暨直埠。這時候傅氏家族子孫滿堂，為千字頭。千二公從諸暨直埠遷居湄池後又到横山傅。到了元順帝至正年間，吾族始祖傅禮公（千二公傅巍六世孫）從北幹之陽到沙河口建造并管沙沱堰。那時沙河口還是一片汪洋，不能住人，他衹能住在地勢較高的東山老屋基地上（現在還有遺迹），用茅草搭起一個草棚安家。後娶鐘氏為妻。他育有五個兒子，即歷史上沙河口五房大公，分別為辰山太公、相一太

正門上方之匾額

蕭山沙河口傅氏宗譜

卷一 修祠續譜成員合影

公元二〇一三癸巳年新修

一一八

永思堂

沙河自然村傅氏宗祠籌备小組全体人員合影留念

2010.12.17

前排左起：傅東海　傅葆春　傅觀法　傅朱法

後排左起：傅美娟　傅志新　傅秉洪　傅吾根　傅詩恩　傅吾芳　俞科德　陳校根

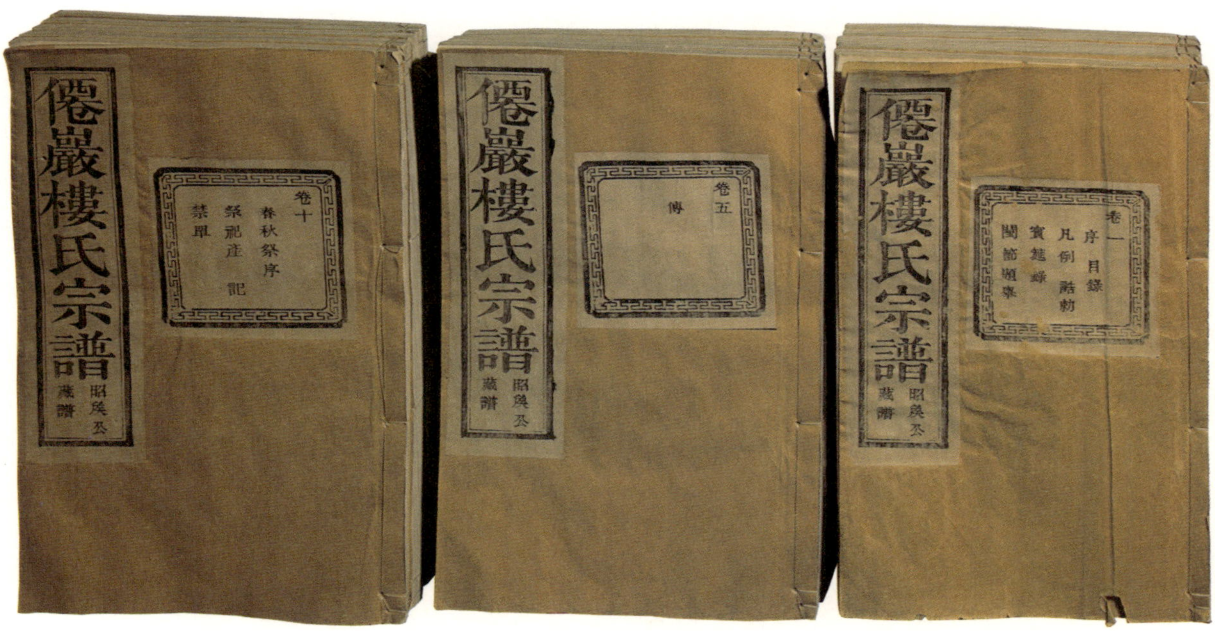

谱名：仙岩楼氏宗谱　堂号：务本堂　尺寸：18.3cm×30.2cm　装帧：线装　修谱时间：民国十七年（1928）重修　册数：全90册　收藏单位：杭州市萧山图书馆，90册（原家谱佚47册；现47册为复印件）

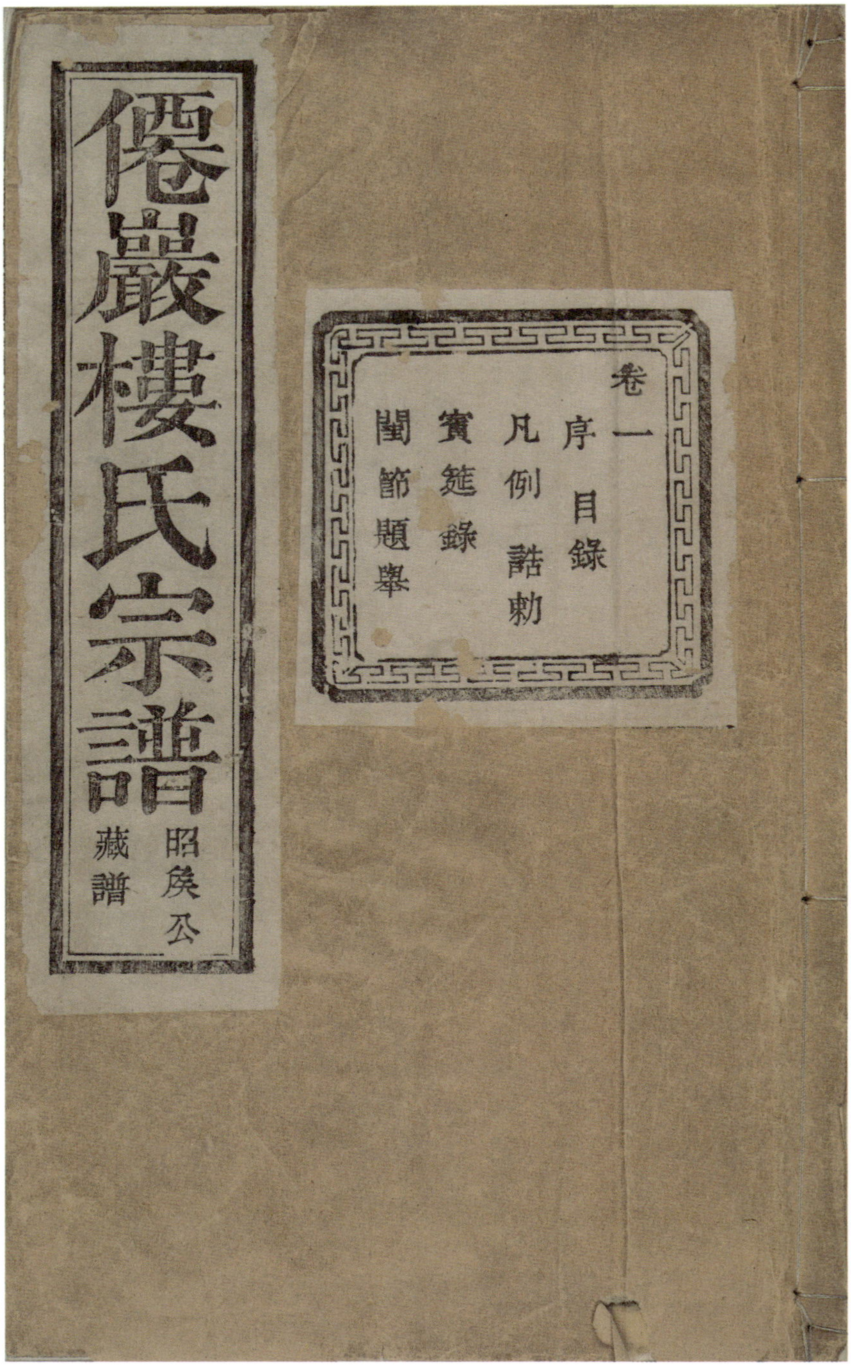
僊巖樓氏宗譜
昭矦公
藏譜
卷一
序　目録
凡例　誥勅
賓筵録
閨節題舉

民國戊辰年重修

歐蘇譜式

務本堂珍藏

谱名：仙岩楼氏宗谱　堂号：气聚堂　尺寸：21.5cm×29.5cm　装帧：精装　修谱时间：2010年重修　册数：全5册　收藏单位：杭州市萧山图书馆；杭州市萧山区档案馆

民國戊子年續修

歐蘇續式

氣聚堂珍藏

僂巖樓氏宗譜　卷之一　氣聚堂　大山莊　文集　九　二〇一〇年庚寅重修

僊巖樓氏宗譜　卷之一　氣聚堂　大山莊　文集　二八　二〇一〇年庚寅重修

彦孚公香山

唐礼部兵部尚书楼晋，字彦孚，
大禹一百零二世孙为仙岩楼氏第一始祖。

大山庄续修宗谱理事会
東樓宗祠

谱名：仙岩楼氏宗谱　堂号：气聚堂、务本堂　尺寸：20.8cm×31cm　装帧：线装　修谱时间：2011年续修　册数：全21册　收藏单位：杭州市萧山图书馆；杭州市萧山区档案馆

仙岩樓氏宗譜 卷二下 二零一一年辛卯續修 務本堂

東陽郡

氣聚堂

務本堂

仙岩樓氏宗譜 卷二

二零一一年辛卯續修

務本堂

仙岩楼氏始祖彦孚公画像

唐中书侍郎同平章事、兵部尚书楼晋，字彦孚，大禹百零二世孙，为仙岩楼氏之始祖。

續修《仙岩樓氏宗譜》理事會合影

谱名：城山裘氏宗谱　堂号：孝义堂　尺寸：31.5cm×21.5cm　装帧：线装　修谱时间：2012年重修　册数：全18册　收藏单位：杭州市萧山图书馆；杭州市萧山区档案馆

杨梅、茶叶、竹笋等农产品，生态优势、后发优势日渐显现。

沿革

裘家坞，旧称裘家湖，始于南宋，至今逾800年。据裘氏宗谱载，裘氏祖上河南，随宋室南迁，南宋时翰林院孔目裘贵字肇宗，选择山阴天乐老虎尾巴岗麓这方宝地安居发族，繁衍生息至今。裘肇宗排行第六，子孙尊其为裘家坞裘氏始祖，称寿六太公。

现裘家坞境地，南宋时隶属绍兴府山阴县天乐乡；元明清时期属绍兴路（府）山阴县；民国时期归属绍兴县。据《天乐志》载，天乐乡者，因境内有琴石（今傅家墩村境内）为天然音乐，故名。有茅山闸台联为证：『寺近城山，一样晚钟醒俗梦；岗邻琴石，九天仙乐落人间』。《麻溪改坝为桥始末记》还说『越始号乐土』。实际上，旧时天乐，因水患常常致十年九灾，故土瘠民贫，号曰荒乡。

正是基于治水患和便于管理的考虑，至中华人民共和国成立后，于1950年10月由绍兴县将进化区整区与萧山县的钱清区互换归属，而划归萧山县管辖。其后60年间，进化或区，或公社，或乡，或镇，其行政区域多有变迁，裘家坞则一直隶属于进化，并因为人口众多，而成为萧山南片一个重要村庄。现将1950年后主要沿革记录如下：

1950年4月，村建立农民协会，开展土地改革。

1952年6月，村中裘氏族人11人先后参加了中国人民志愿军，抗美援朝。

1955年，裘家坞村办起农业生产合作社。

图为裘氏宗祠正大门

第十四轮续修《城山裘氏宗谱》工作编辑部成员合影

后排左起：子成、正平、兴木、海庆、子苗、祥法

前排左起：关海、利法、聚政、勇伟、成仁、汉勇、土根、陆铭

谱名：萧山虞氏宗谱　堂号：承裕堂　尺寸：28.6cm × 18.2cm　装帧：线装　修谱时间：2008年重修　册数：全17册　收藏单位：杭州市萧山区档案馆

我龍山始祖系舜之十二世孫虞讓（注）之後裔。讓之三十二世孫簡（一七—九二）被毒遂從河南汝陰隱居會嵇崧山（餘姚）。其二十七世孫滿（八四〇—九一三）遷東陽舉吳寧令。滿之後裔崇的六世孫元吉（一〇八八一）徙居義烏華溪。元至正二十三年，（一三六三）龍山公攜子來杭至蕭山奠居浦沿。（四都迴龍山）。蕭山虞氏宗譜，自龍山公徙居蕭山三百餘年，傳世一十有五，在康熙五十年辛卯（一七一一）才作首譜。其間續修七次；分別為乾隆元年丙辰（一七三六）；乾隆十一年丙寅（一七四六）；乾隆十十一年丙子（一七五六）道光二十四年戊戌（一八九八）；最後一次是民國十三年甲子（一九二四）。由于種種原因，蕭山虞氏宗

第五届續修宗譜理事會成員照片
前排左起　成根　光文　炳吾　悟法　金水
後排左起　榮華　炳然　利祥　關銓　新根　金木

公元二〇〇八年
農歷戊子年重修

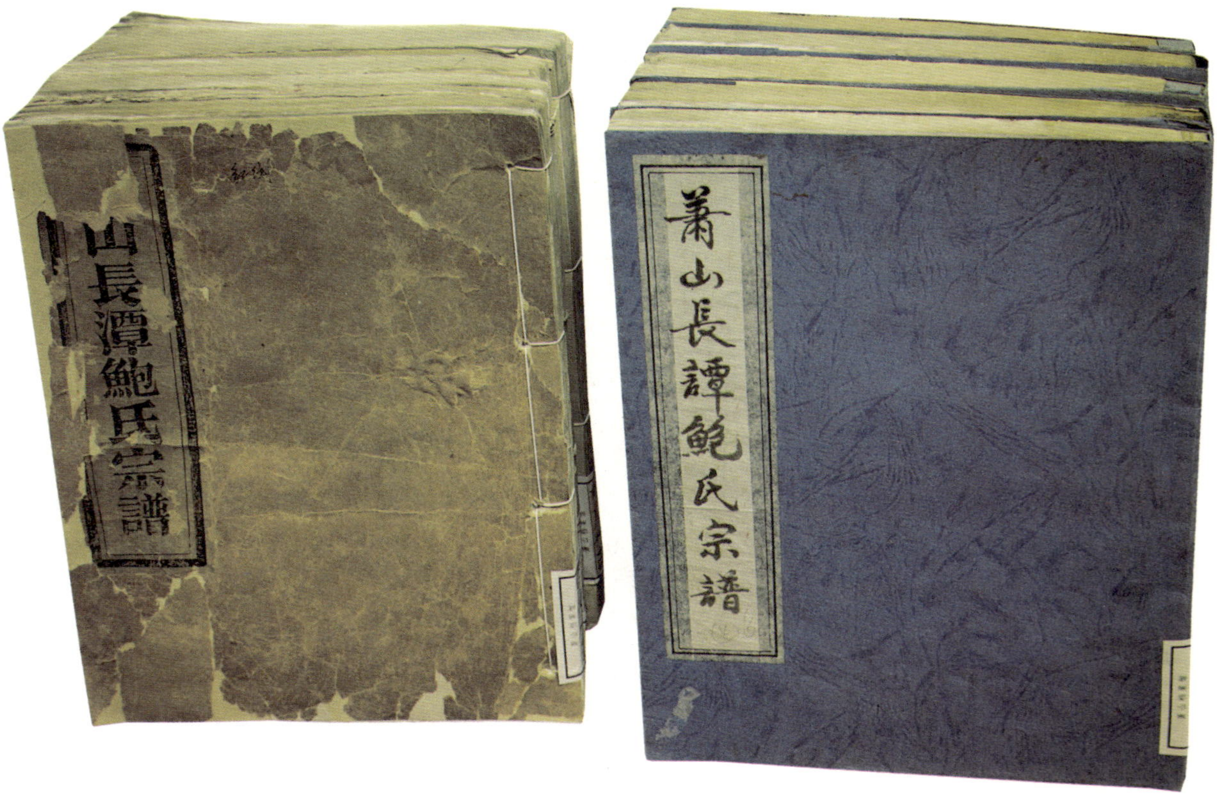

谱名：萧山长潭鲍氏宗谱　堂号：承启堂　尺寸：28.5cm×20cm　装帧：平装　修谱时间：民国六年（1917）重修　册数：不详　收藏单位：杭州市萧山区档案馆，存9册

谱名：萧山长潭鲍氏宗谱　尺寸：28.5cm × 20cm　装帧：线装　修谱时间：2005年重修　册数：全9册　收藏单位：杭州市萧山区档案馆

谱名：白马湖詹氏宗谱　尺寸：29.2cm×21.5cm　装帧：精装　修谱时间：2012年续修　册数：全1册　收藏单位：杭州市萧山区档案馆

谱名：萧邑裴氏宗谱　堂号：晋国堂　尺寸：29.8cm × 20.2cm　装帧：线装　修谱时间：清同治十二年（1873）　册数：全3册　收藏单位：杭州市萧山区档案馆

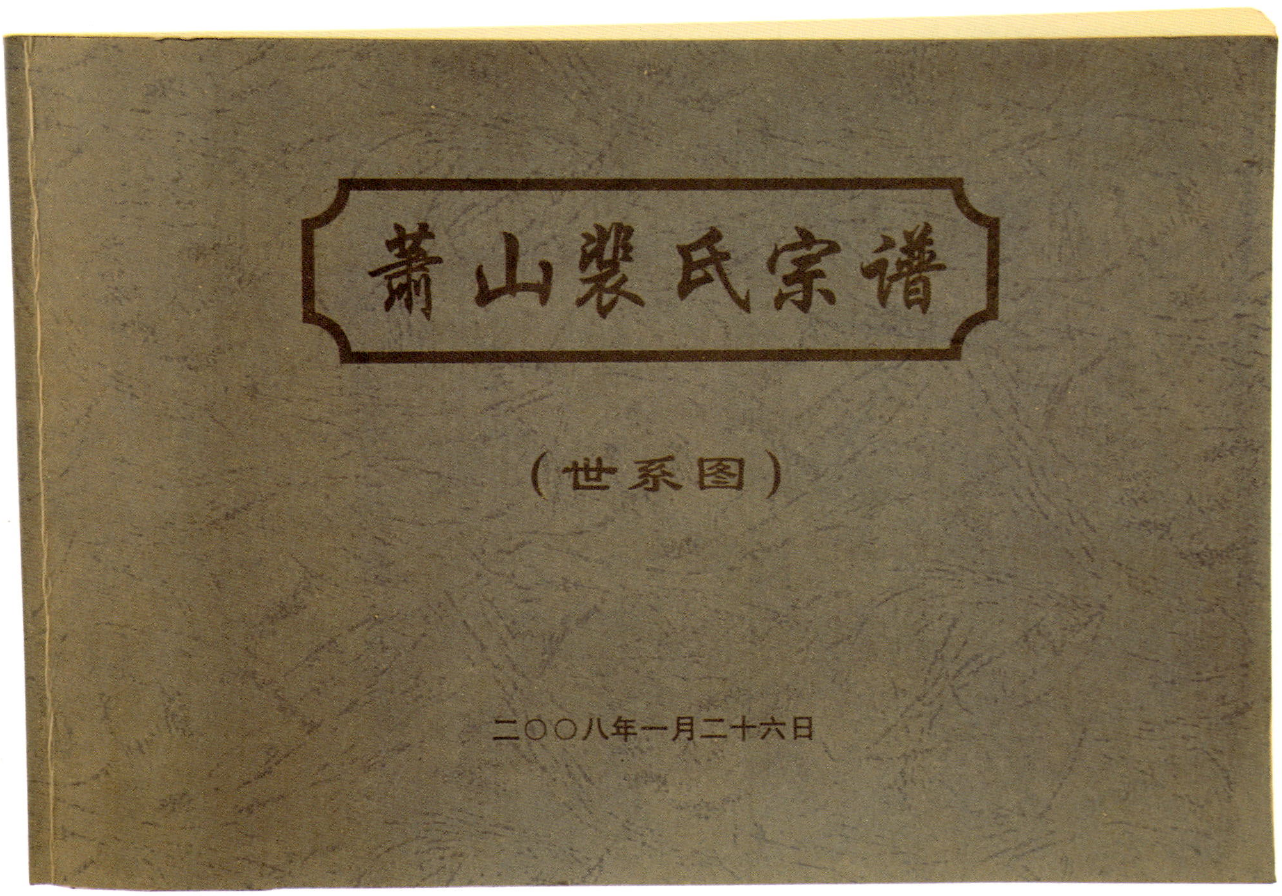

谱名：萧山裴氏宗谱——世系图　尺寸：20.7cm × 29.6cm　装帧：平装　修谱时间：2008年　册数：全1册　收藏单位：杭州市萧山图书馆

裴氏家谱序

谱之有系图行传始自庐陵眉山二册无伦×族黎庶皆终其法凡族姓之有谱也乃××自古以来并无家乘因邻居陈姓创谱裴姓族长其为忻慕曾同各望长爰立董事将男女丁口派费以作创谱之用以为千百世不误尊卑长幼及生卒嫁娶并墓所可确载明也我按通志略裴氏嬴姓伯益之后秦非子孙 乡侯因以为氏当周僖王之时封为解邑君乃去邑从衣故唐有裴度大学士督兵计平淮蔡封晋国公至五代时皆有名士不及细载至宋时天一公迁居萧山裴家里为始祖随在成族其间有谱无谱均不可知而别谱之可联不可联亦不可知而苟有贤明辈出能广询博核纂辑於断文脱简之余使续秩然昭穆井然而亦叶云 继起咸奉为法守而视同国史者更尤重也谨延诸暨谱师杨祁先生按古稽今自流而溯其源由本而分厥支为誌其名表其字嫁娶者揭其来历生卒纪其日时至其垢庐坟墓无不详悉备载庶后子孙开××垦而尊卑有伦长幼有序亲中 有别虽曰谱师××而实裴氏子孙之幸焉自为序

时

道光七年岁岁次丁亥四月上浣之吉

壬子科举人诸暨陈九皋撰

族长　文　富

房长　成高　宗玉

董事　启丰　启周

永瑞　宇定

宇宸　传继

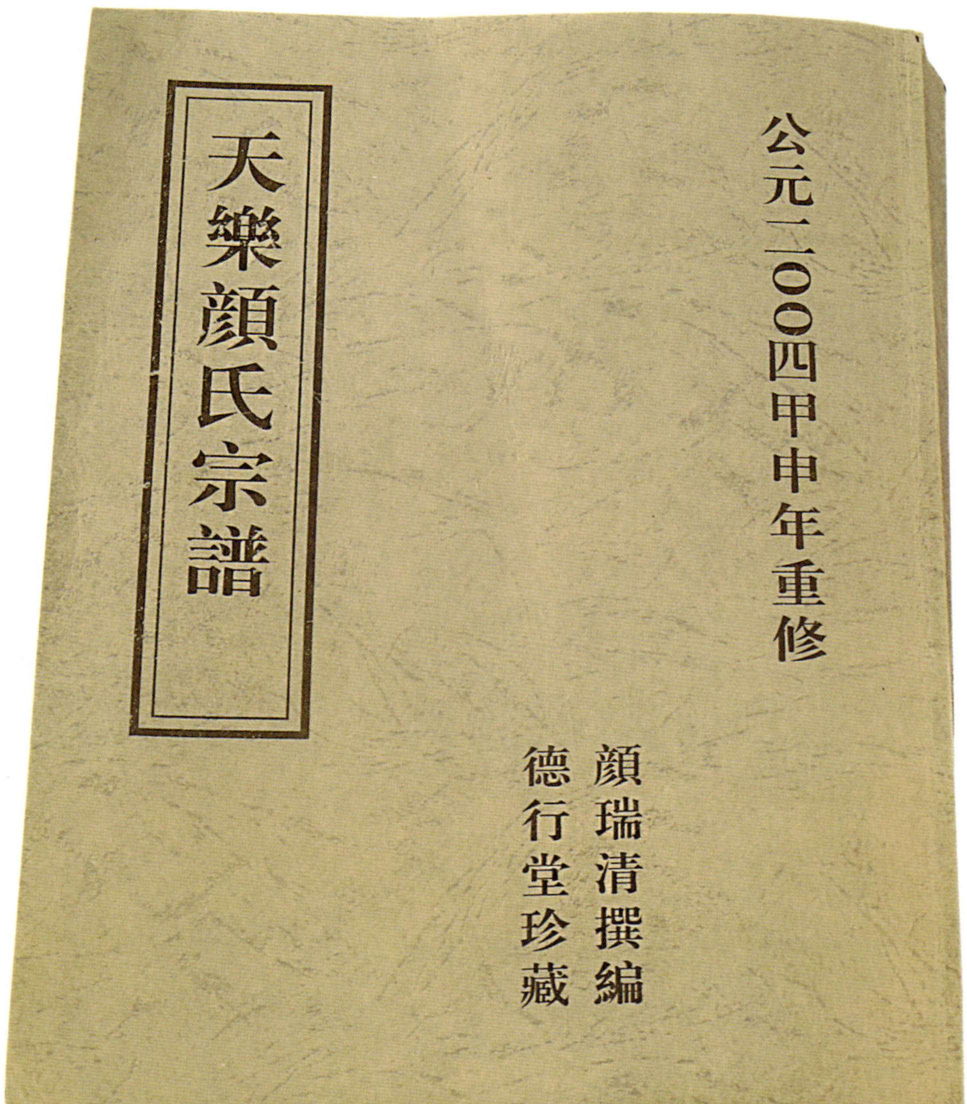

谱名：天乐颜氏宗谱　堂号：德行堂　尺寸：29.3cm×21.2cm　装帧：平装　修谱时间：2004年重修　册数：全1册　收藏单位：杭州市萧山图书馆；杭州市萧山区档案馆

天乐颜氏系颜回后裔，其子孙繁衍，因避乱随宋室南迁时，一支迁家义乌大陈。元朝时，大陈一族中一位名体备，字用周，号四八秀才，来天乐游览，其见绣壤相错，左临渚，右湓湖，山清水秀，恋不忍舍，遂于今颜家塔侨居而不返也，为天乐颜氏始祖。生二子，长昱一，讳继昌，字顕谟，隐居泉石不求闻望，怡情於采钓，乐志於邱园。延诗课读，立业今下颜村，下颜之祖。次曰昱二，讳继顺，公秉性孝友持身谨勤，忠厚承家，勤俭启业，勘头颜之祖。颜氏传至今二十四世矣。簪缨相继，代阅相望，光前列而后昆，则子孙振振将愈昌愈蕃，千百世而无穷者，肇基一人之开创也，耶夫水必有源，木必有本，而况于有家之巨族也哉，故志其大略，如此其详则见于宗图世系云。

二十世孙颜瑞清拜撰

公元二00四年 甲申吉旦

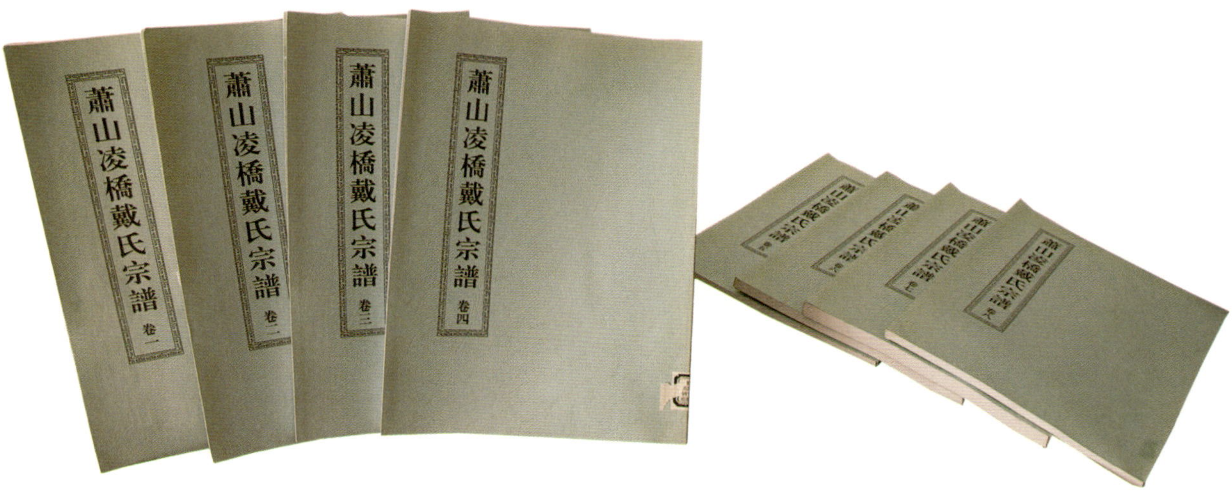

谱名：萧山凌桥戴氏宗谱　堂号：源远堂　尺寸：29cm×20.8cm　装帧：平装　复印本　修谱时间：民国二十五年（1936）重修　册数：全8册　收藏单位：杭州市萧山区人民政府地方志办公室

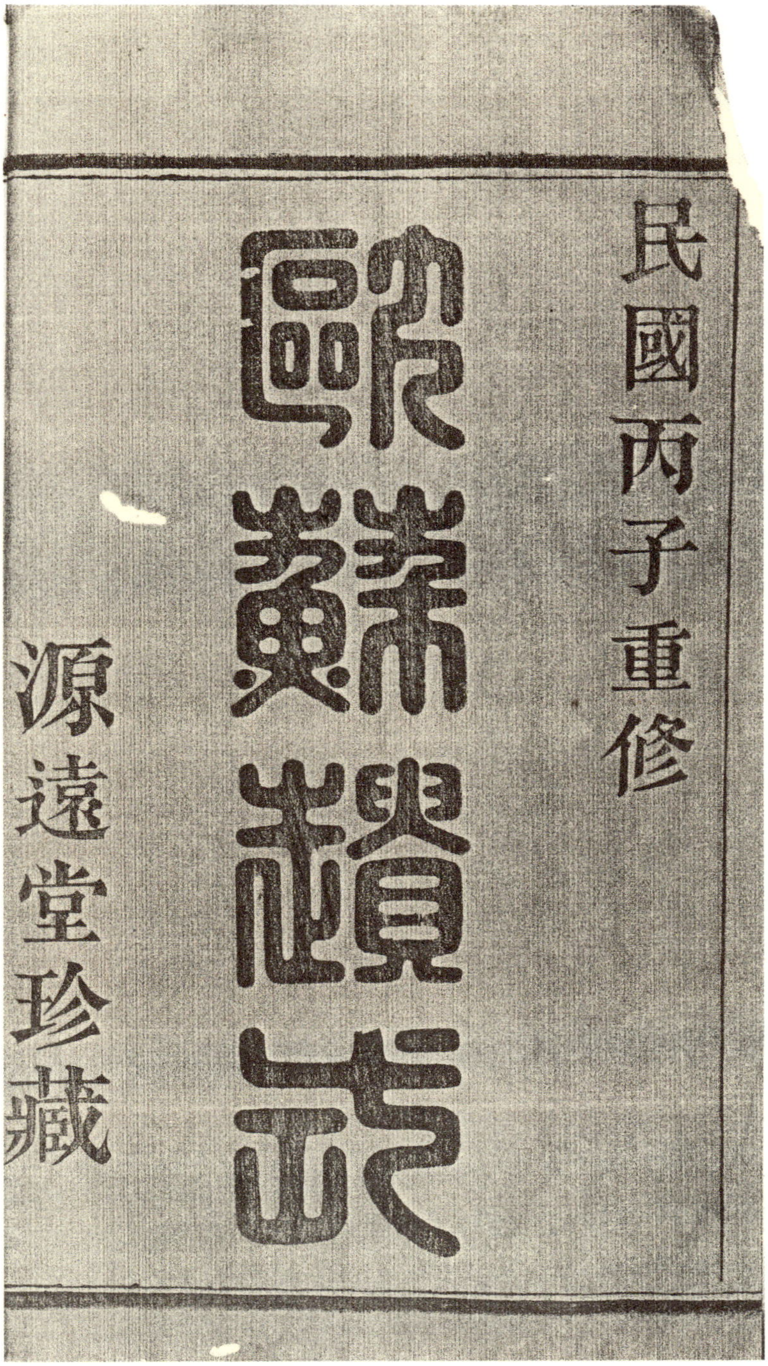
民國丙子重修
歐蘇續志
源遠堂珍藏

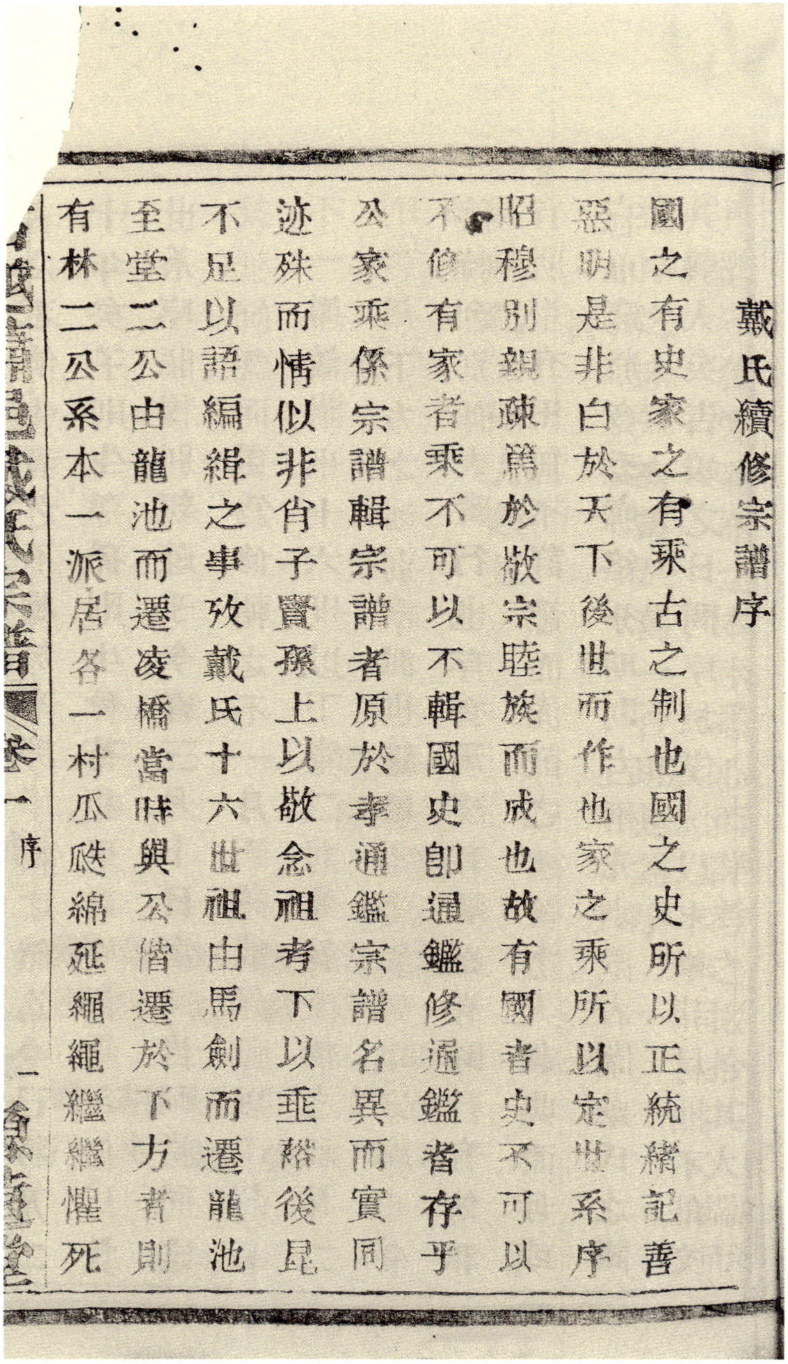

戴氏續修宗譜序

國之有史家之有乘古之制也國之史所以正統緒記善惡明是非白於天下後世而作也家之乘所以定世系序昭穆別親疏篤於敬宗睦族而成也故有國者史不可以不修有家者乘不可以不輯國史即通鑑修通鑑者存乎公家乘係宗譜輯宗譜者原於孝通鑑宗譜名異而實同迹殊而情似非肖子賢孫上以敬念祖考下以垂裕後昆不足以語編緝之事攷戴氏十六世祖由馬劍而遷龍池至堂二公由龍池而遷凌橋當時與公偕遷於下方者則有林二公系本一派居各一村瓜瓞綿延繩繩繼繼懼死

卷一　序　一

谱名：萧山魏氏宗谱　堂号：崇礼堂　尺寸：28.5cm×19cm　装帧：线装　修谱时间：2006年重修　册数：全16册　收藏单位：杭州市萧山图书馆

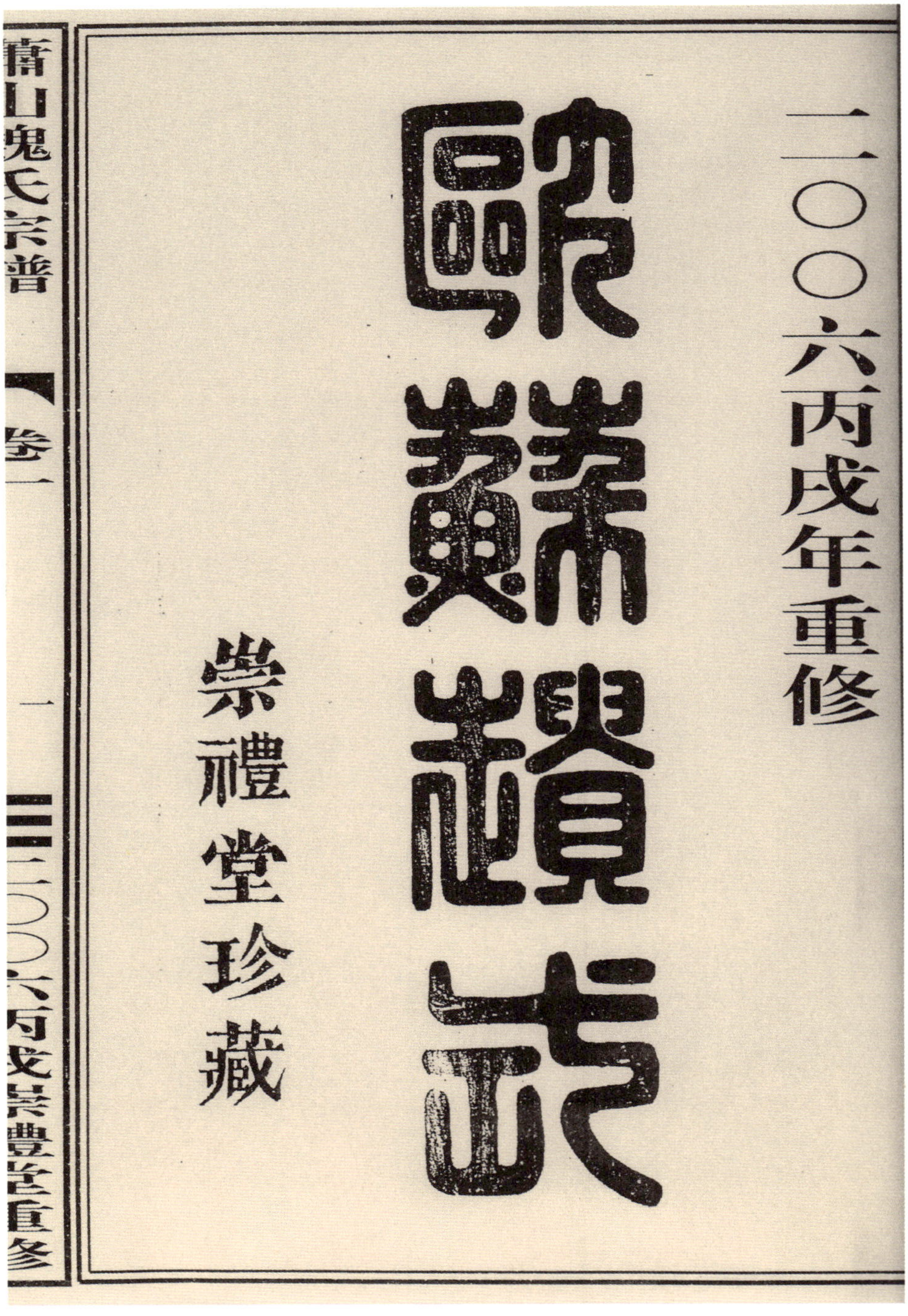

二〇〇六丙戌年重修

崇禮堂珍藏

萧山魏氏宗譜 【卷一】 一 二〇〇六丙戌崇禮堂重修

蕭山魏氏宗譜第十五次重修

序

國有史家有譜要知祖先必閱宗譜要傳后人必繕其譜使之綱紀清明長幼有序期我魏族后裔能傳承祖訓賢德有增

念我始祖崑公於宋天聖九年自德清遷至蕭然沃土歷經滄桑繁衍至今已三十又九世煊然蕭南一巨族其間英烈輩出宏業有成

魏氏宗祠正門

魏氏宗祠修建及第十五次宗譜重修理事會

前排右起：正濤　鎮雲　渭星　東如　繼祥
后排右起：疆文　仁橋　章林　治中　仁爍　秋帆

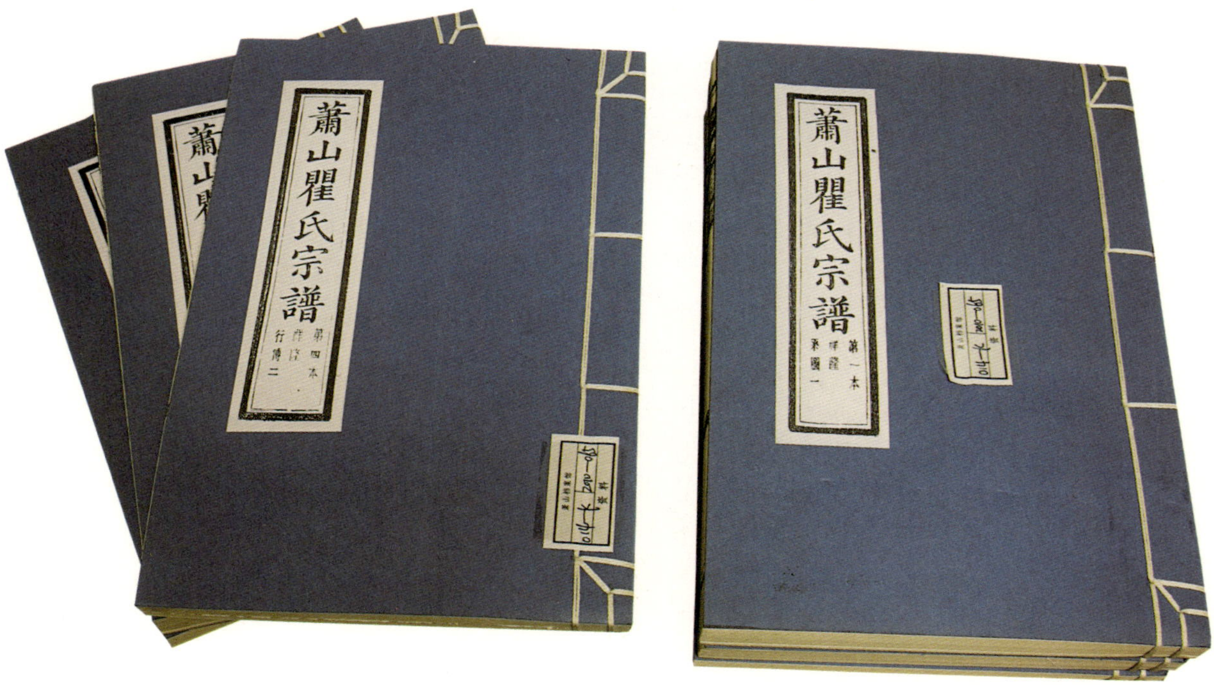

谱名：萧山瞿氏宗谱（东瞿祥隆）　堂号：永思堂　尺寸：34.7cm × 23cm　装帧：线装　修谱时间：2006年重修　册数：全6册　收藏单位：杭州市萧山区档案馆

瞿氏族譜序

蕭邑南鄉望族必推瞿氏考其世系自汴梁高平遷永康自永康遷蕭山始祖公諱元字益之行亞三當宋乾道間隨子千一公任蕭山學教諭因擇孝悌鄉玉泉溪而居之即今所稱大橋村者是也嗣是而六世祖公大榮任錢塘尉居杭州之箭橋八世祖安道任松江府司馬居上海縣之下沙場此又自蕭而分遷於杭州松江者也自始祖公首遷以迄於今相傳二十五世矣代既久遠族益繁昌引而近之則千派彙於一源推而遠之則一本視若行路誠欲其離而復合合而不散則族譜之修宜亟亟爾夫族之有譜所以序世次考源流別長幼辨親疎敦倫紀也而其間有爵位者必書有功績者必書有

蕭山大橋瞿氏宗譜　譜序　東瞿祥隆　公元二〇〇六年丙戌重修

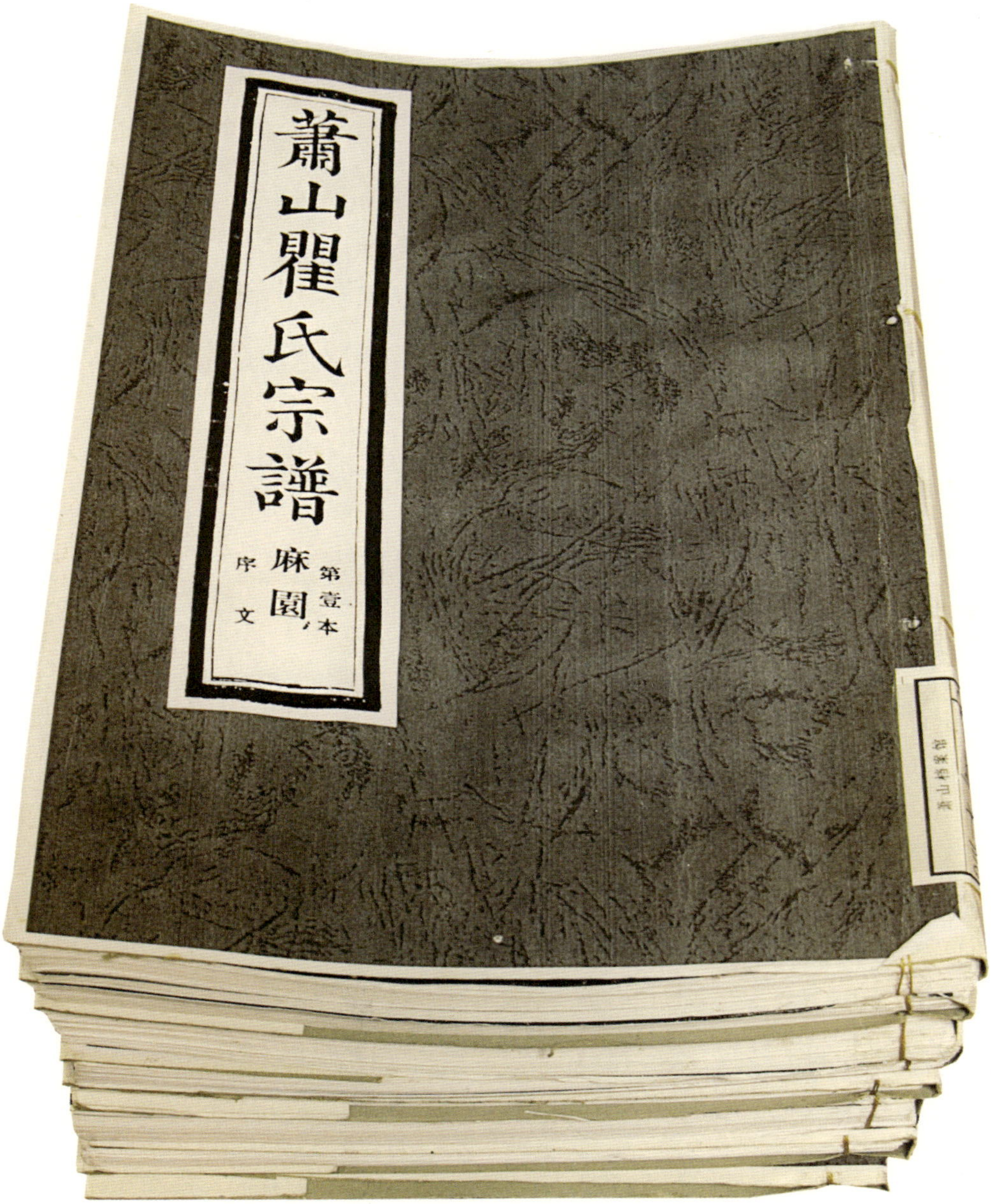

谱名：萧山瞿氏宗谱（麻园）　堂号：永思堂、仗义堂　尺寸：29.9cm×21.3cm　装帧：线装
修谱时间：2007年重修　册数：全8册　收藏单位：杭州市萧山区档案馆

麻園重建祠堂記

始祖亞三公由永康徙居蕭山孝悌鄉之西原至十二世武二公分居東原武二公生三子其長子雍一公即麻園祖也雍一公生七子其次子熙五公分居前山下另建宗祠其於麻园祠無與焉麻园自康熙初年間二十一世孫甯六公甯九公甯十三公甯二十三公等同心協力建祠於慈塘園歷祖歷宗始有憑依逮嘉慶七年甯六公甯九公甯十三公甯二十三公等子孫因老祠傾頹延堪輿擇佳壤於太平橋之東北而另建正祠三間東西兩廡又各三間照廳五間惟萬年戲臺猶未建造殊爲缺典故二十六世孫士森裕臺寶森

谱名：萧山瞿氏宗谱　堂号：永思堂　尺寸：34.7cm × 23.4cm　装帧：线装　修谱时间：2008年重修　册数：全3册　收藏单位：杭州市萧山区档案馆

遵歐蘇二公遺式

傳家之寶

公元二〇〇八年戊子重修

谱名：萧山大桥瞿氏宗谱　堂号：永思堂　尺寸：28.7cm × 18.7cm　装帧：线装　修谱时间：2008年重修　册数：全58册　收藏单位：杭州市萧山区人民政府地方志办公室，29册（缺六—十五、二十三、二十五—四十二册）；杭州市萧山区档案馆，29册（缺六—十一、二十三、二十五—四十二册）

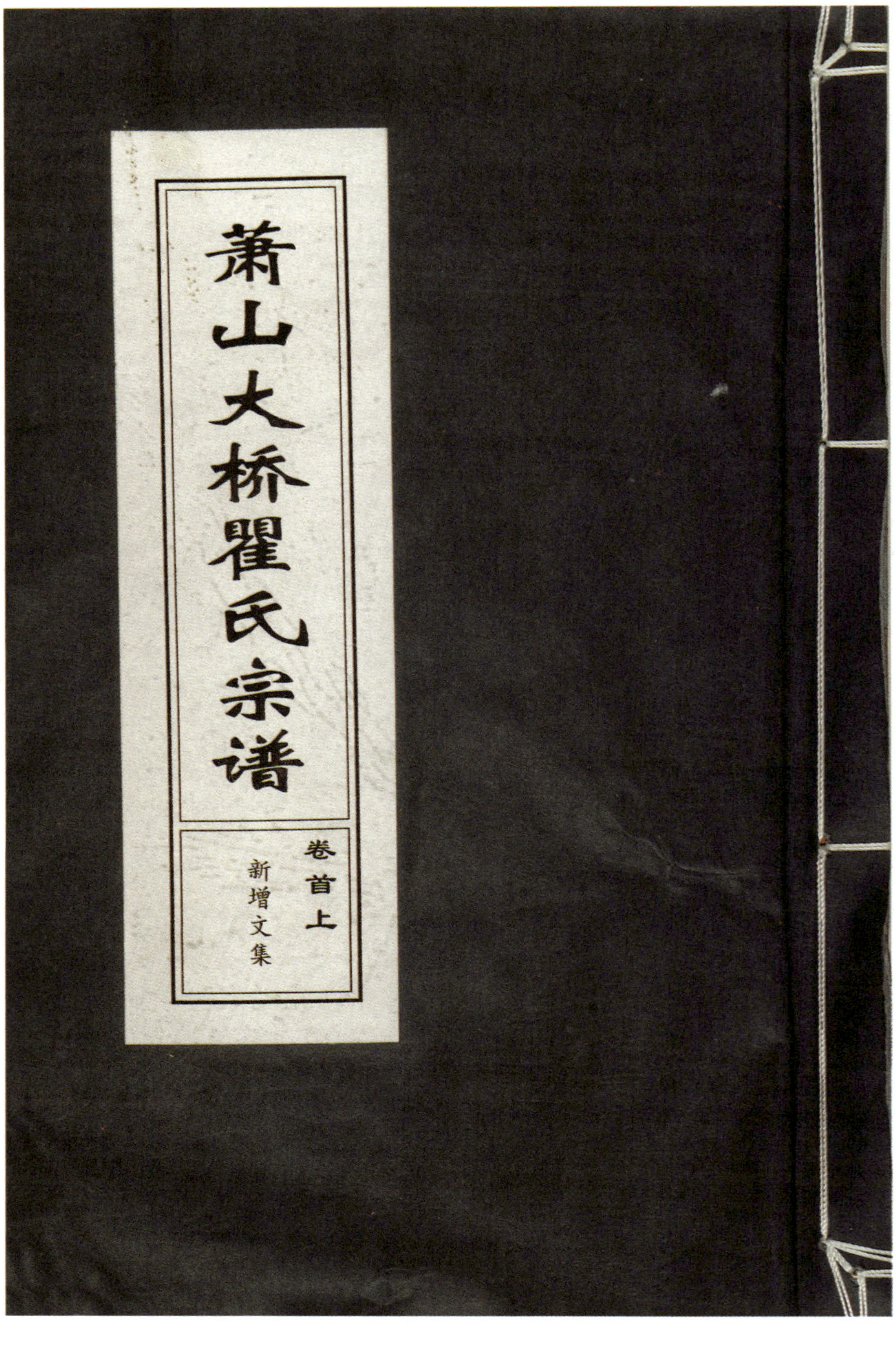
萧山大桥瞿氏宗谱
卷首上
新增文集

萧山瞿氏简介

瞿氏，源于殷商，始发于四川双流（今属成都）。因先祖授封嵩阳郡，故亦称嵩阳氏。萧山瞿氏，系整个氏族中之支流

据载，唐代僖宗乾符年间（公元八七四——八八〇年），先祖稹公就任绛州刺史，辅佐李晋王。因平巢有功，升任昭义节度使，主持汴梁各军务，子孙世居于汴梁高平。北宋仁宗景佑年间（公元一〇三四——一〇三八年），先祖迪公授婺州判司，从汴梁南下婺州，定居于永康华溪，是为永康始祖。南宋孝宗乾道年间（公元一一六五年），永康第五代孙善公字师德行千一，授越州萧山教谕（后仕至兵部左侍郎），迎基父元公自永康北上萧山。元公字益之行亚

三，赐光禄大夫，配一品夫人。受萧山风土之美，卜居于西山为屏，玉溪如带，大西畈沃田千顷的孝悌乡（今大桥村）是为萧山瞿氏始祖，至今有三十四世矣。期间人丁大增，家族昌盛，遂成萧山望族。六世大荣公任钱塘县尉，发为杭州派祖。七世叔华公任松江府下沙盐场副使，其幼子八世安道公元朝进士，曾任松江府同知，为松江派祖，九世原芳公，任建康巡检后居于建康，自成一派，十世思忠公尧家衖派祖，十一世荣祖公（即道八公）为下祠派祖，荣祖公弟兼善公（即道九公）为上祠派祖，荣祖公次子道珪公为东瞿派祖，后其子孙分为麻园里派，墙弄里派，六房头派。麻园里派又分为璇山下派，桃源谢尖坞派。祝家桥则为下祠十三世之支派。至今，瞿

祠堂新貌

杭州萧山馆藏家谱图录汇总表

序号	谱名	堂号	尺寸	装帧	修谱时间	全册数	收藏单位	收藏册数	备注
1	《萧邑航坞山北万氏宗谱》	隆顺堂	29.7cm×20.8cm	平装	清光绪二十五年（1899）重修	全6册	杭州市萧山区档案馆	6册	
2	《萧邑航坞山北万氏宗谱》	怀德堂	29cm×21cm	线装	2006年重修	全8册	杭州市萧山区档案馆	8册	
3	《萧山王氏家乘》	/	26.2cm×16cm	线装	清乾隆年间（1736—1795）	不详	杭州市萧山图书馆	存4册	存卷二、四至七，卷五、六为一册
4	《王氏宗谱》	三槐堂	26.3cm×17cm	线装	清光绪十二年（1886）	全11册	杭州市萧山图书馆	11册	
5	《山阴天乐王氏宗谱》	三槐堂	28.5cm×18.2cm	线装	清道光十七年（1837）	/	杭州市萧山图书馆	存2册	
6	《山阴天乐王氏宗谱》	三槐堂	29.7cm×17.7cm	线装	民国十二年（1923）	/	杭州市萧山图书馆	存3册	
7	《山阴天乐三泉王氏宗谱》	三槐堂	28.7cm×18.7cm	线装	2012年续修	全14册	杭州市萧山区档案馆	14册	
8	《萧山车里王氏宗谱》	三槐堂	25.5cm×17.2cm	线装	民国六年（1917）	全12册	杭州市萧山图书馆	12册	
9	《孔氏宗谱》	诗礼堂	28cm×20.5cm	线装	民国七年（1918）	全28册	杭州市萧山图书馆	28册	
10	《孔氏踨山宗谱》	诗礼堂	28.5cm×18.6cm	线装	2009年续修	全52册	杭州市萧山图书馆	52册	
							杭州市萧山区档案馆	52册	
							杭州市萧山区人民政府地方志办公室	52册	

序号	谱名	堂号	尺寸	装帧	修谱时间	全册数	收藏单位	收藏册数	备注
11	《觉山孔氏宗谱》	诗礼堂	28.5cm × 18.5cm	线装	2010年续修	全42册	杭州市萧山图书馆	42册	
							杭州市萧山区档案馆	42册	
12	《萧山卢氏宗谱》	积庆堂	27.6cm × 19.9cm	线装	2005年重修	全4册	杭州市萧山区档案馆	4册	
13	《萧山朱氏宗谱》	积庆堂	29.2cm × 21cm	平装复印本	民国二十三年（1934）重修	全5册	杭州市萧山区人民政府地方志办公室	5册	
14	《朱氏家谱》	追远堂	33.8cm × 22.8cm	线装	清同治十一年（1872）重修	全6册	杭州市萧山区人民政府地方志办公室	6册	
15	《朱氏家谱》续	追远堂	34.7cm × 22.7cm	线装	清光绪二十三年（1897）重修	全6册	杭州市萧山区人民政府地方志办公室	6册	
16	《朱氏宗谱》	人和堂	29cm × 18.5cm	线装	2003年	全4册	杭州市萧山区档案馆	4册	
17	《朱氏家族史》	/	26.4cm × 18.6cm	平装	2005年	全1册	杭州市萧山图书馆	1册	
18	《萧山桃源朱氏宗谱》	追远堂	35cm × 23.3cm	线装	民国十年(1921)重修	全6册	杭州市萧山区人民政府地方志办公室	6册	
19	《萧山桃源十三房沛国朱氏三十一世后家谱》	/	27cm × 19.5cm	线装	1987年	全1册	杭州市萧山图书馆	1册	
20	《黄阁河朱氏家谱》	/	29cm × 20.8cm	平装复印本	民国二十一年（1932）重修	全10册	杭州市萧山区人民政府地方志办公室	10册	
							杭州市萧山区档案馆	1册	存卷一
21	《萧山任氏家乘》	永思堂	26.9cm × 17.6cm	线装	清嘉庆十一年（1806）	全16册	杭州市萧山图书馆	16册	缺卷九，卷八重复

<table>
<tr><th>序号</th><th>谱名</th><th>堂号</th><th>尺寸</th><th>装帧</th><th>修谱时间</th><th>全册数</th><th>收藏单位</th><th>收藏册数</th><th>备注</th></tr>
<tr><td>22</td><td>《萧山任氏家乘》</td><td>永思堂</td><td>26.9cm×17.6cm</td><td>线装</td><td>清同治年间（1862—1874）</td><td>全20册</td><td>杭州市萧山图书馆</td><td>11册</td><td>缺卷一、三至五、七、八、十、十二、十七</td></tr>
<tr><td>23</td><td>《全氏家谱》</td><td>/</td><td>26cm×19cm</td><td>平装</td><td>1995年</td><td>全1册</td><td>杭州市萧山区档案馆</td><td>1册</td><td></td></tr>
<tr><td rowspan="2">24</td><td rowspan="2">《萧山刘氏宗谱》</td><td rowspan="2">合莫堂</td><td rowspan="2">28.5cm×18.5cm</td><td rowspan="2">线装</td><td rowspan="2">2013年续修</td><td rowspan="2">全26册</td><td>杭州市萧山图书馆</td><td>26册</td><td></td></tr>
<tr><td>杭州市萧山区档案馆</td><td>26册</td><td></td></tr>
<tr><td>25</td><td>《山阴天乐汤氏宗谱》</td><td>水木堂</td><td>31.6cm×21.5cm</td><td>线装</td><td>2013年续修</td><td>全10册</td><td>杭州市萧山图书馆</td><td>10册</td><td></td></tr>
<tr><td>26</td><td>《萧山史村许氏宗谱》</td><td>孝思堂</td><td>34.5cm×22.8cm</td><td>线装</td><td>清宣统三年（1911）续修</td><td>全4册</td><td>杭州市萧山图书馆</td><td>4册</td><td></td></tr>
<tr><td>27</td><td>《萧山桃源许氏宗谱》</td><td>忠孝堂</td><td>32.8cm×21.5cm</td><td>线装</td><td>民国二十六年（1937）重修</td><td>全5册</td><td>杭州市萧山区人民政府地方志办公室</td><td>5册</td><td></td></tr>
<tr><td>28</td><td>《萧山桃源许氏宗谱》</td><td>世德堂</td><td>29cm×17.8cm</td><td>线装</td><td>民国三十五年（1946）续修</td><td>全10册</td><td>杭州市萧山区档案馆</td><td>10册</td><td></td></tr>
<tr><td rowspan="2">29</td><td rowspan="2">《萧山桃源许氏宗谱》</td><td rowspan="2">忠孝堂</td><td rowspan="2">32cm×22cm</td><td rowspan="2">线装</td><td rowspan="2">2008年重修</td><td rowspan="2">全6册</td><td>杭州市萧山图书馆</td><td>6册</td><td></td></tr>
<tr><td>杭州市萧山区档案馆</td><td>6册</td><td></td></tr>
<tr><td>30</td><td>《萧山孙氏宗谱》</td><td>守正堂</td><td>28.4cm×17.4cm</td><td>线装</td><td>民国十三年（1924）</td><td>全5册</td><td>杭州市萧山图书馆</td><td>存7册</td><td>存卷一至四，附一卷，共五卷，卷一、三重复</td></tr>
<tr><td rowspan="2">31</td><td rowspan="2">《萧山湘湖孙氏宗谱》</td><td rowspan="2">映雪堂</td><td rowspan="2">29.8cm×17.4cm</td><td rowspan="2">线装</td><td rowspan="2">民国十七年（1928）</td><td rowspan="2">全24册</td><td>杭州市萧山图书馆</td><td>22册</td><td>缺卷十五、十八</td></tr>
<tr><td>杭州市萧山区档案馆</td><td>2册</td><td>存卷十七、十八</td></tr>
</table>

序号	谱名	堂号	尺寸	装帧	修谱时间	全册数	收藏单位	收藏册数	备注
32	《桃源小湖孙泰富公家族宗谱》	春晖堂	25cm × 15cm	平装	2010年重修	全1册	杭州市萧山图书馆	1册	
							杭州市萧山区档案馆	1册	
33	《谢尖坞漾湖孙氏族谱》	守正堂	30cm × 21.4cm	平装	2011年重修	全1册	杭州市萧山图书馆	1册	
34	《萧山杨家墩杨氏宗谱》	四知堂	30.8cm × 21cm	线装	2011年	全7册	杭州市萧山图书馆	7册	
							杭州市萧山区档案馆	7册	
35	《萧山许贤李氏宗谱》	衍庆堂	28.5cm × 18.5cm	线装	2009年重修	全12册	杭州市萧山区档案馆	12册	
36	《萧山来氏宗谱》	会宗堂	24.8cm × 15.8cm	线装	清光绪二十六年（1900）	全35册	杭州市萧山图书馆	35册	
37	《萧山来氏家谱》	会宗堂	27cm × 16.5cm	线装	民国十一年（1922）重修	全59册	杭州市萧山区档案馆	59册	有仿真、原件各59册
38	《来氏族谱》	/	25.8cm × 18.5cm	平装	2003年	全1册	杭州市萧山区档案馆	1册	
39	《来氏族谱》	/	25.8cm × 18.5cm	线装	2004年	全9册	杭州市萧山区档案馆	9 册	
40	《来氏族谱》	/	30cm × 21.5cm	平装	2004年	全1册	杭州市萧山区档案馆	1册	
41	《来氏宗谱世系表》	会宗堂	25cm × 13cm	线装	/	全1册	杭州市萧山图书馆	1册	
42	《南郑来氏家谱》	观音堂	22cm × 14.1cm	平装	2004年重修	全1册	杭州市萧山区档案馆	1册	
43	《萧山吴氏宗谱》	馀庆堂	29.5cm × 17.3cm	线装	/	不详	杭州市萧山图书馆	2册	存卷一、十
44	《萧山东曹吴氏宗谱》	余庆堂	28.5cm × 18.7cm	线装	2013年重修	全3册	杭州市萧山图书馆	3册	
							杭州市萧山区档案馆	2册	存卷一、二

序号	谱名	堂号	尺寸	装帧	修谱时间	全册数	收藏单位	收藏册数	备注
45	《萧山长巷沈氏续修宗谱》	承裕堂	29cm × 19cm	线装	清光绪十九年（1893）	不详	杭州市萧山区档案馆	17册	缺卷二、卷十八至四十
46	《萧山长巷沈氏宗谱》	承裕堂	28.2cm × 18.1cm	线装	2011年	全38册	杭州市萧山区档案馆	38卷	
47	《山阴天乐沈氏宗谱》	敦厚堂	28.3cm × 18.1cm	线装	民国三年（1914）重修	全6册	杭州市萧山区档案馆	6册	
48	《山阴沈氏宗谱》	敬爱堂	28.5cm × 18.5cm	线装	2009年续修	全6册	杭州市萧山区档案馆	6册	
49	《萧山石盖张氏宗谱》	存德堂	28.5cm × 18.5cm	线装	2013年续修	全4册	杭州市萧山区档案馆	4册	
50	《岳山张氏宗谱》	/	29.2cm × 18cm	线装	清道光二十二年（1842）续修	全52册	杭州市萧山图书馆	52册	
51	《岳山张氏宗谱》	/	30cm × 17.8cm	线装	清光绪十八年（1892）重修	全16册	杭州市萧山区档案馆	12册	缺卷二、卷四下、九、十三
52	《岳山张氏宗谱》	/	29.2cm × 22cm	线装	2013续修	全1册	杭州市萧山图书馆	1册	
53	《萧山陈氏宗谱》	仁德堂	28.7cm × 18.6cm	线装	2013年续修	全5册	杭州市萧山区档案馆	5册	
54	《绍萧陈氏宗谱》	世德堂	29cm × 17.4cm	线装	民国四年（1915）重修	全11册	杭州市萧山区人民政府地方志办公室	11册	
55	《萧山长潭陈氏宗谱》	孝思堂	31cm × 20cm	线装	2004年重修	全10册	杭州市萧山图书馆	10册	
							杭州市萧山区档案馆	10册	
56	《萧山马谷陈氏宗谱》	聚星堂	29.5cm × 18cm	线装	不详	不详	杭州市萧山区档案馆	1册	
57	《萧山湘左陈氏宗谱》	崇本堂	29.3cm × 18cm	线装	清宣统元年（1909）	全10册	杭州市萧山区档案馆	10册	

序号	谱名	堂号	尺寸	装帧	修谱时间	全册数	收藏单位	收藏册数	备注
58	《傅墩陈氏时和公家族宗谱》	/	28.1cm × 21cm	平装	2009年	全1册	杭州市萧山区档案馆	1册	
59	《萧山邵氏宗谱》	安乐堂	28.5 × 17.9cm	线装	民国二十六年（1937）续修	全8册	杭州市萧山区档案馆	8册	
60	《萧山邵氏宗谱》	燕诒堂	29.4cm × 18.5cm	线装	2006年重修	全12册	杭州市萧山图书馆	12册	
							杭州市萧山区档案馆	12册	
61	《萧山邵氏宗谱》	安乐堂	28.4cm × 18.6cm	线装	2009年续修	全12册	杭州市萧山区档案馆	12册	
62	《萧山长潭邵氏宗谱》	安乐堂	29cm × 21cm	平装复印本	民国七年（1918）重修	全4册	杭州市萧山区人民政府地方志办公室	4册	
63	《山阴天乐邵氏宗谱》	安乐堂	28.5cm × 18.5cm	线装	2011年续修	全12册	杭州市萧山区档案馆	12册	
64	《萧山丁村周氏周庆记家谱》	爱莲堂	28.5cm × 18.5cm	线装	2011年	全2册	杭州市萧山区档案馆	2册	
65	《萧山马谷周氏宗谱》	爱莲堂	29cm × 20.8cm	平装复印本	民国二十二年（1933）重修	全6册	杭州市萧山区人民政府地方志办公室	6册	
66	《萧邑苎萝周氏宗谱》	爱莲堂	28.6cm × 17.4cm	线装	/	不详	杭州市萧山图书馆	存2册	
67	《萧山临浦周家湖周氏宗谱》	爱莲堂	28.5cm × 18.5cm	线装	2010年续修	全14册	杭州市萧山图书馆	14册	
							杭州市萧山区档案馆	14册	
							杭州市萧山区人民政府地方志办公室	14册	

序号	谱名	堂号	尺寸	装帧	修谱时间	全册数	收藏单位	收藏册数	备注
68	《萧山临浦周家湖周氏支谱》	爱莲堂	28.5cm × 18.5cm	线装	2010年	全1册	杭州市萧山图书馆	1册	
							杭州市萧山区档案馆	1册	
69	《萧山於氏宗谱》	敦叙堂	29.5cn × 21cn	平装	民国八年（1919）续修	全21册	杭州市萧山区档案馆	21册	
70	《萧山於氏宗谱》	馀庆堂	30.9cm × 21.1cm	线装	2012年重修	全5册	杭州市萧山区档案馆	5册	
71	《萧邑竹桥胡氏宗谱》	孝思堂	33.6cm × 22cm	线装	2008年重修	全13册	杭州市萧山图书馆	13册	
72	《萧山杜湖赵氏宗谱》	会宗堂	36.5cm × 24cm	线装	2007年	全6册	杭州市萧山图书馆	6册	
							杭州市萧山区档案馆	6册	
73	《天乐藏山钟氏宗谱》	懋修堂	28cm × 17.3cm	线装	民国三十五年（1946）续修	不详	杭州市萧山图书馆	2册	存卷二、八
74	《屏山钟氏宗谱》	琴书堂	29cm × 20.8cm	精装	2008年重修	全8册	杭州市萧山图书馆	8册	
							杭州市萧山区档案馆	8册	
75	《萧邑下门俞氏宗谱》	诒燕堂	33cm × 22cm	线装	2004年重修	全8册	杭州市萧山图书馆	8册	
							杭州市萧山区档案馆	8册	
76	《萧邑白燕俞氏宗谱》	诒燕堂	29.8cm × 21.1cm	平装	2005年续修	全4册	杭州市萧山区档案馆	4册	
77	《萧邑甑山坞俞氏宗谱》	诒燕堂	26.4cm × 19.2cm	平装	2004年重修	全4册	杭州市萧山图书馆	4册	
78	《殿英里俞氏通谱》	敬爱堂（外）惇裕堂（里）	26.2cm × 19.3cm	精装	2004年重修	全1册	杭州市萧山图书馆	1册	
							杭州市萧山区档案馆	1册	

序号	谱名	堂号	尺寸	装帧	修谱时间	全册数	收藏单位	收藏册数	备注
79	《次坞俞氏——萧山俞源坞派宗谱图》	古邗堂	29.2cm×20.7cm	线装	2006年续修		杭州市萧山图书馆	存4册	
							杭州市萧山区档案馆	存4册	
80	《永思其昌——萧山桃源俞氏记略》	永思堂	29.2cm×20.8cm	平装	2010年重修	全1册	杭州市萧山图书馆	1册	
81	《萧山航坞山北施氏宗谱》	余庆堂	33cm×22cm	线装	2009年重修	全16册	杭州市萧山图书馆	16册	
							杭州市萧山区档案馆	16册	
82	《萧山长潭姜氏宗谱》	赐履堂	31cm×20.9cm	线装	2011年	全7册	杭州市萧山区档案馆	7册	
83	《萧山洪氏宗谱》	三瑞堂	30cm×18.5cm	线装	2009年续修	全28册	杭州市萧山图书馆	28册	
84	《暨阳浣东袁氏曙七公系晨十二公派河上宗谱》	萃涣堂	28.8cm×20.9cm	精装	2007年	全3册	杭州市萧山区档案馆	3册	
85	《萧山长潭顾氏宗谱》	承厚堂	28.9cm×18.9cm	线装	2013年重修	全15册	杭州市萧山图书馆	15册	
							杭州市萧山区档案馆	15册	
86	《萧山倪氏宗谱》	世德堂	28.9cm×17.8cm	线装	民国七年（1918）续修	全4册	杭州市萧山图书馆	4册	
87	《萧山倪氏宗谱》	世德堂	30cm×18.5cm	线装	2010年续修	全4册	杭州市萧山图书馆	4册	
88	《萧邑桃源后倪倪氏宗谱》	锄经堂	30.1cm×21.2cm	线装	2010年	全6册	杭州市萧山区档案馆	6册	
89	《萧山桃源倪氏宗谱》	仁德堂	31cm×21.5cm	线装	2012年重修	全6册	杭州市萧山区档案馆	6册	
90	《富春倪氏宗谱》	锄经堂	25.5cm×17.8cm	线装	民国三十六年（1947）重修	全2册	杭州市萧山区档案馆	2册	
91	《萧山徐氏宗谱》	承德堂	28.5cm×17cm	线装	清光绪二十四年（1898）重辑	全22册	杭州市萧山图书馆	22册	

序号	谱名	堂号	尺寸	装帧	修谱时间	全册数	收藏单位	收藏册数	备注
92	《徐氏宗谱》	奉思堂	序：36.7×25.8 书：34.7×24.2	线装	清咸丰八年（1858）	不详	杭州市萧山图书馆	7册	共17卷，缺卷二、三至七、十、十一、十三至十七
93	《浙江萧山南沙徐氏敬义堂传谱》	敬义堂	29.3cm×21.6cm	精装	2007年	全1册	杭州市萧山区档案馆	1册	
							杭州市萧山区人民政府地方志办公室	1册	
94	《萧山鲍坞徐氏宗谱》	源远堂	28.4cm×24cm	线装	2008年重修	全13册	杭州市萧山区档案馆	13册	
95	《萧山郭氏家谱》	敬爱堂	28.2cm×18.2cm	线装	2012年重修	全19册	杭州市萧山区档案馆	19册	
96	《海宁岩门高氏宗谱》	报本堂	29.8cm×21.2cm	线装	2011年重修	全21册	杭州市萧山图书馆	21册	
							杭州市萧山区档案馆	21册	
97	《罗墓黄氏家谱》	德馨堂	28.5cm×18.5cm	线装	2011年重修	全17册	杭州市萧山图书馆	20册	卷一至三重复
							杭州市萧山区档案馆	17册	
98	《萧山史村曹氏宗谱——朝魁房续谱》	双寿堂	26.8cm×19.7cm	精装	2000年	全1册	杭州市萧山图书馆	1册	
99	《龚氏宗谱》萧山传本	/	29cm×21cm	线装	2000年	全1册	杭州市萧山区档案馆	1册	

<table>
<tr><th>序号</th><th>谱名</th><th>堂号</th><th>尺寸</th><th>装帧</th><th>修谱时间</th><th>全册数</th><th>收藏单位</th><th>收藏册数</th><th>备注</th></tr>
<tr><td rowspan="3">100</td><td rowspan="3">《萧山戚氏宗谱》</td><td rowspan="3">诗教堂</td><td rowspan="3">28.8cm×18.3cm</td><td rowspan="3">线装</td><td rowspan="3">2007年续修</td><td rowspan="3">全8册</td><td>杭州市萧山图书馆</td><td>8册</td><td></td></tr>
<tr><td>杭州市萧山区档案馆</td><td>8册</td><td></td></tr>
<tr><td>杭州市萧山区人民政府地方志办公室</td><td>8册</td><td></td></tr>
<tr><td rowspan="2">101</td><td rowspan="2">《萧山章氏宗谱》</td><td rowspan="2">树德堂</td><td rowspan="2">28cm×17.8cm</td><td rowspan="2">线装</td><td rowspan="2">民国十九年（1930）修辑</td><td rowspan="2">全12册</td><td>杭州市萧山图书馆</td><td>12册</td><td></td></tr>
<tr><td>杭州市萧山区档案馆</td><td>1</td><td>存卷一</td></tr>
<tr><td>102</td><td>《萧山章氏家谱》</td><td>永思堂</td><td>27cm×18.5cm</td><td>线装</td><td>民国三十六年（1947）</td><td>不详</td><td>杭州市萧山区档案馆</td><td>18册</td><td>18卷，缺卷八</td></tr>
<tr><td rowspan="2">103</td><td rowspan="2">《萧山章氏家谱》</td><td rowspan="2">永思堂</td><td rowspan="2">32.8cm×22.5cm</td><td rowspan="2">线装</td><td rowspan="2">2005年重修</td><td rowspan="2">全15册</td><td>杭州市萧山图书馆</td><td>15册</td><td></td></tr>
<tr><td>杭州市萧山区档案馆</td><td>15册</td><td></td></tr>
<tr><td rowspan="2">104</td><td rowspan="2">《萧山义桥韩氏家谱》</td><td rowspan="2">永思堂</td><td rowspan="2">28.5cm×18.7cm</td><td rowspan="2">线装</td><td rowspan="2">2013年续修</td><td rowspan="2">全23册</td><td>杭州市萧山图书馆</td><td>25册</td><td>另2册为《文起堂诗集》</td></tr>
<tr><td>杭州市萧山区档案馆</td><td>25册</td><td></td></tr>
<tr><td rowspan="2">105</td><td rowspan="2">《萧山河西韩氏宗谱》</td><td rowspan="2">昼锦堂</td><td rowspan="2">28.6cm×18.6cm</td><td rowspan="2">线装</td><td rowspan="2">2013年重修</td><td rowspan="2">全14册</td><td>杭州市萧山图书馆</td><td>14册</td><td></td></tr>
<tr><td>杭州市萧山区档案馆</td><td>14册</td><td></td></tr>
<tr><td rowspan="2">106</td><td rowspan="2">《湘南韩氏宗谱》</td><td rowspan="2">昼锦堂</td><td rowspan="2">29.3cm×17.8cm</td><td rowspan="2">线装</td><td rowspan="2">民国三十七年（1948）重修</td><td rowspan="2">全68册</td><td>杭州市萧山图书馆</td><td>64册</td><td>共68卷，缺卷三十、三十一、六十四、六十五</td></tr>
<tr><td>杭州市萧山区档案馆</td><td>1册</td><td>存一册：湘南韩氏——西宅行传</td></tr>
</table>

序号	谱名	堂号	尺寸	装帧	修谱时间	全册数	收藏单位	收藏册数	备注
107	《从安阳到湘南—韩姓南迁》	/	21.6cm×15.6cm	平装	2008年	全1册	杭州市萧山图书馆	1册	复本2册
							杭州市萧山区档案馆	1册	复本2册
108	《山阴天乐葛氏宗谱》	读书堂	29.7cm×21cm	平装复印本	民国三十五年（1946）重修	不详	杭州市萧山区档案馆	1册	
109	《萧山苧萝葛氏宗谱》	读书堂	28.5cm×18.6cm	线装	2011年续修	全8册	杭州市萧山区档案馆	8册	
110	《萧山凤凰坞后山董氏房谱》	正明堂	29.2cm×20.7cm	平装	2009年	全1册	杭州市萧山图书馆	1册	
111	《萧山蒋氏宗谱》	燕翼堂	30cm×18cm	线装	清光绪二十七年（1901）	全17册	杭州市萧山图书馆	17册	
112	《萧山临浦蒋氏宗谱》	忠雅堂	27.5cm×17.5cm	线装	清光绪三十四年（1908）重修	全8册	杭州市萧山图书馆	8册	
113	《萧山沙河口傅氏宗谱》	永思堂	28.6cm×18.6cm	线装	2013年	全5册	杭州市萧山区档案馆	5册	
114	《仙岩楼氏宗谱》	务本堂	18.3cm×30.2cm	线装	民国十七年（1928）重修	全90册	杭州市萧山图书馆	90册	原家谱佚47册；现47册为复印件
115	《仙岩楼氏宗谱》	气聚堂	21.5cm×29.5cm	精装	2010年重修	全5册	杭州市萧山图书馆	5册	
							杭州市萧山区档案馆	5册	
116	《仙岩楼氏宗谱》	气聚堂 务本堂	20.8cm×31cm	线装	2011年续修	全21册	杭州市萧山图书馆	21册	
							杭州市萧山区档案馆	21册	
117	《城山裘氏宗谱》	孝义堂	31.5cm×21.5cm	线装	2012年重修	全18册	杭州市萧山图书馆	18册	
							杭州市萧山区档案馆	18册	

序号	谱名	堂号	尺寸	装帧	修谱时间	全册数	收藏单位	收藏册数	备注
118	《萧山虞氏宗谱》	承裕堂	28.6cm × 18.2cm	线装	2008年重修	全17册	杭州市萧山区档案馆	17册	
119	《萧山长潭鲍氏宗谱》	承启堂	28.5cm × 20cm	平装	民国六年（1917）重修	不详	杭州市萧山区档案馆	存9册	
120	《萧山长潭鲍氏宗谱》	/	28.5cm × 20cm	线装	2005年重修	全9册	杭州市萧山区档案馆	9册	
121	《白马湖詹氏宗谱》	/	29.2cm × 21.5cm	精装	2012年续修	全1册	杭州市萧山区档案馆	1册	
122	《萧邑裴氏宗谱》	晋国堂	29.8cm × 20.2cm	线装	清同治十二年（1873）	全3册	杭州市萧山区档案馆	3册	
123	《萧山裴氏宗谱——世系图》	/	29.6cm × 20.7cm	平装	2008年	全1册	杭州市萧山图书馆	1册	
124	《天乐颜氏宗谱》	德行堂	29.3cm × 21.2cm	平装	2004年重修	全1册	杭州市萧山图书馆	1册	
							杭州市萧山区档案馆	1册	
125	《萧山凌桥戴氏宗谱》	源远堂	29cm × 20.8cm	平装复印本	民国二十五年（1936）重修	全8册	杭州市萧山区人民政府地方志办公室	8册	
126	《萧山魏氏宗谱》	崇礼堂	28.5cm × 19cm	线装	2006年重修	全16册	杭州市萧山图书馆	16册	
127	《萧山瞿氏宗谱》（东瞿祥隆）	永思堂	34.7cm × 23cm	线装	2006年重修	全6册	杭州市萧山区档案馆	6册	
128	《萧山瞿氏宗谱》（麻园）	永思堂 仗义堂	29.9cm × 21.3cm	线装	2007年重修	全8册	杭州市萧山区档案馆	8册	
129	《萧山瞿氏宗谱》	永思堂	34.7cm × 23.4cm	线装	2008年重修	全3册	杭州市萧山区档案馆	3册	

<table>
<tr><th>序号</th><th>谱名</th><th>堂号</th><th>尺寸</th><th>装帧</th><th>修谱时间</th><th>全册数</th><th>收藏单位</th><th>收藏册数</th><th>备注</th></tr>
<tr><td rowspan="2">130</td><td rowspan="2">《萧山大桥瞿氏宗谱》</td><td rowspan="2">永思堂</td><td rowspan="2">28.7cm×18.7cm</td><td rowspan="2">线装</td><td rowspan="2">2008年重修</td><td rowspan="2">全58册</td><td>杭州市萧山区人民政府地方志办公室</td><td>29册</td><td>缺六—十五、二十三、二十五—四十二册</td></tr>
<tr><td>杭州市萧山区档案馆</td><td>29册</td><td>缺六—十五、二十三、二十五—四十二册</td></tr>
</table>

家之有谱，犹国之有史

——说说萧山家谱

北宋理学家张载说，家谱可以“管摄天下人心，收宗族，厚风俗，使人不忘本”。家之有谱，犹国之有史。一部家谱就是一个家族的历史书，在这本历史书中，记载着家族的起源、家庭的发展历史、家庭成员的身份事迹和与家族相关的各种内容。家谱，又称宗谱、谱牒等，是记载同宗、同族、同姓血缘集团及世系人物、事迹的历史典籍。萧山历史上，最受乡人关注、影响人数最多、影响时间最长、影响面最广的书籍，除了志书，就是家谱了。

据资料分析，萧山560多个姓氏中大约有300多部家谱分散于海内外。如，从明朝到民国有5部《萧山来氏家（族）谱（乘）》，分别收藏在中国国家图书馆、中国科学院图书馆、中国历史博物馆、中国社会科学院历史研究所图书馆、中国人民大学图书馆、北京师范大学图书馆、复旦大学图书馆、河北大学图书馆、美国纽约市国立博物馆、美国犹他州家谱学会、日本东京国立博物馆及浙江省图书馆、杭州图书馆等单位。

以血缘关系为纽带的家谱，记载着家族的得姓、形成、分布、迁徙、郡望、派别、世系、人物、事迹、艺文等。无论是饱读诗书的文人雅士，还是目不识丁的乡野村夫，无论是浪迹天涯的海外游子，还是世居乡间的山民，家谱都是他们心中无法释怀的牵挂。戴村镇张家弄村郭氏续谱的主要发起人是一位加拿大籍华人，这位自小长在加拿大的年轻人，对自己的祖先非常怀念，带着父祖的乡愁夙愿，特地委托几位老人帮助访求自己的根之所在，并且积极捐钱修谱。台北市萧山同乡会理事长楼震宇兄弟6人均出生在台湾，其父楼锦李新中国成立前夕去台湾，2002年7月在台湾去世，兄弟6人遵照父亲的遗愿，回楼塔老家入谱归族。可见，家谱是炎黄子弟根之所系，华夏儿女情之所托。

盛世修谱。修家谱是与族人修家庙、修祖坟并称的“三修”大事之一。萧山修谱呈以下特点：一是“南多北少”。其主要原因在于南部“里坂”多同姓村落，北部“沙地”多为近百年或者几十年从“里坂”搬入的散居的姓氏。二是家谱重修间隔时间较长。一般为30年一修，而进化镇裘家坞村的《城山裘氏宗谱》离上一次修谱间隔66年；第14次续修的《仙岩楼氏宗谱》也与上次修谱间隔63年。三是有专门的修谱班子。以家族中有一定官职或德高望重的人员来担任编委会主任，由较高学历者担任主撰。四是全族参与。在媒体上登载修谱告示，发动企业家赞助、家族捐款，为修谱尽心尽力。五是重视家谱装帧与修谱仪式。萧山家谱大多为线装本，各家族大多举行圆谱仪式，并分送各房及图书馆、档案馆收藏。

家谱是“史界瑰宝”，是秘不示人的圣物，蕴涵几多深远无穷之谜。查阅家谱是家族的大事，要通过一定的祭祀仪式方可取出收藏在宗祠或者长辈家族中的谱牒。因此，家谱所藏虽近在咫尺，但离我们日常生活却很遥远。当得悉杭州市萧山图书馆发起编辑出版《杭州萧山馆藏家谱图录》的消息时，我眼前一亮，并为之兴奋：萧山终于开始编纂一部能全面了解家谱神秘文化的综合性书籍！这既可使人近距离地体味萧山祖先奋斗的历程、领略萧山宗族文化的传奇，又能解读乡人心中久存的为之牵挂的神秘。于是有了“为天地立心，为生民立命，为往圣继绝学，为万世开太平”的全身心投入的冲动。

研究家谱者通常所见为单一姓氏家族的家谱，而要了解一个区域家谱的全貌必翻遍当地所有家谱，这给研究者带来了很大的麻烦，既耗时又费力。目前，萧山图书馆藏有家谱81种、萧山档案馆藏有83种、萧山区地方志办公室藏有18种。《杭州萧山馆藏家谱图录》正是一部将杭州市萧山区人民政府地方志办公室、杭州市萧山区档案馆、杭州市萧山图书馆所收的家谱集聚研究的著作。三馆家谱合集图录，既是对萧山公藏家谱的汇总，便于直观了解与研究；又可摸清萧山宗谱的家底，厘清三馆所藏家谱的数量、重复及缺损等情况。除去重复，三馆公藏家谱共有130种2090册。年代最早的为清乾隆年间的《萧山王氏家乘》，最晚的为2013年修的《山阴天乐汤氏宗谱》；册数最多的为《仙岩楼氏宗谱》共90册。保存于萧山图书馆的民国映雪堂《萧山湘湖孙氏宗谱》（7册），对湘湖旅游度假区和湘湖新城的保护开发具有重要的参考价值。保存于萧山档案馆的《萧山来氏家谱》（59册），是萧山档案馆的镇馆之宝，是家谱中的精品之作，约230万字，内容十分丰富，堪称档案珍品，2003年被列入“第一批浙江档案文献遗产”。该家谱自明朝永乐十三年至民国11年（1415—1922），前后经过4次编纂而成，是反映中国古、近代政治、军事、经济、文化发展的历史文献，对研究萧山历史发展有重要作用。

在《杭州萧山馆藏家谱图录》的编纂中，发现许多有趣味的事。如清光绪三十三年（1907）修的馀庆堂《萧山吴氏宗谱》，卷宗封面为《萧山东曹吴氏宗谱》，“东曹”经考为萧山临浦周家湖曹氏，即曹氏入赘吴氏而为吴氏家族编修的宗谱，并在族谱中规定，吴氏族人今后永不入赘。又如发现了《萧山来氏家谱》（民国11年重修本）与《南郑来氏家谱》（2004年来文基主撰的观音堂本）的迁移关系。来氏为萧山旺族，历来有

“无来不榜”和“三石六斗芝麻官”的说法，从南宋至民国纪元，来氏共出进士12名、举人45名，入选、食禄为官的达367人。《南郑来氏家谱》开宗明义表明，南郑来氏是萧山来氏的支属，与萧山来氏一脉相承。南郑来氏是继洛阳来氏（《洛阳来氏家谱》藏于河南省洛阳市博物馆）后，又一支萧山来氏支属的明证。义桥镇北坞村金氏有“活金死刘”的习俗，每年祭祖时，拜的全是刘姓的人。据合莫堂《萧山刘氏宗谱》记载：“明弘治年间，宦官刘瑾专政，伏诛。刘姓遭牵连，以金为姓隐世他乡。青一茂公从钱塘六和迁徙至萧山开善里隐居。金茂，行青一，邑庠生，被尊为六都开善里（今北坞）金氏姓始迁祖。”并留下了世代相传的“活着姓金、死后复刘”的家规。萧山不乏名人家谱，有“书圣”王羲之的好友、东晋名士许询家族的《萧山桃源许氏宗谱》，有因守宋徽宗衣冠冢而定居于杜湖村的赵氏家族的《萧山杜湖赵氏宗谱》，还有南宋高宗皇帝的护卫将军戚俊升家族的《萧山戚氏宗谱》，有鸦片战争抗英名将葛云飞家族的《山阴天乐葛氏宗谱》等。

《杭州萧山馆藏家谱图录》统一录入家谱名、堂号、尺寸、装帧、修谱时间、册数、收藏单位等。其余目录、序跋、源流、像赞、世系、荣恩录、传记、家规、行第、祠堂、墓图、艺文等图文，根据每部家谱的具体特色而选录。

方晨光

2014年4月10日于泰和超逸斋

后　记

国有史，地有志，家有谱。家谱乃家族的历史书。在中国的传统典籍中，家谱以其丰富、庞大的纪事内容而与正史、方志共同成为中国史志的三大支柱。家谱，不仅是史界瑰宝，更为当今图书馆、档案馆、方志馆珍藏的宝贝。国学大师梁启超先生曾说："能尽集天下之家谱，俾学者分科研究，实不朽之盛业也。"

自2004年萧山图书馆发起"珍藏昨天，收藏今天，服务明天"征集地方文献的活动以来，得到了萧山镇乡及社会各界的大力支持，图书馆不断收到萧山各地父老乡亲送来的家谱。这不仅体现了萧山父老乡亲对修谱的重视，更表达了他们对图书馆（档案馆、方志馆）的重视和信任。编辑《杭州萧山馆藏家谱图录》，不仅是对10年征集地方家谱的总结，更是对父老乡亲10年支持的报答和回馈。

萧山家谱分藏于中外各地图书馆、档案馆及民间，但绝大部分藏于萧山当地图书馆、档案馆、方志馆三馆之中。编辑《杭州萧山馆藏家谱图录》，可以让读者直观地了解萧山馆藏家谱之全貌，还能解决读者查阅不便之困难，是"三馆"服务读者的重要举措；对收藏单位来说，家谱乃馆藏精品，编辑《杭州萧山馆藏家谱图录》供读者使用，能减少对原始捐赠家谱的翻阅，有利于馆藏家谱的保护与保存。

需要说明的是，《杭州萧山馆藏家谱图录》没有序，只有跋，这并非编者的疏忽。编者原请中国地方文献大家、天津南开大学终身教授来新夏先生作序，来先生也答应为其序，但没有想到来先生突然住院，并再也没有出院……在悼念来先生悲痛未消之时，大家考虑，尽快出书是对来先生最好的纪念，其书序除来新夏先生本人外，不能再设为序者，故留白，以体现编者对逝者的敬重和悼念。

编辑《杭州萧山馆藏家谱图录》，虽不能说是"不朽之盛业"，但也是萧山图书、档案、史学界的一件大事。在这里要感谢为《杭州萧山馆藏家谱图录》做出贡献的萧山区档案馆、萧山区人民政府地方志办公室，感谢捐赠家谱的父老乡亲，感谢为本书付出劳动的"三馆"和镇乡文化站工作人员，感谢为本书出版提供方便的国家图书馆出版社，尤其要感谢担任此书顾问的杭州市社会科学院文史研究所研究员方晨光先生。他不仅多次亲临指导，而且亲自查阅与摘录家谱资料，还在百忙中为本书写跋。

萧山家谱乃萧山姓氏种族千年百代传承与发展的载体，有着与这方土地的自然、社会、环境、政治、历史等方面的密切联系。当今修谱，亦是时代进步、经济发展、人民和谐的使然。编辑本书，既是继承和弘扬优秀民族传统文化精华，建设区域文明、区域精神的需要，也是家谱收藏单位的责任和职责所在。

萧山图书馆馆长 孙 勤

2014年4月6日